Walking für Dummies - Schummelseite

W0339533

Ziele setzen

- ✔ **Setzen Sie sich konkrete Ziele:** Konkretisieren Sie Ziele wie »Ich möchte abnehmen« zu Aussagen wie »Auf der Grundlage meines Fitnessprofils und meiner Vorstellungen davon, wie ich aussehen möchte, will ich versuchen, meinen Körperfettanteil um vier Prozentpunkte zu senken.«
- ✔ **Setzen Sie sich realistische Ziele:** Legen Sie die Latte nicht so niedrig, dass Sie sich hinterher nicht über Ihre Leistungen freuen können, aber auch nicht so hoch, dass Sie daran scheitern müssen.
- ✔ **Seien Sie bereit, Ziele zu ändern:** Haben Sie keine Hemmungen, Ihre Ziele an Ihre Lebensgewohnheiten, Ihren Terminkalender, körperliche Einschränkungen (Verletzungen) oder veränderte Bedürfnisse anzupassen.
- ✔ **Setzen Sie sich gesunde Ziele:** Versuchen Sie nie, Ziele auf Kosten Ihrer Gesundheit oder Ihrer Sicherheit zu erreichen.
- ✔ **Setzen Sie sich motivierende Ziele:** Wählen Sie Ziele, die Ihnen so viel bedeuten, dass Sie sich dafür täglich die Walkingschuhe anziehen.
- ✔ **Setzen Sie sich eigene Ziele:** Setzen Sie sich Ihre Ziele selbst und versuchen Sie nicht, etwas zu erreichen, weil Ihr Freund oder Ihr Partner das möchte.

Walkingschuhe kaufen

- ✔ **Kaufen Sie in einem Fachgeschäft:** Wer sich von fachkundigem Personal beraten lässt, mindert das Risiko eines Fehlkaufs erheblich.
- ✔ **Machen Sie sich mit Ihren Füßen vertraut:** Wenn Sie über die Innenseite Ihrer Füße abrollen, suchen Sie einen gut gepolsterten, festen Schuh, der Ihren Füßen Halt gibt. Wenn Sie über die Außenseite Ihrer Füße abrollen, sind eine gute Dämpfung im Ballenbereich und eine stabile Fersenkappe wichtig.
- ✔ **Testen Sie den Schuh ausgiebig:** Am wichtigsten ist, dass Sie sich in einem Schuh sofort wohl fühlen, wenn Sie damit herumlaufen. Kaufen Sie keine unbequemen Schuhe in der Hoffnung, sie einlaufen zu können. Das funktioniert nicht!
- ✔ **Kaufen Sie Schuhe am Nachmittag:** Im Laufe des Tages schwellen Ihre Füße um etwa eine halbe Schuhgröße an. Ihre Schuhe sollten zwischen der großen Zehe und der Schuhspitze etwa eine Daumenbreite Platz lassen.
- ✔ **Kaufen Sie mehrere Paare eines Modells:** Wenn Sie mit einem Schuh so richtig zufrieden sind, sollten Sie erwägen, gleich mehrere Paare davon zu kaufen, bevor das Modell auf Nimmerwiedersehen ausläuft.

Walking für Dummies - Schummelseite

Die vier Leistungsstufen

- ✔ **Lifestyle-Walking:** Der beste Einstieg für Anfänger, um Kraft und Ausdauer aufzubauen. Auch fortgeschrittene Walker sollten Lifestyle-Walking in ihren Trainingsplan mit einbeziehen. Die durchschnittliche Walkgeschwindigkeit beträgt vier bis sechs km/h. Das entspricht einer Zeit von zehn bis 16 Minuten pro Kilometer.
- ✔ **Fitness-Walking:** Fitness-Walking eignet sich hervorragend zum Abnehmen und birgt kaum Verletzungsrisiken. Die durchschnittliche Walkgeschwindigkeit beträgt sechs bis sieben km/h. Das entspricht einer Zeit von acht bis zehn Minuten pro Kilometer.
- ✔ **High-Energy-Walking:** Beim High-Energy-Walking verbrennen Sie jede Menge Kalorien und formen Ihre Muskeln. Die durchschnittliche Walkgeschwindigkeit beträgt sieben bis zehn km/h. Das entspricht einer Zeit von sechs bis acht Minuten pro Kilometer. Für die meisten Walker ist das schon ziemlich hart.
- ✔ **Walk-Lauf:** Beim Walk-Lauf wechselt man zwischen Lauf- und Walkintervallen hin und her. Dadurch wird das Training intensiver, mehr Muskeln werden beteiligt und mehr Kalorien verbrannt.

Fünf Motivationshilfen

- ✔ **Schreiben Sie's auf:** Führen Sie ein Trainingstagebuch. So bleiben Sie immer in Kontakt mit Ihren Zielen.
- ✔ **Sorgen Sie für Unterhaltung:** Hören Sie Musik, walken Sie mit einem Freund, nehmen Sie Ihren Hund mit – was immer Sie auch tun, gestalten Sie Ihre Walkingeinheiten abwechslungsreich.
- ✔ **Walken Sie irgendwo hin:** Walken Sie zur Arbeit, walken Sie zum Einkaufen, walken Sie zu Freunden. So ist Walking nicht nur gesund, sondern auch nützlich.
- ✔ **Walken Sie in einer schönen Umgebung:** Legen Sie Ihre Walkingstrecken so, dass Sie die Natur oder interessante Ausblicke genießen können.
- ✔ **Belohnen Sie sich:** Wenn Sie etwas gut gemacht oder ein Ziel erreicht haben, belohnen Sie sich auch dafür. Achten Sie darauf, dass die Belohnung nicht das Erreichen Ihrer Ziele gefährdet (es muss ja keine Sachertorte sein)

Walking
für Dummies

Liz Neporent

Walking für Dummies

Übersetzung aus dem Amerikanischen von Hartmut Strahl

mitp

Bibliografische Information Der Deutschen Bibliothek
Die Deutsche Bibliothek verzeichnet diese Publikation
in der Deutschen Nationalbibliografie;
detaillierte bibliografische Daten sind im Internet über
<http://dnb.ddb.de> abrufbar.

ISBN 3-8266-3057-2
1. Auflage 2003

Übersetzung der amerikanischen Originalausgabe:
Liz Neporent: Fitness Walking For Dummies

Printed in Germany

Cartoons im Überblick

von Rich Tennant

»Was heißt hier, ich treibe mich dauernd auf der Straße herum? Ich bin ein Fitness-Walker. Und wenn ich noch einmal das Wort Bordsteinschwalbe höre, zeig ich dir mal, welche Fortschritte ich beim Krafttraining gemacht habe, du Pimpf!«

Seite 21

Seite 107

Seite 161

»Er hat schon zwölf Pfund abgenommen und an den Hüften gut zehn Zentimeter verloren. Ich bete zu Gott, dass er auch noch diesen lächerlichen Hut verliert.«

Seite 241

Fax: 001-978-546-7747
Internet: www.the5thwave.com
E-Mail: richtennant@the5thwave.com

Inhaltsverzeichnis

Teil II
Grundtraining 107

Einführung

Sandra, eine Frau, die regelmäßig an meinem wöchentlichen Internet-Chat teilnimmt, bezweifelte lange Zeit, dass man sich mit Walking in Form bringen könnte. Woche für Woche bekniete ich sie förmlich, es doch einmal zu versuchen, aber sie beharrte darauf, dass einfaches Gehen ja wohl nicht ausreichen könne, seine Fitness zu steigern und dabei auch noch abzunehmen. Ich gab dennoch nicht auf, und schließlich hatte ich sie soweit: Sie wollte einen Versuch wagen. Und siehe da, nach etwa acht Wochen, in denen sie konsequent jeweils fünf Walkeinheiten absolvierte, berichtete sie ganz aufgeregt, sie habe 20 Pfund verloren. »Es ist unglaublich, aber es funktioniert«, schwärmte sie den anderen Chat-Teilnehmern vor. Seitdem legen sich alle mächtig ins Zeug. Jede Woche geloben wir alle, den wöchentlichen Fitness- und Diätplan einzuhalten, der immer auch Walking-Elemente enthält.

So wie Sandra bezweifeln viele Menschen, einen Fuß vor den anderen zu setzen sei eine wirkungsvolle Trainingsmethode, mit der man seinen Körper auf Trab bringen könne. Aber ebenso schwärmen alle, die mit dem Walken anfangen und bei der Stange bleiben, von den beeindruckenden Ergebnissen eines Walkingprogramms. Lassen Sie mich nur ein paar Bereiche erwähnen, in denen Walking Ihnen auf die Beine helfen kann:

- ✔ **Walking ist ungefährlich (außer auf der Autobahn) und fast ausnahmslos für alle geeignet, auch für ältere Menschen, Schwangere und völlig Untrainierte.** Fast jeder kann mit Walking ein Fitness-Programm auf die Beine stellen und auch durchhalten. Walking ist einfach und unkompliziert und empfiehlt sich daher als Trainingsmethode für ein ganzes Leben.

- ✔ **Mit Walking kann man sein Körpergewicht reduzieren.** Eine breit angelegte Studie in den USA belegt, dass 80 Prozent aller Langzeit-Diäterfolge von Personen erzielt wurden, die Walking als hauptsächliche Trainingsform nannten. Je höher das Walking-Tempo und das Körpergewicht, desto mehr Kalorien werden verbrannt. Sie werden es kaum glauben, aber beim Walking verbraucht man etwa genau so viel Kalorien pro km wie beim Laufen.

- ✔ **Walking ist eine der flexibelsten Trainingsmethoden überhaupt.** Um effektiv zu trainieren und Ihr Trainingsziel zu erreichen, müssen Sie nicht unbedingt eine Stunde lang am Stück walken. Sie können diese eine Stunde auch so über den Tag verteilen, dass sie mehr oder weniger harmonisch in den Rest Ihres Tagesablaufs hineinpasst. Beim Walking gibt es darüber hinaus vier Leistungsstufen, die es Ihnen erlauben, Ihr Programm mit zunehmender Fitness und abnehmendem Gewicht auszubauen.

- ✔ **Mit Walking leben Sie länger und gesünder.** Walking wirkt Bluthochdruck entgegen und bringt eine Zunahme von HDL (High Densitiy Lipoprotein), dem sogenannten "guten" Cholesterin, um bis zu 6 Prozent mit sich. Das ergab ein Studie des Cooper Institute for Aerobic Research. Zahllose andere Studien stützen die Theorie, dass Walking schon bei einer Strecke von wenigen Kilometern pro Woche die Risiken für Herzinfarkte, Diabetes und einige Krebsarten mindert.

- **Walking beugt ausgezeichnet der Osteoporose vor**, einer im Volksmund Knochenschwund genannten Erkrankung, die eine Verringerung der Knochendichte bewirkt und damit das Risiko von Knochenbrüchen drastisch erhöht. Das eigene Körpergewicht beansprucht beim Walken das Knochengerüst und regt so das Wachstum der Knochenzellen an. Dabei ist jedoch im Vergleich zum Laufen oder Joggen die Belastung der Bänder und Gelenke – und damit auch das Verletzungsrisiko – nicht einmal halb so groß.
- **Walking wirkt sich positiv auf die emotionale Balance aus.** Zahlreiche Studien belegen, dass Walker mit Depressionen und Stress besser fertig werden. Walking erfrischt den Geist und bietet eine willkommene Abwechslung zur Hektik des Alltags. Sie können im wahrsten Sinne des Wortes innehalten, die Natur genießen und sich trotzdem dabei fortbewegen!

Sie sehen schon in dieser kleinen Übersicht, was Sie mit Walking alles erreichen können. Und beinahe täglich bringen neue Studien und wissenschaftliche Untersuchungen neue Vorzüge ans Licht.

Vielleicht haben Sie ja auch deshalb zu diesem Buch gegriffen. Wie die 67 Millionen Menschen jenseits des großen Teichs, die jährlich 343 Millionen Kilometer walken, möchten auch Sie an den Früchten regelmäßigen Walkens teilhaben. Ob Sie nun gesünder, fitter, stärker, leichter oder schöner werden oder sich einfach nur wohler in Ihrer Haut fühlen wollen, mit Walking erreichen Sie Ihr Ziel allemal. In diesem Buch finden Sie alles, was Sie für die Vorbereitung und Umsetzung eines Walkingprogramms wissen müssen.

Wie man mit diesem Buch arbeitet

Sie können dieses Buch von vorne bis hinten durchlesen und dabei alles über die Aufnahme und Weiterführung eines Walkingprogramms erfahren. Sie können es aber auch als Nachschlagewerk verwenden, in dem Sie Einzelheiten zum Walking oder zu Trainingsmethoden im allgemeinen nachlesen. Das Buch bietet dabei sowohl Grundlegendes für den Laien als auch Neues für den Experten.

Wie dieses Buch aufgebaut ist

Walking für Dummies besteht aus vier Teilen, deren einzelne Kapitel jeweils einen Teilbereich des Walkens behandeln. Sie können nun einen kompletten Teil lesen und sich umfassend über diesen Bereich informieren, oder sich auf die Themen einzelner Kapitel konzentrieren. Ich weise jeweils darauf hin, wenn etwas in einem anderen Kapitel ausführlicher oder aus einer anderen Perspektive beleuchtet wird. Hier ist ein kurzer Überblick über die vier Teile:

Teil I: Auf die Plätze . . .

In diesem Teil erfahren Sie alles, was Sie wissen müssen, bevor Sie loswalken. Ich erkläre hier, warum Sie genau wissen sollten, wo Sie stehen und wo Sie hin wollen. Ich vermittle Ihnen alles Nötige über Ihre Ausrüstung, besonders über Schuhe. Natürlich walkt auch Ihr Magen mit: ich behandle deshalb einige grundlegende Ernährungsfragen und sagen Ihnen, wie Sie Walking und Ernährung in Einklang bringen. Schließlich zeige ich Ihnen, wie Sie Ihr Walking–Programm so aufbauen, dass Sie Ihre gesteckten Ziele sicher und verletzungsfrei erreichen, und sich dabei auch von widrigen Witterungsbedingungen nicht stören lassen.

Teil II: Die Grundlagen

Zu Beginn dieses Teils beschäftigen wir uns mit dem Aufwärmen und dem Entspannen. Der Rest beschäftigt sich mit den vier Leistungsstufen des Walking. Die erste Stufe, das Lifestyle Walking, ist für Einsteiger gedacht. Die zweite Stufe, das Fitness Walking, zielt auf die Steigerung der körperlichen Fitness und die Gewichtsabnahme. Hier tummeln sich die meisten Walker. Stufe drei, das High-Energy Walking, ähnelt der Sportart Gehen, die Ihnen vielleicht als olympischer Wettbewerb geläufig ist. Ihnen ist es allerdings vergönnt, von den positiven Auswirkungen dieser Leistungsstufe auf Ihren Körper zu profitieren, ohne auf Medaillen schielen zu müssen. Für diejenigen, die unbedingt auf die Überholspur wollen, halten wir Stufe vier bereit, den Walk-Lauf, bei dem Sie Tempo und Kalorienverbrauch bei minimiertem Verletzungsrisiko nach Ihren Bedürfnissen steigern können.

Teil III: Grundlagen & more

Dieser Teil zeigt Ihnen, wie Sie Ihr Walkingprogramm interessanter und effektiver gestalten können. Zum Beispiel mit Krafttraining und Dehnübungen (Stretching). Sie erfahren, wie Sie Ihre regelmäßige Trainingsroutine mit fortgeschrittenen Techniken aufpeppen und wie Sie Verletzungen vermeiden. Schließlich möchte ich Sie dazu anregen, ausgetretene Pfade hin und wieder zu verlassen und neue auszuprobieren.

Teil IV: Der Top-Ten-Teil

Diesem Teil gibt nützliche Hinweise, wie Sie Ihr Walkingprogramm voranbringen können. Sie finden hier Adressen und Anlaufstellen, wo Sie mehr über Walking erfahren können. Schließlich habe ich zehn gute Ratschläge zusammengestellt, wie Sie Ihre Walkingmotivation auch über Jahre hinweg aufrecht erhalten.

Symbole, die in diesem Buch verwendet werden

Sie werden bei der Lektüre dieses Buches an den Seitenrändern immer wieder auf kleine Bilder stoßen. Es handelt sich dabei um Symbole, die auf bestimmte Informationen im Text hinweisen, die ich für so wichtig halte, dass ich besonders darauf hinweise. Die Symbole sind im Folgenden kurz erklärt.

Auf dieses Symbol stoßen Sie immer dann, wenn irgendwo Fitness-Fachchinesisch verwendet wird, wie »Milchsäure« oder »Herzfrequenz-Zielbereich«. Was Sie dort lesen, kann Ihnen zum einen helfen, Ihr Walkingprogramm zu strukturieren, zum anderen verstehen Sie dadurch vielleicht Dinge besser, die Sie woanders lesen.

Dieses Symbol finden Sie immer da, wo ich bestimmte Produkte aus der Masse heraushebe, die für Walker interessant und empfehlenswert sind.

Dieses Symbol soll Sie vor etwas warnen, sei es davor, Geld zum Fenster hinaus zu werfen oder Ihre Sicherheit nicht zu vernachlässigen. Wenn Sie es sehen, sollten Sie ganz genau hinsehen. Es ist wichtig!

Der Mythenkiller erscheint immer dann auf der Bildfläche, wenn ich einem verbreiteten Irrglauben den Garaus machen möchte. Da gibt es zum Beispiel das Gerücht, beim Laufen verbrauche man mehr Kalorien als beim Walken. Quatsch, sagt der Mythenkiller, beim Walken verbraucht man genau so viel Kalorien wie beim Laufen.

Wann immer ich eine gute Geschichte auf Lager habe, die einen bestimmten Aspekt beleuchtet, um den es gerade geht, sehen Sie dieses Symbol daneben stehen. Die Bandbreite reicht von skurril bis inspirierend.

Dieses Symbol kündigt immer eine gute Idee oder Strategie an, mit der Sie Ihr Walkingprogramm effektiver gestalten können. Einige Tipps können Ihnen auch Geld und Zeit sparen.

Dieses Symbol begegnet Ihnen in den Kapiteln 11 und 12, und zwar dort, wo es ganz besonders auf die richtige Haltung ankommt, damit die jeweilige Übung auch den beabsichtigten Nutzen hat und nicht zu Verletzungen führt.

Auch diese Symbol taucht nur in den Kapiteln 11 und 12 auf. Es legt Ihnen nahe, die jeweilige Übung auszulassen oder abzuändern, wenn Sie verletzungsbedingte oder chronische Probleme, etwa mit dem Rücken oder den Knien, haben. Aber auch dann, wenn Sie keinerlei Probleme haben, sollten Sie bei diesen Übungen besonders darauf achten, mit den jeweils ausgewiesenen Körperteilen besonders vorsichtig umzugehen.

Teil I

Auf die Plätze …

»Was heißt hier, ich treibe mich dauernd auf der Straße herum? Ich bin ein Fitness-Walker. Und wenn ich noch einmal das Wort Bordsteinschwalbe höre, zeig ich dir mal, welche Fortschritte ich beim Krafttraining gemacht habe, du Pimpf!«

In diesem Teil ...

In diesem Teil erfahren Sie, wie Sie Ihr persönliches Walkingprogramm zusammenstellen und abstimmen. Kapitel 1 erklärt, warum Sie den Stand Ihrer körperlichen Fitness sowohl im Vorfeld als auch regelmäßig während des laufenden Walkingprogramms überprüfen sollten. Die entsprechenden Methoden werden dabei Schritt für Schritt erklärt. Kapitel 2 lenkt Ihre Aufmerksamkeit auf einen ganz zentralen Aspekt eines jeden Walkingprogramms: die individuelle Zielsetzung. Kapitel 3 beschäftigt sich mit der nötigen Ausrüstung, insbesondere mit wichtigen Aspekten des Schuhkaufs. In Kapitel 4 gehe ich auf grundlegende Ernährungsfragen ein und gebe Ihnen Tipps, wie Sie Ihre Ernährung, Ihren Lebensstil und Ihre Aktivitäten in Einklang bringen können. Das letzte Kapitel dieses Teils schließlich befasst sich mit einigen logistischen Aspekten. Hier lernen Sie die vier Walkingstufen kennen, erfahren, wie Sie Ihr Walkingprogramm mit der FIZ-Formel strukturieren, und erhalten Tipps, wie Sie auch widrigen Wetterbedingungen trotzen.

Zahlen, bitte …

1

In diesem Kapitel

- Erfahren Sie, warum Sie wissen sollten, wo Sie stehen
- Bestimmen Sie Ihr Herz-Kreislauf-Risiko
- Erzählen Ihnen Ruhepuls und Blutdruck etwas über Ihre Gesundheit
- Messen Sie Ihren Körperfett- und Bodymass-Index
- Testen Sie Ihr Herz, Ihre Lungen und Ihre Ausdauer
- Schätzen Sie Ihre Stärke und Belastbarkeit ein
- Lernen Sie, warum Sie Ihren Fitness-Stand immer wieder testen sollten
- Legen Sie Ihr persönliches Fitnessprofil an

Wenn Sie sich auf Ihre Walkingstrecke begeben, sehen Sie an charakteristischen Punkten der Strecke, welche Distanz Sie schon zurückgelegt haben. Wenn Ihnen beispielsweise am Eckgrundstück von Familie Schmitz der Grillanzünder in die Nase weht, wissen Sie, dass Sie schon einen Kilometer hinter sich und den Geruch angebrannter Würstchen auf dem Rückweg noch neun Kilometer vor sich haben. Sie können sich aber auch daran orientieren, wie lange Sie schon auf der Piste sind oder wie müde Sie sich an bestimmten Punkten Ihrer Strecke fühlen.

Auf den Fortschritt innerhalb eines gesamten Trainingsprogramms übertragen, können charakteristische körperliche und gesundheitliche Meilensteine solche nützlichen Orientierungspunkte bieten. Deshalb ist es ganz wichtig, Ihrem Körper vor dem Beginn des Walkingprogramms ein paar Zahlen und Fakten zu entlocken. Denn nur wenn Sie wissen, wo Sie angefangen haben, können Sie später auch feststellen, wie weit Sie schon gekommen sind.

Dieses Kapitel gibt Ihnen einige einfache Testmethoden an die Hand, mit denen Sie Ihre körperliche Fitness überprüfen können. Es geht dabei allerdings nicht um Bestehen oder Durchfallen. Das Ziel ist herauszufinden, in welchen Bereichen Sie Ihre Fitness verbessern können.

Die hier ausgewählten Tests sind besonders auf das Walking ausgerichtet. Darüber hinaus gibt es aber selbstverständlich zahlreiche andere Verfahren, mit denen Sie ebenfalls Ihren Fitness-Stand recht zuverlässig ermitteln können. Wenn Sie also eine andere Methode kennen, die Ihnen eher zusagt als die hier vorgestellten, können Sie ruhig darauf zurückgreifen (Sie werden schon sehen, was Sie davon haben). Halten Sie Ihre anfänglichen Ergebnisse in Ihrer persönlichen Testergebnisliste am Ende dieses Kapitels (Tabelle 1.1) fest. Sie haben damit eine Vergleichsgrundlage, an der Sie Ihre späteren Ergebnisse messen und so Ihren persönlichen Fortschritt ermitteln können.

Fotokopieren Sie doch einfach die Testergebnisliste (Tabelle 1.1) für Familie und Freunde.

Wenn Sie sich einen solchen Selbsttest nicht zutrauen, können Sie sich natürlich auch an einen Arzt, ein professionell geführtes Fitness-Studio oder einen Trainer wenden, die gegen ein entsprechendes Honorar Ihre Fitness testen, Ihnen die Ergebnisse erläutern und Empfehlungen für ein Walkingprogramm im Besonderen oder Fitnessprogramme im Allgemeinen mit auf den Weg geben.

Die hier vorgestellten Tests ersetzen keinesfalls einen gründlichen Gesundheitscheck, wie ihn Ihr Hausarzt durchführen kann. Das kann kein wie auch immer gearteter Selbsttest leisten.

Ein solcher Test nimmt etwa 45 Minuten Zeit in Anspruch. Sie sollten Zugang zu einer Laufbahn haben oder an einer geeigneten Stelle eine Strecke von 1.600 Metern abmessen. Des Weiteren brauchen Sie:

- ✔ einen Stift
- ✔ eine Stoppuhr oder eine Uhr mit Stoppfunktion oder Sekundenzeiger
- ✔ ein Maßband
- ✔ einen Taschenrechner
- ✔ eine Gymnastikmatte, eine weiche Decke oder ein Stück Teppich

Bestimmen Sie Ihr Herz-Kreislauf-Risiko

Bevor Sie sich so richtig ins Zeug legen, sollten Sie in jedem Fall feststellen, ob Sie vielleicht zu den Personen gehören, die in erhöhtem Maße von Herz-Kreislauf-Erkrankungen bedroht sind. Sie müssen dazu lediglich ein paar einfache Fragen nach bestem Wissen und Gewissen beantworten.

Beantworten Sie die folgenden Fragen mit Ja oder Nein und schreiben Sie Ihre Antworten an den Rand oder auf ein Blatt Papier.

- ✔ Hat ein Arzt bei Ihnen eine Herzerkrankung diagnostiziert?
- ✔ Haben Sie gelegentlich Schmerzen in der Herzgegend oder im Brustbereich?
- ✔ Haben Sie gelegentlich Schwäche- oder Schwindelanfälle?
- ✔ Hat ein Arzt bei Ihnen Bluthochdruck festgestellt?
- ✔ Haben Sie länger als ein Jahr keinen regelmäßigen Sport betrieben?

- ✔ Haben Sie Übergewicht? (Siehe den Abschnitt *Ermitteln Sie Ihr Körpergewicht und Ihre Körperzusammensetzung* weiter hinten in diesem Kapitel)
- ✔ Rauchen Sie oder haben Sie in den letzten zwei Jahren geraucht?
- ✔ Hat ein Arzt bei Ihnen einen zu hohen Cholesterinwert festgestellt?
- ✔ Nehmen Sie regelmäßig Medikamente?
- ✔ Sind bei Ihren Eltern oder Geschwistern Herzerkrankungen vor dem sechzigsten Lebensjahr aufgetreten?
- ✔ Hat ein Arzt bei Ihnen einen erhöhten Blutzuckerwert oder gar Diabetes diagnostiziert?
- ✔ Leiden Sie an Arthritis oder ähnlichen Beschwerden, die es Ihnen unmöglich machen, risikofrei regelmäßig zu trainieren?
- ✔ Liegen bei Ihnen irgendwelche anderen Umstände, Probleme oder Beschwerden vor, wie zum Beispiel chronische Rücken- oder Knieschmerzen, die ein risikofreies Training unmöglich machen?

Die Beantwortung dieser Fragen soll nicht nur Ihr Bewusstsein für Ihre Gesundheit schärfen. Sollte darüber hinaus eine der folgenden Umstände auf Sie zutreffen, sollten Sie Ihren Arzt zu Rate ziehen, bevor Sie mit einem Fitnessprogramm beginnen.

- ✔ Wenn Sie eine der Fragen mit Ja beantwortet haben und älter als 35 Jahre sind, sollten Sie in jedem Fall Ihren Hausarzt konsultieren, bevor Sie in ein Fitnessprogramm einsteigen.
- ✔ Wenn Sie jünger als 35 Jahre sind und zwei oder mehr Fragen mit Ja beantwortet haben, sollten Sie ebenfalls Ihren Hausarzt aufsuchen, bevor Sie mit dem Training loslegen.
- ✔ Wenn Sie jünger als 35 Jahre sind und höchstens eine Frage mit Ja beantwortet haben, sind Sie beim Training wahrscheinlich auf der sicheren Seite.
- ✔ Wenn Sie die 45 Jahre überschritten haben und Ihr letzter Gesundheitscheck beim Hausarzt länger als ein Jahr zurückliegt, sollten Sie sich vielleicht sicherheitshalber noch einmal durchchecken lassen, auch wenn Sie keine der Fragen mit Ja beantwortet haben.

Betrachten Sie die Fragen in diesem Abschnitt keinesfalls als Ersatz für eine medizinische Beratung! Es gibt viele weitere Faktoren, zum Beispiel Stress oder Rauchen, die Ihre Gesundheit und Fitness beeinträchtigen können. Wenn Sie auch nur kleine Bedenken haben, irgendetwas könnte Ihre Eignung für ein Fitnessprogramm in Frage stellen, gehen Sie auf Nummer sicher und lassen Sie sich von Ihrem Hausarzt beraten.

Ein solcher zusätzlicher Termin mag Ihnen lästig erscheinen, weil Sie sicher schon darauf brennen, endlich etwas für Ihre Fitness zu tun. Aber ist es nicht besser, wenn Sie das in dem Bewusstsein tun können, alles für Ihre Sicherheit getan zu haben? Ihr Arzt wird wahrscheinlich hocherfreut sein, dass Sie etwas für die körperliche Fitness tun möchten. Eventuelle gesundheitliche Probleme können meist therapeutisch aus dem Weg geräumt werden, auf dass Ihrem Walkingprogramm nichts mehr entgegensteht.

Bestimmen Sie Ihren Ruhepuls

Ein normaler, gesunder Mensch hat einen Ruhepuls zwischen 60 und 90 Schlägen pro Minute. Bei guter körperlicher Fitness oder unter bestimmten genetischen Voraussetzungen kann er auch unter 60 Schlägen pro Minute liegen, oder aber über 90 Schlägen pro Minute, wenn Sie gerade von Stress geplagt sind oder eine Kaffee- oder Zigarettenpause unmittelbar hinter sich haben. Durch regelmäßiges Training wird Ihr Herz mit der Zeit effizienter arbeiten. Ihr Ruhepuls wird dementsprechend innerhalb weniger Monate sinken. Absenkungen von 5 bis zu 30 Schlägen pro Minute sind dabei nicht ungewöhnlich.

Und so ermitteln Sie Ihren Ruhepuls: Schnappen Sie sich in einem ruhigen Moment (beispielsweise morgens vor dem Aufstehen) eine Uhr mit Sekundenzeiger. Drücken Sie nun mit den Fingerspitzen des Zeige- und des Mittelfingers der rechten Hand leicht auf die Innenseite des linken Handgelenks, direkt unterhalb der Daumenwurzel. Das leichte Klopfen, das Sie dort spüren können, ist Ihr Herzschlag, auch Puls genannt. Zählen Sie die Pulsschläge 20 Sekunden lang und multiplizieren Sie das Ergebnis mit 3. Tragen Sie Ihr Ergebnis bitte in Tabelle 1.1 ein.

Sie sollten auch Ihren Blutdruck überprüfen, obwohl das alleine nicht so ganz einfach zu bewerkstelligen ist. Normal ist ein Wert im Bereich um 120/80. Sollte Ihr Wert gewöhnlich über 140/90 liegen, sollten Sie einen Arzt aufsuchen, um die Ursachen dafür abzuklären. Ist Ihr Blutdruck niedriger als der Normalwert, bedeutet das in der Regel, dass Ihr Herz nicht so viel Kraft aufwenden muss, um das Blut durch Ihre Adern zu pumpen.

Automatische Blutdruckmessgeräte, wie Sie im freien Handel erhältlich sind, kann ich nicht unbedingt empfehlen. Dafür variieren die Messergebnisse, die man mit diesen Geräten innerhalb eines Zeitraums von nur wenigen Minuten ermitteln kann, doch zu sehr. Fragen Sie lieber Ihren Arzt, eine Krankenschwester oder das Fachpersonal in einem Fitness-Studio, ob sie Ihren Blutdruck messen können. Oder nutzen Sie die Angebote für kostenlose Messungen in manchen Apotheken, auf Gesundheitsmessen oder Infoveranstaltungen von Krankenkassen.

Ermitteln Sie Ihr Körpergewicht und Ihre Körperzusammensetzung

Die nächste Testeinheit ermittelt Ihr Körpergewicht und sagt Ihnen, woraus es sich zusammensetzt. Sie werden erstaunt sein, was Sie an Ihrem Körper so alles messen können. Alle ermittelten Maße zusammen ergeben dann ein recht genaues Bild darüber, ob Ihr Körper optimal in Form ist und Ihre »inneren Werte« stimmen.

Was bringen Sie auf die Waage?

Los, trauen Sie sich! Stellen Sie sich auf eine geeichte Waage und halten Sie das Ergebnis, wie immer es auch ausfällt, auf ein Pfund genau in Tabelle 1.1 fest. Am besten wiegen Sie sich ohne Kleidung, da deren Gewicht je nach Jahreszeit und persönlichen Vorlieben doch sehr unterschiedlich ausfällt. Sinnvoll ist es auch, sich immer zur selben Tageszeit zu wiegen, denn Ihr Körpergewicht kann im Laufe eines Tages durchaus bis zu 5 Pfund variieren. Wiegen Sie sich nicht öfter als einmal pro Woche!

Ihre Waage sagt Ihnen nur, wie viele Kilos sie tragen muss – mehr aber auch nicht. Auch die Größen- und Gewichtstabellen, die von den Krankenversicherungen erstellt werden, sind da nicht informativer. Weder eine Waage noch eine Tabelle kann Ihnen sagen, wie sich Ihre Pfunde zusammensetzen.

Ich habe mit drei Frauen trainiert, die jeweils 65 Kilo wogen und zwischen 168 cm und 180 cm groß waren. Eine von ihnen hatte eine Bodybuilder-Figur, die andere war eine geschmeidige Tänzerin und die dritte eine Triathletin mit kleinen Fettpölsterchen, die ihr immer wieder Erfolge bei den Schwimmwettbewerben verschafften. Für die Waage fielen diese Frauen alle in die gleiche Kategorie. Doch wenn man sie nebeneinander betrachtete, konnte man nicht umhin zuzugeben, dass die Waage längst nicht alles sagt.

Sollten Sie zu denen gehören, die sich regelmäßig aufregen, wenn Sie auf die Waage steigen, wiegen Sie sich lieber nicht, oder wenigstens nur hin und wieder. Ich für meinen Teil wiege mich nie. Stattdessen orientiere ich mich an meiner Kleidung und an meinen anderen Körperwerten.

Seien Sie ruhig vermessen

Messen Sie die folgenden Körperpartien mit Ihrem Maßband auf einen halben Zentimeter genau. Messen Sie dabei jeweils die rechte Seite. Natürlich können Sie sich auch von einer Person Ihres Vertrauens beim Vermessen helfen lassen. Tragen Sie anschließend auch diese Resultate in Tabelle 1.1 ein.

- ✔ **Oberarm:** Messen Sie den Umfang des Oberarms an seiner dicksten Stelle.
- ✔ **Brust:** Legen Sie das Maßband auf Brusthöhe einmal um Ihren Oberkörper herum und lesen Sie es vorne ab.
- ✔ **Taille:** Messen Sie an der schmalsten Stelle Ihres Oberkörpers zwischen Bauchnabel und Brust.
- ✔ **Hüfte:** Stellen Sie sich gerade hin, legen Sie das Maßband an der breitesten Stelle Ihrer Hüften einmal um den Körper herum und lesen Sie es vorne ab.
- ✔ **Oberschenkel:** Messen Sie den Umfang Ihres Oberschenkels an der dicksten Stelle.
- ✔ **Unterschenkel:** Messen Sie den Umfang Ihres Unterschenkels an der dicksten Stelle.

Bei Körpermaßen gibt es kein »Gut« oder »Schlecht«. Sie eignen sich wesentlich besser zur Überwachung Ihrer Fortschritte, denn in den Körpermaßen schlagen sich schon kleine Verbesserungen Ihres Körperbaus nieder. So kann es beispielsweise sein, dass Ihre Waage noch kein einziges Pfund weniger anzeigt als zu Beginn des Trainings. Wenn Sie aber dann Hüft- und Oberschenkelumfang messen, stellen Sie fest, dass Sie dort schon einige Zentimeter verloren haben.

Bestimmen Sie Ihren Bodymass-Index

Der Bodymass-Index (BMI) setzt Ihre Körpergröße in Beziehung zu Ihrem Körpergewicht und ermittelt so, ob und in welchem Maße Sie übergewichtig sind.

Sie können Ihren BMI, eventuell mit Hilfe eines Taschenrechners, in drei Schritten selbst ausrechnen. Atmen Sie tief durch – es ist bloß ein bisschen Mathematik.

1. **Ermitteln Sie Ihr Körpergewicht in kg.**
2. **Messen Sie Ihre Körpergröße und nehmen Sie den ermittelten Wert in Metern zum Quadrat.**
3. **Teilen Sie nun Ihr Körpergewicht durch den in Schritt zwei ermittelten Wert.**

   Angenommen, Sie wiegen 60 kg und sind 1,60 m groß. Dann sieht Ihre Rechnung so aus: 60 : 2,56 = 23,4375. Ihr Bodymass-Index wäre dann 23,4.

Was besagt nun diese Zahl? Im Jahre 1999 hat das National Institute of Health (NIH) die folgenden Richtlinien zum Bodymass-Index herausgegeben:

- ✔ **BMI von 18,5 oder niedriger:** Sie haben Untergewicht.
- ✔ **BMI zwischen 18,5 und 24,9:** Sie haben Normalgewicht.
- ✔ **BMI zwischen 25 und 29,9**: Sie haben Übergewicht.
- ✔ **BMI von 30 und darüber:** Sie sind adipös.

Der BMI ist in der Regel ein guter erster Anhaltspunkt dafür, ob Sie ein paar Pfunde loswerden sollten oder nicht. Bei muskelbepackten Athleten oder schwangeren Frauen sind die BMI-Werte allerdings wenig aussagekräftig. Und wenn Ihr BMI zwischen 25 und 29 liegt, müssen Sie nicht gleich in Panik ausbrechen. Berücksichtigen Sie auch andere gesundheitsrelevante Faktoren – etwa Ihren Blutdruck, ob Sie Sport treiben, ob Sie rauchen und ob in Ihrer Familie Herzerkrankungen vorkommen – bevor Sie entscheiden, ob eine Diät geboten ist.

Bei BMIs zwischen 25 und 29 empfiehlt das NIH, zusätzlich den Taillenumfang zu berücksichtigen. Männer mit einer Taille von über 100 cm und Frauen mit einer Taille von über 88 cm tragen ein höheres Herz-Kreislauf-Risiko als ihre etwas schmaleren Geschlechtsgenossinnen und -genossen. Wenn Sie zu dieser Gruppe gehören, sollten Sie eine Diät aus gesundheitlichen Gründen ernsthaft in Betracht ziehen.

Ermitteln Sie Ihren Taillen-Hüft-Quotienten

Das hört sich kompliziert an, liegt aber noch knapp unter den Anforderungen der Pisa-Studie: Teilen Sie einfach Ihren Taillenumfang durch Ihren Hüftumfang. Das Ergebnis ist Ihr ganz persönlicher Taillen-Hüft-Quotient. Damit Sie auch sehen, wie leicht das ist, habe ich hier schon mal etwas vorbereitet:

Nehmen wir an, Sie haben Ihre Taille mit 75 cm und Ihren Hüftumfang mit 90 cm gemessen. Dann sähe Ihre Rechnung so aus: 75 : 90 = 0,83. Ihr Taillen-Hüft-Quotient wäre also 0,83.

Männer mit einem Taillen-Hüft-Quotienten über 1 haben ein erhöhtes Gesundheitsrisiko. Das Gleiche gilt für Frauen mit einem Taillen-Hüft-Quotienten größer als 0,85.

Wenn Ihr Quotient nicht in dem empfohlenen Bereich liegt, sollten Sie sich ernsthaft mit dem Gedanken an eine Diät anfreunden. Aber nicht vergessen: Beziehen Sie auch Ihren BMI-Wert und Ihren Körperfettanteil in diese Überlegungen mit ein.

Bestimmen Sie Ihren Körperfettanteil

Für diesen Test benötigen Sie Ihren Hüftumfang und Ihre Körpergröße in Zentimetern. Grundlage ist die Körperfett-Tabelle in Abbildung 1.1. Betrachten Sie zunächst die Skalen für den Hüftumfang und die Körpergröße. Nehmen Sie ein Lineal und legen Sie es jeweils auf den Punkt, der Ihrem Messergebnis entspricht. Ziehen Sie mit einem Bleistift eine Linie zwischen diesen beiden Punkten. Ihren prozentualen Körperfettanteil können Sie nun an dem Schnittpunkt dieser Linie mit der Skala »Fett in Prozent« ablesen. Tragen Sie auch dieses Ergebnis in die Tabelle 1.1 am Ende dieses Kapitels ein.

Der prozentuale Körperfettanteil ist ein Schätzwert, der in etwa angibt, wie groß der Anteil von Körperfett am Gesamtgewicht des Körpers ist. Wenn Sie also einen Anteil von 20 % Körperfett ermittelt haben, bedeutet das, dass 20 % dessen, was Sie auf die Waage bringen, Fett ist.

Viele Fitness-Trainer und Mediziner stützen sich bei der Frage nach dem Übergewicht stärker auf den prozentualen Körperfettanteil als auf das Körpergewicht. Große Unterschiede gibt es allerdings bei der Einschätzung des Optimums. Ich wähle hier einmal den konservativen Ansatz:

✔ **Männer:** 12 bis 20 Prozent Körperfett sind optimal.

✔ **Frauen:** 16 bis 26 Prozent Körperfett sind optimal:

Was heißt denn das nun, »optimal«? Wenn Ihr Wert in diesen optimalen Bereich fällt, können Sie ziemlich sicher sein, dass Sie kein Übergewicht haben. Das bedeutet allerdings nicht, dass Sie schlank sind oder gar nicht mehr erwägen sollten, Ihr Gewicht zu reduzieren. Das müssen Sie auch auf der Basis der anderen Werte Ihrer Körperzusammensetzung entscheiden, die ich in diesem Kapitel anspreche.

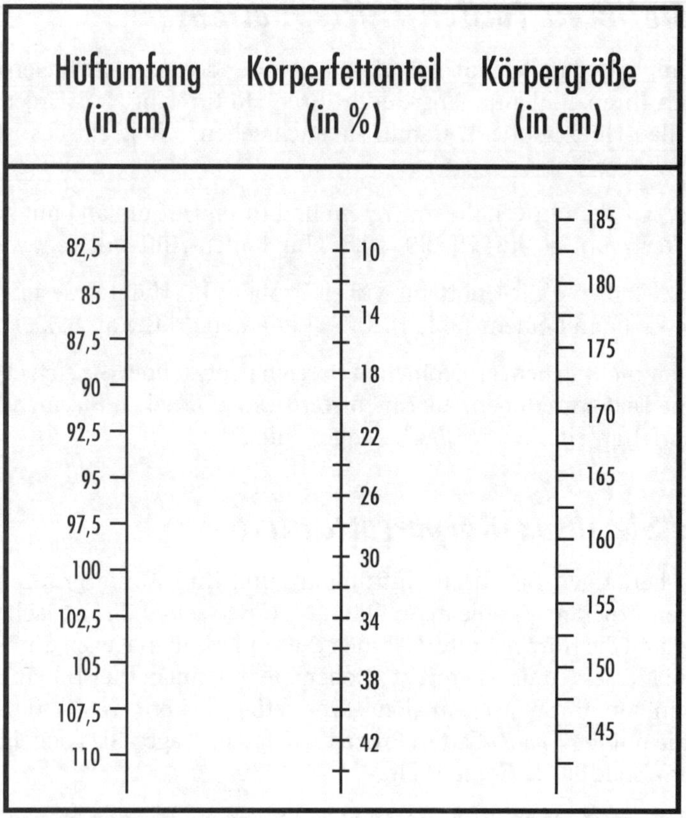

Human Kinetics Publishers, Inc.
Sensible Fitness, 2nd Edition
Jack Wilmove, Ph.D. CR-1986

Abbildung 1.1: Mit dieser Tabelle können Sie Ihren Körperfettanteil ermitteln.

Besonders Frauen müssen sehr darauf achten, nicht aus dem optimalen Bereich des Körperfettanteils herauszufallen. Bei einem prozentualen Körperfettanteil unter 10 % kann es zu Menstruationsbeschwerden kommen. Zudem steigt das Risiko, an Osteoporose und anderen Knochenkrankheiten zu erkranken.

Für mich ist der prozentuale Körperfettanteil der beste Wegweiser auf dem Weg zum Trainingserfolg. Wenn Sie Ihr Walkingprogramm ein paar Monate lang durchgezogen haben, wird Ihr Körperfettanteil höchstwahrscheinlich gesunken sein. Messen Sie nach und vergleichen Sie den Wert mit Ihrem Anfangswert!

Die Ermittlung des prozentualen Körperfettanteils über die hier verwendete Tabelle ergibt eine ausreichend zuverlässige Schätzung. Wenn Sie eine Körperfettmessung in einem Fitness-Studio oder bei einem Arzt durchführen lassen, wird dort gewöhnlich entweder ein Kaliper oder ein Gerät zur bioelektrischen Impedanzmessung verwendet. Ein Kaliper ist ein großes pinzettenähnliches Werkzeug, mit dem man in einige Körperpartien zwickt, während die bioelektrische Impedanzmessung mit an Ihrem Körper angebrachten Elektroden arbeitet. Sofern diese Tests von ausgebildetem Personal durchgeführt werden, liefern sie sehr genaue Ergebnisse. Wenn Sie also die Möglichkeit haben, eine solche professionelle Messung durchführen zu lassen, kann ich Ihnen das nur empfehlen.

Messen Sie Ihre Kraft und Beweglichkeit

Die meiste Kraft und Energie, die Sie für das Walken benötigen, wird von den Muskeln der unteren Extremitäten zur Verfügung gestellt. Das heißt aber keineswegs, dass Rumpf und obere Extremitäten tatenlos herumhängen könnten. Im Gegenteil: Sie werden ein weitaus besserer Walker sein, wenn alle Muskeln Ihres Körpers stark sind und bereit, ihren Teil der Arbeit zu leisten.

Die folgenden Tests zielen auf die *Belastbarkeit* verschiedener Muskelgruppen. Dabei wird gemessen, wie oft man bei nur mittlerer Belastung ein Gewicht bewegen oder eine Übung durchführen kann. Ich nenne die Tests in diesem Abschnitt dennoch Krafttests, weil das eher dem alltäglichen Sprachgebrauch entspricht.

Wie steht's mit Ihrem Oberkörper?

Wenn Sie die Kraft Ihres Oberkörpers messen wollen, sind Liegestütze immer noch eine einfache und zuverlässige Methode. Frauen sollten dabei die »Zivilistenversion« der Liegestütze wählen: Legen Sie sich bäuchlings auf Ihre Gymnastikmatte oder einen Teppich und legen Sie die Handflächen vor den Schultern auf den Boden auf. Beugen Sie die Knie so, dass Ihre Füße und Unterschenkel keinen Bodenkontakt mehr haben. Jetzt drücken Sie den Oberkörper mit den Armen nach oben, bis die Arme durchgestreckt sind, und senken den Oberkörper wieder ab, bis Ihre Oberarme parallel zum Boden sind. Kopf und Nacken bleiben dabei angehoben in einer Linie mit der Wirbelsäule. Männer sollten sich die »Bundeswehrversion« der Liegestütze abverlangen, bei der man(n) nur auf den Handflächen und den Zehenspitzen balanciert (damit das Ganze auch authentisch wirkt, können Sie natürlich jemanden bitten, Sie dabei anzuschreien). Machen Sie so viele Liegestütze, wie Sie ohne Unterbrechung hinkriegen.

Lassen Sie diesen Test aus, wenn Sie Probleme mit den Schultern oder dem Nacken haben. Sollten Sie während des Tests Gelenkschmerzen verspüren, hören Sie sofort auf!

Dieser Test gibt Aufschluss darüber, wie kräftig Ihre Brust-, Schulter- und Armmuskeln sind. Beim Walken brauchen Sie diese Muskeln für die kraftvollen Armbewegungen.

Auf wie viele Liegestütze haben Sie es gebracht? Ihr Testergebnis lässt sich folgendermaßen einordnen:

- ✔ Wenn Sie weniger als elf Liegestütze geschafft haben, ist Ihr Oberkörper unterdurchschnittlich kräftig.
- ✔ Wenn Sie zwischen 12 und 22 Liegestütze geschafft haben, ist Ihr Oberkörper durchschnittlich kräftig.
- ✔ Wenn Sie mehr als 22 Liegestütze geschafft haben, ist Ihr Oberkörper überdurchschnittlich kräftig.

Wie kräftig ist Ihre Rumpfmuskulatur?

Wie es um Ihre Rumpfmuskulatur bestellt ist, erfahren Sie beim Sit-up-Test. Nehmen Sie eine Stoppuhr oder eine Uhr zur Hand, mit der Sie eine Minute messen können. Legen Sie sich auf den Rücken und spreizen Sie die Beine auf Hüftbreite. Legen Sie die Hände hinter den Kopf oder kreuzen Sie sie über der Brust, je nachdem, wie Sie sich wohler fühlen. Damit Ihre Füße ruhig liegen bleiben, sollten Sie jemand bitten, sie festzuhalten. Machen Sie nun in einer Minute so viele Sit-ups, wie Sie können. Als gültig gelten nur die Sit-ups, bei denen Ihre Schultern bei der Abwärtsbewegung den Boden und Ihre Brust bei der Aufwärtsbewegung die Knie berühren.

Arbeiten Sie mit der Rumpfmuskulatur. Krümmen Sie nicht den Rücken und üben Sie keinen Zug auf den Nacken aus. Wenn Sie Schmerzen in Nacken oder Rücken verspüren, brechen Sie den Test sofort ab. Wenn Sie ohnehin unter Rücken- und Nackenproblemen leiden, sollten Sie den Test erst gar nicht durchführen.

Mit diesem Test können Sie ermitteln, wie kräftig Ihre Bauch-, untere Rücken- und Hüftmuskulatur ist. Wenn Sie sich nur auf Ihre Bauchmuskeln konzentrieren wollen, machen Sie den Crunch-Test. Der Crunch-Test ist schwieriger in der Durchführung und man kann viel leichter dabei schummeln. Deshalb sollte man ihn nur mit professioneller Unterstützung und Kontrolle durchführen. Wenn Sie keine Rücken- oder Nackenprobleme haben, informiert der Sit-up-Test einfacher und zuverlässiger über die Stärke Ihrer Rumpfmuskulatur.

Und? Wie viele Sit-ups haben Sie geschafft? Ihr Testergebnis lässt sich folgendermaßen einordnen:

- ✔ Wenn Sie bis zu 20 Sit-ups geschafft haben, ist Ihre Rumpfmuskulatur unterdurchschnittlich kräftig.
- ✔ Wenn Sie zwischen 21 und 30 Sit-ups geschafft haben, ist Ihre Rumpfmuskulatur durchschnittlich kräftig.
- ✔ Wenn Sie mehr als 31 Sit-ups geschafft haben, ist Ihre Rumpfmuskulatur überdurchschnittlich kräftig.

Wie kräftig ist Ihr Fahrgestell?

Mit dem Wand-Sitz-Test ermitteln Sie, wie kräftig die Muskeln Ihrer unteren Gliedmaßen sind. Nehmen Sie wieder Ihre Uhr zur Hand und stellen Sie sich etwa einen halben Meter von einer Wand entfernt mit dem Rücken zu dieser Wand. Pressen Sie nun Ihren Rücken fest an die Wand. Achten Sie darauf, dass Ihre Füße fest und flach auf dem Boden stehen und rutschen Sie langsam mit dem Rücken an der Wand nach unten, bis Sie eine Sitzposition erreicht haben, also Ihre Oberschenkel parallel zum Boden verlaufen. Schauen Sie auf die Uhr und halten Sie diese Position, so lange Sie können.

Wenn Sie unter Bluthochdruck leiden oder sich mit Knieproblemen herumplagen, lassen Sie diesen Test aus. Sollten Sie während des Tests Schmerzen im Knie verspüren, brechen Sie den Test sofort ab.

Der Wand-Sitz-Test sagt Ihnen, wie kräftig Ihre Po- und Oberschenkelmuskulatur ist. Hier sitzen Ihre Hauptkraftwerke für das Walken.

Fertig? Wenn Sie nicht mehr hoch kommen, rutschen Sie doch einfach nach unten weg, aber langsam. Ihr Testergebnis lässt sich folgendermaßen einordnen:

- ✔ Wenn Sie den Wand-Sitz bis zu 30 Sekunden halten können, ist Ihre Po- und Oberschenkelmuskulatur unterdurchschnittlich kräftig.
- ✔ Wenn Sie den Wandsitz zwischen 30 und 60 Sekunden halten können, ist Ihre Po- und Oberschenkelmuskulatur durchschnittlich kräftig.
- ✔ Wenn Sie den Wandsitz länger als 61 Sekunden halten können, ist Ihre Po- und Oberschenkelmuskulatur überdurchschnittlich kräftig. (Hatte ich übrigens erwähnt, dass Sie ein Stück Wand wählen sollten, vor dem kein Stuhl steht?)

Flexibilität: Ein dehnbarer Begriff

Flexibilität ist für Walker von entscheidender Bedeutung. Denn von der Beweglichkeit der unteren Extremitäten hängt es ab, wie lang und geschmeidig Ihr Schritt ist. Das Reservoir an Beweglichkeitstests ist schier unerschöpflich und fast jedem können Sie wichtige Informationen entnehmen. Ich möchte mich hier auf drei Tests beschränken, die speziell auf die Bedürfnisse des Walkers ausgerichtet sind. Sollten Sie mit einem Trainer arbeiten, der gerne weitere Beweglichkeitstests mit Ihnen machen möchte, nur zu.

Zeigt her Eure Füße

Setzen Sie sich auf Ihre Gymnastikmatte oder einfach auf den Boden und strecken Sie Ihre Beine gerade nach vorne, so dass Sie geradewegs auf Ihre Füße blicken. Strecken Sie nun den rechten Fuß zunächst nach vorne und dann zurück in Richtung des Knies. Machen Sie das

Gleiche mit dem linken Fuß. Beobachten Sie dabei, wie weit Sie die Füße in die jeweilige Richtung strecken können.

Dieser Test zeigt Ihnen, wie beweglich Ihre Fußgelenke sind. Bewegliche Fußgelenke sorgen beim Walken für einen effektives Abstoßen. Ihre Testergebnisse lassen sich folgendermaßen einordnen:

- ✔ Sie sollten Ihre Fußspitze so weit nach vorne strecken können, dass sie zumindest auf einer Linie mit Ihrem Fußgelenk liegt. Wenn Sie das nicht können, sind Ihre Fußgelenke unterdurchschnittlich beweglich.
- ✔ Sie sollten Ihre Fußspitze so weit in Richtung Knie hochziehen können, dass der Winkel zwischen Fuß und Bein kleiner ist als 90°.

Untere Rücken- und hintere Oberschenkelmuskeln

Spreizen Sie die Beine ganz leicht, beugen Sie sich nach vorne und berühren Sie Ihre Zehen mit den Fingerspitzen.

Wenn Sie Beschwerden im unteren Rückenbereich haben, lassen Sie diesen Test besser aus. Sollten Sie während des Bückens Schmerzen verspüren, brechen Sie den Test bitte ab.

Der Zehen-Test sagt Ihnen etwas über die Beweglichkeit Ihrer unteren Rücken- und hinteren Oberschenkelmuskulatur. Es gibt für diesen Bereich sicher andere, etwas ausgeklügelter erscheinende Tests, aber dieser ist der einfachste. Ihre Testergebnisse lassen sich folgendermaßen einordnen:

- ✔ Wenn Sie Ihre Zehen gar nicht berühren können, sind Ihre unteren Rücken- und hinteren Oberschenkelmuskeln unterdurchschnittlich beweglich.
- ✔ Wenn Sie Ihre Zehen mit Mühe berühren können, sind Ihre unteren Rücken- und hinteren Oberschenkelmuskeln durchschnittlich beweglich.
- ✔ Wenn Sie Ihre Zehen ganz mühelos berühren können, sind Ihre unteren Rücken- und hinteren Oberschenkelmuskeln überdurchschnittlich beweglich (oder Ihre Zehen sind sehr lang).

Hüftbeuger

Legen Sie sich mit dem Rücken auf Ihre Gymnastikmatte oder ein andere Unterlage. Ziehen Sie das rechte Knie zur Brust und lassen Sie dabei das linke Bein flach auf dem Boden liegen. Achten Sie darauf, wie leicht es Ihnen fällt, das linke Bein gestreckt auf dem Boden liegen zu lassen. Wiederholen Sie das Ganze mit dem jeweils anderen Bein.

Dieser Test gibt Aufschluss darüber, wie beweglich Ihre Hüftbeuger sind. Die Beweglichkeit dieser Muskeln ist entscheidend für einen schönen, langen Walking-Schritt. Wenn Ihre Hüftbeuger nicht sehr beweglich sind, können sie beim Walken Schmerzen verursachen. Ihre Testergebnisse lassen sich folgendermaßen einordnen:

- ✔ Wenn Sie das jeweils andere Bein nicht flach auf dem Boden halten können, sind Ihre Hüftbeuger unterdurchschnittlich beweglich.
- ✔ Wenn Sie das jeweils andere Bein mit ein wenig Mühe auf dem Boden halten können, sind Ihre Hüftbeuger durchschnittlich beweglich.
- ✔ Wenn Sie das jeweils andere Bein problemlos auf dem Boden halten können, sind Ihre Hüftbeuger überdurchschnittlich beweglich.

So weit die Füße tragen

Ihre Ausdauer, Ihr Durchhaltevermögen oder Ihre aerobe Ausdauer können Sie mit Hilfe eines Fahrrads, eines Steppers oder eines Laufbands testen. Am besten aber ermittelt man diesen Fitness-Wert mit einem Test, der sich an der bevorzugten Trainingsmethode orientiert. Ich schlage also vor, dass wir uns nach Ihren speziellen Bedürfnissen als Walker richten. Natürlich können Ihnen auch andere Walking-Tests verlässlich Aufschluss über Ihre Ausdauerleistung geben.

Als Walker können Sie sich auch auf einem Fahrrad oder einem anderen Trainingsgerät testen. Was die aerobe Leistungsfähigkeit betrifft, so sind die Ergebnisse durchaus zu einem gewissen Teil übertragbar. Wenn Sie hauptsächlich walken, werden Sie vielleicht beim Radfahren nicht so gut abschneiden, aber immer noch besser als ein völlig Untrainierter.

Für diesen Test benötigen Sie eine möglichst flache, 1.600 m lange Strecke. Sie können in Ihrer Wohngegend mit dem Auto eine solche Strecke abfahren oder, noch besser, Sie suchen sich eine Laufbahn. Eine Standard-Laufbahn ist 400 m lang. Sollten Sie den Test auf einer Laufbahn machen, wählen Sie möglichst eine Tageszeit, zu der dort nicht so viel los ist, und nehmen Sie die Innenbahn. Wie dem auch sei, machen Sie Folgendes:

1. **Wärmen Sie sich etwa fünf Minuten lang durch leichtes Walken auf.**
2. **Machen Sie ein paar Dehn- und Lockerungsübungen.**
3. **Starten Sie Ihre Stoppuhr.**
4. **Walken Sie 1.600 m (vier Runden) in gleichmäßig schnellem Tempo.**

   Sie sollten sich schon ein wenig ins Zeug legen, aber nur so viel, dass Sie die 1.600 m auch schaffen. (Wenn Sie vorher aufgeben müssen, ist das in Ordnung. Das sagt Ihnen schließlich auch eine Menge über den aktuellen Stand Ihrer Fitness.)
5. **Wenn Sie das Ziel erreicht haben, stoppen Sie die Zeit und entspannen Sie sich etwa fünf Minuten lang, indem Sie langsam und locker weiter walken.**

   Danach können Sie ein paar leichte Dehnübungen machen.

Vergleichen Sie Ihre Zeit mit der folgenden Tabelle

Fitnessgrad	Männer	Frauen
unterdurchschnittlich	Strecke nicht geschafft	Strecke nicht geschafft
unterdurchschnittlich	15:38 min oder länger	16:40 min oder länger
durchschnittlich	zwischen 12:42 min und 15:37 min	zwischen 13:42 min und 16:39 min
überdurchschnittlich	weniger als 12:42 min	weniger als 13:42 min

Jetzt haben Sie's schwarz auf weiß

Jetzt, wo Sie alle Fitness-Tests hinter sich und alle Ergebnisse in Tabelle 1.1 eingetragen haben, geht es erst richtig los. Lassen Sie sich nicht entmutigen, wenn Sie vielleicht nicht so fit sind, wie Sie gedacht haben. Auf diesen Ergebnissen bauen Sie jetzt Ihr Walkingprogramm auf. Zusammen mit den Informationen des nächsten Kapitels helfen sie Ihnen, sich genaue und detaillierte Ziele zu setzen.

Sie sollten es auch nicht bei diesem einen Test belassen. Ich empfehle Ihnen, sich alle drei Monate erneut zu testen und die Ergebnisse miteinander zu vergleichen. Nichts ist so motivierend, wie die eigenen Fortschritte schwarz auf weiß dokumentiert zu sehen. Wenn Sie nicht alle Tests durchlaufen wollen, machen Sie nur die, deren Ergebnisse neue Motivation versprechen. Sie sollten sich allerdings nicht öfter als alle drei Monate testen, weil Veränderungen am Körper sich in der Regel nicht schneller vollziehen. Das volle Testprogramm sollten Sie einmal im Jahr absolvieren.

Gemessene Parameter	Erster Test	3 Monate	6 Monate	9 Monate	1 Jahr	Optimales Ergebnis
Ruhe- und Ausgangswerte						
Ruhepuls						60–90 Schläge pro Minute (bpm)
Blutdruck						120/80
Körpergewicht						Abhängig von Geschlecht und Größe
Maße (auf 0,5 cm genau)						
Rechter Oberarm						
Brust						
Taille						
Hüfte						
Rechter Oberschenkel						
Rechter Unterschenkel						
Körperzusammensetzung						
BMI						18,5–24,9
Taillen-Hüft-Quotient						Männer: weniger als 1,0 Frauen: weniger als 0,85
Körperfettanteil in Prozent						Männer: 12–20 Prozent Frauen: 16–26 Prozent

Gemessene Parameter	Erster Test	3 Monate	6 Monate	9 Monate	1 Jahr	Optimales Ergebnis
Kraft						
Liegestütze						Mehr als 22
Sit-ups						Mehr als 31
Wandsitz						Länger als 61 Sek.
Sonstiges						
Beweglichkeit						
Fußgelenk						
Lendenwirbelbereich und Schenkelbeuger						
Hüftbeuger						
Sonstiges						
Ausdauer						
Walking						Männer: 1.600 m in weniger als 12:42 Min. Frauen: 1.600 m in weniger als 13:42 Min.
Sonstiges						

Tabelle 1.1: Tragen Sie hier Ihre Testergebnisse ein.

Ihr Weg zum Ziel

2

In diesem Kapitel

- Lernen Sie sechs wichtige Merkmale eines vernünftigen Fitness-Ziels kennen
- Betrachten Sie verschiedenartige Zielsetzungen
- Beginnen Sie, sich Ziele zu setzen
- Formulieren Sie einen Plan, mit dem Sie Ihre Ziele erreichen wollen

Wenn ich für einen Kunden ein neues Programm ausarbeite, frage ich immer erst einmal, was der- oder diejenige denn erreichen möchte. »Ich weiß nicht so genau, ich denke, abnehmen und etwas fitter werden« ist eine der häufigsten Antworten. In dieser Antwort liegt aber auch schon der Grund, warum die meisten Fitnessprogramme relativ schnell im Sande verlaufen.

Wenn man regelmäßig etwas für seine Fitness tun will, ist das ein größeres Vorhaben, das entsprechend angegangen werden muss. Sie würden ja auch kein Haus ohne einen Bauplan oder ein eigenes Unternehmen ohne einen konkreten Unternehmensplan aufbauen. Warum also sollten Sie so etwas Wichtiges wie ein Fitnessprogramm anfangen, ohne Ihren Anfangspunkt, Ihr Ziel und den Weg dorthin zu kennen?

Aufgrund meiner langjährigen Erfahrung als Personal Trainer und Physiotherapeutin weiß ich, dass es für die erfolgreiche Durchführung eines Fitnessprogramms wichtig und notwendig ist, sich seine eigenen Ziele zu setzen. Denn in gewisser Weise ist der Prozess der Zielsetzung der Grundstein Ihres Walkingprogramms.

Die meisten Menschen beschäftigen sich nicht ausführlicher mit ihren Zielen, weil sie nicht genau wissen, was ein vernünftiges Ziel ausmacht. In diesem Kapitel erfahren Sie, wie Sie sich feste Walking- und Fitness-Ziele setzen. Darüber hinaus gebe ich Ihnen Tipps, wie Sie diese Ziele erreichen und immer wieder neu bewerten können.

Die sechs wichtigen Merkmale eines Ziels

Ein vernünftiges Fitness-Ziel muss sechs Merkmale aufweisen, die ich in den folgenden Abschnitten vorstelle. Alle sechs Merkmale sind gleichermaßen wichtig. Überprüfen Sie Ihre Ziele regelmäßig daraufhin, ob sie diese Kriterien erfüllen.

Ziele sind konkret

Bei allgemein formulierten Zielen, wie »Ich möchte abnehmen« oder »Ich möchte fitter werden« liegt das Problem darin, dass sie keine wirklich konkrete Aussage enthalten. Sie sagen weder etwas darüber aus, wo Sie jetzt stehen, noch darüber, wo genau Sie hin wollen. Wie viel möchten Sie abnehmen? Wie viel »fitter« möchten Sie werden?

Gehen wir einmal von der Aussage »Ich möchte abnehmen« aus. Um daraus ein konkretes Ziel zu machen, müssen Sie zunächst einmal Ihren Ausgangspunkt ermitteln. Anschließend sollten Sie vielleicht statt der Kilos auf der Waage Ihren prozentualen Körperfettanteil ins Visier nehmen, denn der ist ein besserer Indikator für ideales Körpergewicht und Körperabmessungen. (Mehr Informationen über den prozentualen Körperfettanteil finden Sie in Kapitel 1 und im Absatz *Rechnen Sie Ihren Körperfettanteil in Pfunde um* weiter hinten in diesem Kapitel.) Nehmen wir an, Ihr Körperfettanteil läge bei 30 Prozent. Allein aus dieser Information ergibt sich schon ein recht konkretes Ziel. Sie wissen ja, dass der allgemein als normal eingestufte Wert für den prozentualen Körperfettanteil bei Frauen zwischen 16 und 26 Prozent und bei Männern zwischen 12 und 20 Prozent liegt. Wenn Sie also eine Frau sind, müssen Sie diesen Prozentsatz um mindestens vier Prozent, wenn Sie ein Mann sind, um mindestens zehn Prozent senken, um in diesen Bereich vorzustoßen.

Der prozentuale Körperfettanteil ist *ein* Ansatzpunkt, Ihre Ziele zu konkretisieren. Eine weitere Möglichkeit ist es, auf ein konkretes Ereignis hinzuarbeiten, beispielsweise einen Zehn-Kilometer-Walkingwettbewerb, der in ein paar Monaten stattfindet. Sie könnten sich zum Ziel setzen, bei diesen Wettbewerb ins Ziel zu kommen, oder gar, wenn Sie leistungsorientierter sind, in weniger als 90 Minuten ins Ziel zu kommen. Beide Ziele sind für Sie von konkreter Bedeutung, weil Sie etwas ganz Bestimmtes erstreben. Sie berücksichtigen zudem Ihren Ausgangspunkt, vorausgesetzt, Sie haben schon ermittelt, wie schnell und wie weit Sie zum jetzigen Zeitpunkt walken können.

Ziele sind realistisch

Ich fand eines Morgens eine E-Mail von einer Sängerin in meinem Posteingang, die gerade einen Vertrag für ein wichtiges Engagement unterschrieben hatte, das am folgenden Tag stattfinden sollte. Sie wollte wissen, wie sie bis zum folgenden Abend 15 Pfund abnehmen könnte, damit sie in das Kleid hineinpasste, das sie eigens für diesen Auftritt gekauft hatte. Ich antwortete ihr, sie solle sich ein neues Kleid kaufen. Ihr Ziel war schlichtweg völlig unrealistisch – und zudem ungesund, wie ich weiter hinten noch erläutern werde.

Ein selbst gesetztes Ziel zu erreichen, ist eine befriedigende Erfahrung. Aber es ist nicht jedem gegeben, den Gipfel des Mount Everest zu erklimmen oder am olympischen Endlauf im 50-Kilometer-Gehen teilzunehmen. Es kommt immer darauf an, sich realistische Ziele zu setzen, die man auch erreichen kann. Dabei gilt es, die Schwelle zu finden, bei der man ausreichend gefordert, aber nicht überfordert wird.

Rechnen Sie Ihren Körperfettanteil in Pfunde um

Der Körperfettanteil gibt wesentlich genauer als die Waage an, wie »fett« Sie sind, denn er sagt Ihnen, wie viel Ihres Köpergewichts aus Fett besteht und wie viel aus Muskeln, Knochen, Organen und anderem Körpergewebe. Dennoch mag es für Sie beim Abnehmen motivierend sein, einen Zusammenhang zwischen dem Absinken des Körperfettanteils und dem Gewichtsverlust herzustellen. Die folgenden Schritte ermöglichen Ihnen genau das:

1. **Multiplizieren Sie Ihr Gewicht in Pfund mit Ihrem aktuellen prozentualen Körperfettanteil.**

   Wie Sie Ihren prozentualen Körperfettanteil ermitteln, finden Sie in Kapitel 1 erklärt.

2. **Subtrahieren Sie das Ergebnis von Ihrem aktuellen Körpergewicht in Pfund.**
3. **Subtrahieren Sie Ihren angestrebten prozentualen Körperfettanteil von 1.**
4. **Dividieren Sie das Ergebnis von Schritt 2 durch das Ergebnis von Schritt 3.**

   Das Ergebnis dieser Division ist die Anzahl der Pfunde, die Sie abnehmen müssen, um Ihren angestrebten prozentualen Körperfettanteil zu erreichen.

Ein Beispiel: Angenommen, Ihr Körpergewicht beträgt 150 Pfund, Ihr prozentualer Körperfettanteil liegt bei 30 % und Sie möchten ihn auf 26 % drücken.

1. Sie multiplizieren Ihr aktuelles Gewicht mit Ihrem aktuellen Körperfettanteil: 150 x 0,30 = 45. Diese Zahl besagt, dass 45 Pfund Ihres Körpergewichts aus Fett bestehen.
2. Diese Zahl subtrahieren Sie von Ihrem aktuellen Gewicht: 150 – 45 = 105. Diese Zahl entspricht dem Anteil des Nicht-Fettgewebes an Ihrem Körpergewicht.
3. Subtrahieren Sie nun 0,26 (Ihr angestrebter prozentualer Körperfettanteil) von 1. Sie erhalten 0,76.
4. Dividieren Sie 105 durch 0,76. 105 : 0,76 = 142. Dieses Ergebnis entspricht dem Zielgewicht, bei dem Sie einen Körperfettanteil von 26 % erreicht haben.

Ziele sind flexibel

Überprüfen Sie Ihre Ziele regelmäßig, damit Sie sie gegebenenfalls anpassen können. Nehmen wir an, Sie haben sich das Ziel gesetzt, drei Mal in der Woche fünf Kilometer zu walken. Nach einem Monat stellen Sie aber fest, dass Sie für diese Strecke länger als 45 Minuten brauchen und damit Ihren kompletten Zeitplan sprengen. Nun müssen Sie Ihr Ziel nicht völlig aufgeben oder die Walkingschuhe an den Nagel hängen. Passen Sie einfach Ihr Ziel an Ihre Möglichkeiten an. Denkbar wäre, dass Sie einfach drei Mal 45 Minuten walken, ohne eine bestimmte Distanz festzulegen. Oder aber Sie verteilen die 15 Kilometer auf fünf Tage anstatt auf drei.

Seien Sie kreativ! Mit ein bisschen Einfallsreichtum können Sie nahezu jedes Ziel an Ihre persönlichen Gegebenheiten anpassen.

Ziele sind gesund

Die Sängerin, die mehrere Kleidergrößen an einem einzigen Tag überspringen wollte, war auf dem Holzweg, weil ihr Ziel unrealistisch und sogar gesundheitsgefährdend war. Menschen mit solchen Zielen begegne ich leider sehr oft.

Wenn es ums Abnehmen oder die eigene Körperform geht, stecken sich erschreckend viele Menschen ungesunde Fitness-Ziele. Immer wieder wollen Kunden eine ganz bestimmte Zahl auf ihrer Waage sehen. Wenn ich sie dann frage, warum, kommen Antworten wie »So viel habe ich mit 16 gewogen« oder »Ich habe immer gedacht, es wäre doch schön, so wenig zu wiegen«. Oft gründet ein solches Denken in irrationalen und destruktiven Annahmen darüber, wie der menschliche Körper nun mal auszusehen hat. In letzter Konsequenz führt dieser ungesunde Ansatz bei manchen Menschen zu Essstörungen wie Magersucht oder Bulimie.

Manche Ziele sind sowohl physisch als auch psychisch ungesund. Sie glauben gar nicht, wie oft mir Kundinnen Fotos von Cindy Crawford oder Claudia Schiffer unter die Nase halten und dann fragen: »So will ich aussehen. Was muss ich dafür tun?« Nun, man muss nicht lange darum herum reden: Wenn man 1,55 m groß und etwas rundlich gebaut ist, wird man durch keinen Trainingsplan der Welt zum Supermodel. Daran zu glauben, ist frustrierend und persönlichkeitsschädigend. Ich will damit nicht sagen, dass man nicht danach streben sollte, das Beste aus sich zu machen. Aber wenn man einzig ein unerreichbares Bild als befriedigendes Ergebnis akzeptiert, muss man sich zwangsläufig als Versager fühlen.

Ich möchte Sie von diesem doch tief verwurzelten, ungesunden Denken abbringen. Orientieren Sie sich lieber an Fitness- und Gewichtsrichtlinien, wie sie etwa von der Deutschen Gesellschaft für Ernährung oder den meisten Krankenkassen veröffentlicht werden. Im Übrigen sollten Sie nur versuchen, Ihr Bestes zu geben, ohne sich dauernd mit anderen zu vergleichen.

Ziele motivieren

Was macht für Sie den besonderen Reiz beim Trainieren aus? Dass Sie mit jeder Woche weiter walken können? Oder dass Ihre Taille schon drei cm schmaler geworden ist? Setzen Sie sich Ziele, die Sie mit Freude an die nächste Trainingseinheit denken lassen. Wenn sich diese Freude nicht einstellt, sollten Sie Ihre Ziele neu überdenken. Denn was nützen Ihnen die vernünftigsten Ziele, wenn sie nicht motivieren?

Eine meiner Kundinnen hat sich zum Ziel gesetzt, einen Muskelmann zu heiraten. Sie sagte das ganz frei heraus, als sie vor ein paar Jahren in eines unserer Studios mit dem Training anfing. Sie wollte ganz genau wissen, zu welchen Zeiten und an welchen Trainingsgeräten sie die richtigen Männer treffen würde. Nun ist es nicht unbedingt ein Fitness-Ziel, einen Mann zu finden. Aber es hat sie die letzten Jahre über motiviert, viermal in der Woche zu trainieren – ich habe sogar ein paar Fitness-Ziele in ihre Heiratspläne hineinschmuggeln können. Zwar hat sie auf dem Laufband und beim Gewichtheben noch nicht den Richtigen gefunden, doch sie sieht richtig gut aus und findet immer jemanden, mit dem sie freitags auf die Piste gehen kann. Es kommt also immer darauf an, was *Sie* motiviert!

Ziele sind individuell

Versuchen Sie nicht, etwas zu erreichen, weil Freunde oder Ehepartner Sie dazu drängen. Egal, ob Sie etwas für Ihre Gesundheit, Ihre Fitness oder Ihre Figur tun wollen: Tun Sie es nur, wenn es *Ihnen* ein persönliches Anliegen ist.

Verschiedene Zielkategorien

Wenn man sich Ziele setzen will, erfordert das einige Überlegungen. Soll ein Ziel wirklich einen Sinn haben, muss es, wie ein großes Ereignis oder der Bau eines Hauses, sorgfältig geplant werden. Wenn ich für mich selbst oder meine Kunden Ziele setze, nehme ich mir meist einzelne Ziele vor und betrachte sie von verschiedenen Seiten.

Fernziele

Gemeint sind hier die Ziele, die man letztendlich erreichen will. Man nennt diese Ziele auch oft langfristige Ziele.

Der Weg zu einem solchen Ziel dauert in der Regel zwei Monate bis ein Jahr. Das Fernziel eines meiner Kunden mit Namen Dutch war es, das Basislager (den Ausgangspunkt für den Weg zum Gipfel) am Mount McKinley, einem der höchsten Berge Nordamerikas, zu erreichen. Er begann das Unternehmen ein Jahr vor dem geplanten Aufstieg. Nachdem wir sein langfristiges Ziel sorgfältig und bis ins Einzelne beschrieben hatten, stellten wir einen Jahresplan mit Übungen auf, die ihm helfen sollten, dieses Ziel zu erreichen. Jeden Tag kam Dutch zum Training. Sein großes Ziel motivierte ihn ein ganzes Jahr lang. Später erzählte er mir, als er den Fuß in das Basislager setzte, sei das einer der schönsten Augenblick seines Lebens gewesen. Da war er übrigens schon 65 Jahre alt.

Ein Fernziel muss nicht immer so monumental sein, wie die Besteigung eines Berges. Die große Runde in einer Parkanlage zu schaffen, kann ein ebenso erstrebenswertes und wichtiges Ziel sein. Hier sind noch ein paar Beispiele für Fernziele, die Sie natürlich beliebig ergänzen können:

- ✔ Eine bestimmte Distanz walken können
- ✔ Eine bestimmte Walk-Geschwindigkeit erreichen
- ✔ Ihre Testergebnisse aus Kapitel 1 verbessern

- Auf ein bestimmtes Ereignis hin trainieren
- Ihr Aussehen verbessern
- Ihre Gesundheit steigern

Feinziele

Feinziele ergeben sich durch eine detailliertere Beschreibung eines großen Ziels. Als Dutch und ich beispielsweise sein Ziel betrachteten, das Basislager zu erreichen (siehe den Abschnitt *Große Ziele* weiter vorne im Kapitel), ermittelten wir, welche Strecke und welche Steigungen er würde bewältigen müssen und wie schwer sein Rucksack sein würde. Nach den Ergebnissen richteten wir dann sein Trainingsprogramm aus.

Feinziele berücksichtigen also alle Einzelheiten, die auf dem Weg zum großen Ziel eine Rolle spielen. Auf der Basis der Feinziele wird dann das Trainingsprogramm erstellt. Bei der Bestimmung der Feinziele gilt es, folgende Aspekte zu beachten:

- Distanzen
- Geschwindigkeit
- Intensität
- Erforderliche Fertigkeiten
- Hauptsächliche belastete Muskeln

Stufenziele

Wenn das Fernziel noch in sehr weiter Ferne liegt, kann das schon zuweilen entmutigen. Da ist es schon nützlich, wenn man auch kurzfristigere Ziele hat, die einem weiterhelfen. Für diesen Zweck gibt es Stufenziele.

Stufenziele unterteilen den Weg zu Ihrem Fernziel in kleinere Abschnitte. Wenn Sie sich beispielsweise das Fernziel gesetzt haben, eine Zehn-Kilometer-Schleife um Ihren Wohnort zu walken, jetzt aber erst zwei Kilometer davon schaffen, können Sie sich als nächstes Stufenziel die Drei-Kilometer-Marke setzen. In der Woche darauf steigern Sie auf 4 Kilometer und wieder eine Woche später auf 5 Kilometer. So haben Sie jede Woche Ihr Erfolgserlebnis, ohne Ihr Fernziel aus den Augen zu verlieren, denn jedes Stufenziel, das Sie abhaken können, bringt Sie Ihrem Fernziel wieder einen Schritt näher.

Ich empfehle Ihnen, Stufenziele für drei verschiedene Zeitrahmen aufzustellen. Das ist vielleicht nicht unbedingt erforderlich. Aber Sie werden vielleicht feststellen, dass es die Mühe lohnt.

- ✔ **Tageszlele:** Was wollen Sie heute erreichen? Das kann so etwas Einfaches sein, wie den ganzen Tag keine Schokolade zu essen, oder etwas Aufwändigeres, wie die Aufstellung einer Übersicht über alle geplanten Trainingseinheiten. Am sinnvollsten sind Tagesziele zu Beginn eines Trainingsprogramms, denn sie helfen Ihnen bei der Feinabstimmung Ihres Trainings. Zweckmäßig sind sie auch dann, wenn Sie zu denen gehören sollten, die ihren Hintern nur schwer aus dem Sessel kriegen.
- ✔ **Wochenziele:** Wochenziele sind eine ausgezeichnete Hilfe bei der Anpassung von Zielen im Bereich Gesamtstrecke und Gewichtsverlust. Bei einem Stufenziel von einem Pfund Gewichtsabnahme pro Woche erscheint ein Fernziel von 30 Pfund Gewichtsverlust doch eher erreichbar. Und vergessen Sie dabei nicht: Über ein ganzes Jahr ermöglichen Ihnen Wochenziele 52 kleine Erfolgserlebnisse. Ich verwende Wochenziele besonders gerne für die Anpassung von Gesamtstrecken. Ein mögliches Stufenziel für die nächste Woche kann beispielsweise die Steigerung der wöchentlichen Gesamtstrecke von 15 auf 18 Kilometer sein.
- ✔ **Monatsziele:** Wenn Sie mit Monatszielen arbeiten, zeichnen sich Entwicklungen, die sich aus Ihrem Trainingsablauf ergeben, recht deutlich ab. Aus der Hochrechnung Ihrer Tages- und Wochenziele ergibt sich das, was Sie im Verlauf der nächsten 30 Tage erreichen wollen. Es empfiehlt sich darüber hinaus, jeden Monat das Fernziel zu überprüfen und eventuell anzupassen. Vielleicht stellen Sie ja fest, dass Sie bei der Zielsetzung etwas zu ehrgeizig waren oder die gesteckten Ziele nicht so schnell erreichen können, wie Sie dachten. Lassen Sie sich davon nicht entmutigen, sondern machen Sie sich daran, Ihre Ziele und Pläne an Ihre Möglichkeiten anzupassen.

Hilfsziele

Damit Sie auf alle eintretenden Entwicklungen optimal reagieren können, brauchen Sie Hilfsziele. Das sind Ziele, die Sie anpeilen können, wenn Sie aus irgendeinem Grund Ihr Fernziel nicht verfolgen können. Hilfsziele verhindern, dass Sie den Mut verlieren oder ganz aufgeben.

Nehmen wir an, Sie arbeiten darauf hin, zehn Runden auf einer Laufbahn in 40 Minuten zu walken und sind so weit, dass Sie sechs Runden in 20 Minuten schaffen ... und dann fangen Sie sich eine Oberschenkelzerrung und müssen ein paar Wochen pausieren. So etwas ist schnell passiert und kann Sie so aus dem Tritt bringen, dass Sie Ihr Training auch nach der Ausheilung erst gar nicht mehr aufnehmen.

In solchen Fällen kann man sich dann einem Hilfsziel zuwenden, etwa der Kräftigung der Oberkörpermuskulatur oder der Fettreduzierung im Diätplan. Eine Verzögerung im Trainingsprogramm trifft Sie nicht so stark, wenn Sie sich ersatzweise mal auf etwas anderes konzentrieren. Denn selbst, wenn Sie beim Walking Ihrem Ziel vorübergehend nicht näher kommen, müssen Sie das nicht als Niederlage empfinden, denn Sie tun ja in der Zwischenzeit etwas für Ihre Gesundheit und Fitness.

Im Idealfall tragen Hilfsziele etwas zum Erreichen der Fernziele bei oder haben zumindest irgendetwas mit ihnen zu tun. Wenn Sie fettreduziert essen, trägt das dazu bei, dass Sie in bewegungsärmeren Zeiten nicht zunehmen. So sammeln Sie keinen unnötigen Ballast an und können später ungebremst da weiter machen, wo Sie aufgehört haben. Im Folgenden habe ich ein paar erprobte Hilfsziele für Walker aufgelistet, die Sie je nach Ihren besonderen Bedürfnissen und Vorlieben zurechtschneidern können:

- ✔ Abnehmen
- ✔ Aussehen verbessern
- ✔ Energien aufbauen
- ✔ Muskeln kräftigen
- ✔ Flexibilität steigern
- ✔ Gesündere Ernährung
- ✔ Verbesserungen bei anderen sportlichen Aktivitäten wie Schwimmen oder Radfahren
- ✔ Körperhaltung verbessern
- ✔ Selbstachtung und Selbstvertrauen stärken

Her mit den Zielen!

Jetzt wissen Sie, was ein gutes Ziel ausmacht, und brauchen nur noch einen Plan, wie Sie es auch erreichen. In den folgenden Abschnitten möchte ich Sie Schritt für Schritt in diese Planung einführen.

Woher komme ich?

Der erste Schritt auf dem Weg zur Zielsetzung ist die Ermittlung Ihrer Ausgangssituation mit Hilfe der Fitness-Tests in Kapitel 1. Das ist wichtig, wichtig, wichtig, wichtig! Denn wenn Sie nicht wissen, wo Sie herkommen, können Sie auch nicht wissen, wo Sie hingehen. Durch die Bestimmung Ihrer Ausgangssituation erfahren Sie ganz genau, wo Sie an sich arbeiten müssen.

Füllen Sie Ihr persönliches Fitnessprofil aus (siehe Kapitel 1) und halten Sie fest, in welchen Bereichen Sie Verbesserungen erzielen wollen. Bei der Zielsetzung können Sie diese Verbesserungen dann strategisch angehen. Natürlich können Sie dabei bestimmte Punkte stärker akzentuieren, solange Sie insgesamt für ein ausgewogenes Programm sorgen. Auch wenn Sie sich zum Beispiel nicht so sehr um die Beweglichkeit Ihrer Gelenke und Sehnen sorgen, sollten Sie die eine oder andere Stretching-Übung in den Programmablauf einbeziehen. Warum? Das ist ganz einfach: Sie können Gesundheit und Fitness nicht auf einzelne Bereiche Ihres

Körpers beschränken. Ihr Körper ist ein funktionierendes Ganzes und muss auch so behandelt werden. Wenn Sie sich eine Muskelzerrung zuziehen, weil Ihre Muskeln nicht geschmeidig genug waren, müssen Sie Ihr Walkingprogramm unterbrechen und damit möglicherweise auch Verzögerungen bei der Gewichtsabnahme und beim Konditionsaufbau hinnehmen. Stretching hilft Ihnen übrigens auch besser über die Wehwehchen der ersten Trainingsphase, wie Muskelkater, hinweg. Und wenn Sie sich besser fühlen, walken Sie mehr.

Wählen Sie Ihren Zielpunkt

Jetzt kommen wir zu Ihrem Fernziel. Vergessen Sie nicht, bei der Bestimmung des Fernziels die sechs Merkmale zu berücksichtigen, die ich Ihnen zu Beginn des Kapitels vorgestellt habe.

Erarbeiten Sie einen Plan

Wie gelangen Sie jetzt von A nach B? Dieser Frage widmet sich der Rest dieses Buches. Allgemein gilt die Regel: Berücksichtigen Sie alles, was Sie Ihrem Ziel näher bringt, und versuchen Sie alles zu unterlassen, was Sie zurückwirft.

Bewegen Sie sich beim Planen grundsätzlich vom Allgemeinen zum Speziellen hin. Wenn Sie schneller walken möchten, gehen Sie davon aus, dass Sie üben müssen, schneller zu walken. Dann legen Sie fest, wie oft und wie lange Sie in einer Woche an Ihrer Geschwindigkeit arbeiten wollen. Damit verbinden können Sie Gewichtsabnahme, Kraft- und Beweglichkeitstraining, denn diese Ziele können Ihnen helfen, schneller zu werden.

Sie werden sich natürlich fragen, wie Sie denn ein erfolgreiches Trainingsprogramm auf die Beine stellen sollen, wenn Sie gar nicht wissen, welche Aktivitäten Sie Ihrem Ziel näher bringen können. Nun, dieses Buch soll Ihnen beim Planen behilflich sein. Es enthält auch Musterpläne, an denen Sie sich orientieren können. Wie man ein individuelles, ausführliches und erfolgreiches Walkingprogramm auf die Beine stellt, erfahren Sie in den Kapiteln 7 und 10. Diese Kapitel geben Ihnen darüber hinaus Tipps, wo Sie, je nach den Werten Ihres Fitnessprofils aus Kapitel 1, am besten anfangen.

Schreiben Sie's auf

Schreiben Sie alles auf – Ihre Fernziele, Ihre Feinziele, Ihre Stufenziele und Ihre Hilfsziele. Bringen Sie dieses »Manifest« dann an einer Stelle an, die Sie häufig im Blick haben (etwa am Kühlschrank oder am Badezimmerspiegel) und werfen Sie regelmäßig einen Blick darauf, damit Sie immer wissen, wofür Sie sich ins Zeug legen. Sie können dazu auch das *Zielmanifest* am Ende dieses Kapitels verwenden.

Bringen Sie auch Ihre Pläne in allen Details zu Papier. So haben Sie stets eine Checkliste für Ihr Training parat. Auch ein Trainingstagebuch, in dem Sie Einzelheiten Ihres Trainings und Ihrer Ernährung festhalten, kann ich nur empfehlen. (Verwenden Sie ruhig das *Logbuch für Walker*, das Sie in diesem Kapitel finden.)

Das Führen eines Trainingstagebuchs verhindert, dass Sie sich selbst beschummeln, und ermöglicht Ihnen, längerfristige Entwicklungen zu analysieren. So können Sie leichter herausfinden, was Sie falsch und was Sie richtig machen. Wenn Sie längere Zeit auf der Stelle treten, können Sie in Ihren Aufzeichnungen nach den Ursachen fahnden. Möglicherweise haben Sie ja nicht so oft trainiert, wie Sie gedacht hatten, oder Sie haben doch öfter die Schranktür geöffnet, hinter der sich diese leckeren kleinen Gemeinheiten verbergen, die man ja schließlich für die Kinder im Haus haben muss.

Viele meiner Kunden bestätigen mir immer wieder, dass das Führen eines Trainings- und Ernährungstagebuchs ihnen am effektivsten beim Abnehmen geholfen hat. Denn wer sieht schon gerne schwarz auf weiß bestätigt, dass er eine ganze Packung Schokoladenkekse gefuttert hat! Ich jedenfalls würde da lieber auf die Kekse verzichten. Da ist es doch viel angenehmer, wenn man von tollen Trainingseinheiten und vorbildlichem Essverhalten berichten kann.

Immer wieder überprüfen

Überprüfen Sie Ihre Ziele immer mal wieder, um sicherzugehen, dass sie noch dem entsprechen, was Sie erreichen wollen. Besonders wichtig ist eine Neubewertung Ihrer Ziele, wenn Sie Ihr Fernziel erreicht haben. Lassen Sie sich diesen Moment auf der Zunge zergehen, genießen Sie ihn, drehen Sie eine Ehrenrunde um den Block – aber planen Sie dann das nächste Ereignis, überlegen Sie, was Sie als Nächstes vollbringen wollen, und legen Sie Ihr nächstes Ziel fest.

Das alles mag sich für Sie nach viel Arbeit anhören. Dennoch kann ich gar nicht oft genug betonen, wie wichtig dieser Prozess der Zielsetzung ist. Am besten stellen Sie sich das Finden, Bestimmen und ständige Überprüfen eines Ziels als das Fundament vor, auf dem Ihr gesamtes Walkingprogramm aufbaut. Auf dieser Grundlage können Sie stetig und motiviert aufbauen.

Logbuch für Walker

Wochentag	Datum	Zeit oder Strecke	Kommentare
Montag			
Dienstag			
Mittwoch			
Donnerstag			
Freitag			
Samstag			
Sonntag			

Strecke/Laufzeit pro Woche	
Stretching (an wie vielen Tagen)	
Krafttraining (an wie vielen Tagen)	
Andere Fitness-Aktivitäten	
Verletzungen, Erkrankungen	
Gewicht	
Ziele für die kommende Woche	

Zielmanifest

Notieren Sie Ihre *Ausgangsposition*.

Notieren Sie Ihr *Fernziel*.

Notieren Sie Ihre *Feinziele*.

Notieren Sie Ihre *Stufenziele*.

Notieren Sie wenigstens drei *Hilfsziele*.

Notieren Sie einen groben *Plan*, mit dem Sie das Ziel erreichen wollen.

Notieren Sie die Einzelheiten dieses Plans:

Monatsplan:

Wochenplan:

Fit, Fitter, Outfit

3

In diesem Kapitel

- Erfahren Sie alles, was Sie über Walkingschuhe wissen müssen
- Entscheiden Sie sich für die richtigen Socken
- Wappnen Sie sich gegen Hitze und Kälte
- Wählen Sie den richtigen Sport-BH
- Denken Sie an Ihre Sicherheit und bringen Ihren Krimskrams unter

Wenn Sie einen Freizeit-Radsportler zu Ihren Bekannten zählen, wissen Sie sicher, was ein »Outfit-Freak« ist. Es ist schon beeindruckend, was man für eine halbe Stunde Radfahren so alles braucht: Ein vollständiges Radtrikot mit großen Rückentaschen und gepolsterter Hose, Bikerschuhe mit SPD-System für die Pedalbindung, Bikerhandschuhe, eine futuristische, verspiegelte Sonnenbrille und natürlich einen aerodynamischen Helm. Damit man nicht von dem berüchtigten Hungerast ereilt wird, darf auch die Hightech-Nahrung nicht fehlen: spezielle Powerriegel und Getränke aus eigens konstruierten Trinksystemen, die in den großen Rückentaschen des Trikots verstaut werden. Auf die technologischen Besonderheiten der Fahrräder will ich gar nicht erst näher eingehen.

Verstehen Sie mich bitte nicht falsch. Ich möchte das Radfahren nicht zum bloßen Zeitvertreib degradieren. Wer darauf steht, für den Kampf um die körperliche Fitness erst einmal eine Rüstung anzulegen, »Nur zu!«. Für alle, die einfach nur trainieren wollen, gibt es ja schließlich Walking.

Zum Walken brauchen Sie nicht viel mehr als ein Paar guter Walkingschuhe. Die richtigen Schuhe vermindern das Verletzungsrisiko, steigern Ihre Leistung und garantieren Ihren Füßen rund 1.500 Kilometer lang guten Komfort. In diesem Kapitel erfahren Sie alles, was Sie über Walkingschuhe wissen müssen – wo Sie was und wie am besten kaufen. Ich erkläre Ihnen darüber hinaus, wie Sie die Schuhe je nach der Beschaffenheit Ihrer Füße am besten binden und wie Sie Fußprobleme vermeiden.

Auch zu anderen Ausrüstungsgegenständen wie Socken und Flaschenhaltern werden Sie in diesem Kapitel etwas finden. Sind spezielle Socken oder Flaschenhalter unbedingt nötig? Nein. Macht Sie diese spezielle Ausrüstung zu einem besseren Walker? Vielleicht. Sie werden möglicherweise feststellen, dass zumindest ein Teil der in diesem Kapitel vorgestellten Walking-Ausrüstung beim Walken Vorteile bringt. Aber lesen Sie selbst und entscheiden Sie für sich, was Sie verwenden wollen und was nicht.

Auf gutem Fuß

Erinnern Sie sich an die Turnschuhe, die Sie als Kind getragen haben? Ganz schnell vergessen! Wenn Sie in einem Geschäft nach Turnschuhen fragen, klingt das so, als ob Sie im Media Markt nach Grammophonen fragen. Jeder Verkäufer unter 30 wird Sie mit einer Mischung aus Ratlosigkeit und Mitleid ansehen und an einen älteren Kollegen verweisen. Turnschuhe finden Sie nicht mal mehr im Quelle-Katalog. Heutzutage bewegt man sich zumindest in *Sportschuhen*. Sportschuhe teilen sich dann auf nach den unterschiedlichen Sportarten, für die man sie braucht, und tragen klangvolle Namen wie »Extruder«, »Air Pegasus« oder »Supernova Cushion«. Was *Sie* brauchen, sind Walking- oder Runningschuhe.

Nun ist es Gott sei Dank so, dass die Namensänderung mit einer ganzen Reihe positiver Veränderungen einhergeht. Walking- und Runningschuhe sind viel besser als die Leinenschuhe, mit denen Sie früher schneller liefen und höher sprangen. Es steckt viel technologischer Fortschritt in ihnen, der ohne Zweifel Ihre Leistung steigert und das Verletzungsrisiko mindert.

Bevor Sie Ihren Fuß in ein Fachgeschäft setzen, sollten Sie sich erst ein wenig weiterbilden. »Walkingschuh« ist nämlich nicht der einzige Fachbegriff, mit dem das Fachpersonal Sie konfrontieren wird. Da wäre zum Beispiel zu klären, ob Sie zur Überpronation oder zur Supination neigen. Andere Kriterien sind zum Beispiel, ob die Zehenkappe breiter oder gepolstert sein oder der Schuh rahmengenäht oder flexibel genäht sein soll. Klingt kompliziert, oder?

Lassen Sie sich nicht abschrecken. Wenn Sie dieses Kapitel gelesen und herausgefunden haben, was Sie für Ihre Bedürfnisse brauchen, können Sie es mit jedem Fachverkäufer aufnehmen (vielleicht bietet man Ihnen sogar eine Stelle an). Und jetzt Bühne frei für Ihre Füße.

Zeigt her Eure Füße ...

Kennen Sie eigentlich Ihren Fußtyp? Wahrscheinlich nicht. Finden Sie es nicht bedenklich, dass Sie sich schon so viele Jahre von einem Typen durch die Gegend schleppen lassen, ohne ihn näher zu kennen? Ich verrate Ihnen eine einfache Methode, wie Sie Ihrem Fußtyp auf die Spur kommen:

1. **Legen Sie zwei Blatt Löschpapier nebeneinander auf einen glatten Boden, so dass sie nicht verknittern, wenn Sie darauf treten.**

2. **Machen Sie Ihre Füße nass und tupfen Sie sie nur so weit ab, dass sie noch ein wenig feucht sind.**

3. **Gehen Sie über die Blätter und schauen Sie das Ergebnis an.**

   Wenn Ihr Fußabdruck großflächig ist, deutet das auf *Überpronation* hin. Das heißt, Sie haben einen Senkfuß mit niedrigem Fußgewölbe. Ihr Fuß knickt nach der Landephase sehr stark nach *innen* ab. (In einem gewissen Maß knicken Füße ganz natürlich nach dem Landen nach innen ab. Man nennt dies *Pronation*.)

Wenn Ihr Abdruck nur die Zehen, die Ballen und die Ferse zeigt, deutet das auf *Supination* hin. Ihr Fuß hat ein hohes bis überhöhtes Fußgewölbe und der Fuß knickt nach der Landephase nicht oder fast nicht nach innen, sondern rollt nach *außen* ab.

Wenn Sie Ihren Abdruck nicht eindeutig einer dieser Kategorien zuordnen können, sind Ihre Füße wohl als neutral oder normal zu bezeichnen. Ihre Füße rollen weder überwiegend nach innen noch nach außen ab und Ihr Fußabdruck zeigt Ferse, Ballen, Zehen und die äußere Fußunterseite.

Etwas über Ihren Fußtyp verraten auch ein Paar alte Schuhe. Stellen Sie die Schuhe nebeneinander auf einen Tisch und betrachten Sie sie von hinten auf Höhe der Schuhe. Stellen Sie eine starke Verformung nach innen fest, deutet das auf Überpronation hin, eine starke Verformung nach außen spricht für Supination. Sind die Schuhe kaum oder leicht nach innen verformt, ist Ihr Fuß normal oder neutral.

Behalten Sie Ihren Fußtyp beim Schuhkauf im Hinterkopf. Zusammen mit anderen Faktoren ist er wichtig für die Wahl des richtigen Walkingschuhs. Wenn Sie bei sich Überpronation oder Supination festgestellt haben, geben Sie diese Information an das Fachpersonal des jeweiligen Geschäfts weiter. Die Fachverkäufer können Ihnen dann eigens dafür konstruierte Schuhe zeigen.

Zeigt her Eure Schuh ...

Es gibt beim Walking keinen allzu umfangreichen Fachjargon. Das Meiste davon hat allerdings mit Schuhen zu tun. Jedes Teil eines Walkingschuhs hat einen bestimmten Namen und natürlich auch eine bestimmte Funktion (siehe Abbildung 3.1). Einige Schuhe sind mit patentierten Teilen oder Materialien ausgestattet. Die folgenden Elemente finden sich aber bei allen ordentlichen Walkingschuhen:

- ✔ **Einlegesohlen:** Manchmal spricht man auch von Innensohlen. Es handelt sich um das herausnehmbare, genau in den Boden des Schuhs eingepasste Innenteil. In der Regel besteht es aus geformtem Polyurethan oder EVA (Ethylvinylacetat), einem erschütterungsabsorbierenden Material.

- ✔ **Zwischensohle:** In der Zwischensohle, dem Teil zwischen der Einlegesohle und der Laufsohle des Schuhs, ist der größte Teil der dämpfenden Materialien untergebracht. Walkingschuhe haben meist dünnere Zwischensohlen als Runningschuhe, um die Abrollbewegung beim typischen Walkingschritt zu unterstützen. Sie sind stabil, aber flexibel und überall gut gepolstert, besonders aber an der Ferse, wo der Fuß zuerst den Boden berührt, und an den Ballen, wo die Abstoßbewegung für den nächsten Schritt erfolgt. In der Zwischensohle bringen die Schuhhersteller gelegentlich auch Einlagen aus Hartplastik oder dichterem Schaum unter, die dafür sorgen sollen, dass der Fuß beim Abrollen nicht zu sehr einknickt. Überhaupt ist die Zwischensohle das angestammte Reich der Schuhtechnologie. Jeder Hersteller schwört hier auf seine eigenen Materialien für die Dämpfung und die Erschütterungsabsorption. Nike etwa arbeitet mit kleinen Luftkissen. Auch Reebok verwendet Luft zur Dämpfung, allerdings etwas anders: Die Zwischensohle enthält eine Reihe von Kammern. Wenn die Ferse den Boden berührt, drückt der Aufprall die Luft in den vorderen Teil der Sohle. Wenn dann der Fuß nach vorne über den Ballen abrollt, wartet dort schon ein Luftkissen zur Dämpfung. Andere Firmen verwenden auch Gel oder EVA.

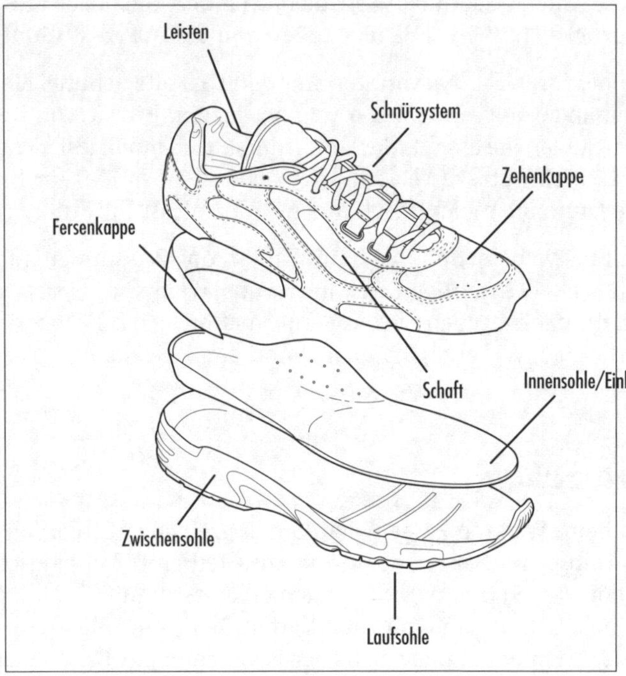

Abbildung 3.1: Die Anatomie eines Walkingschuhs

- ✔ **Laufsohle:** Die Laufsohle oder auch Profilsohle bildet die Unterseite des Schuhs, einschließlich des Profils. Sie sorgt für zusätzliche Dämpfung und eine gute Traktion. Bei Walkingschuhen sollten Sie auf eine stabile Laufsohle achten, die im Fersenbereich höher ist als im Ballenbereich. Die Laufsohlen werden meist aus langlebigem, karbonverstärktem Gummi hergestellt. Lassen Sie die Finger von Ledersohlen – sie sind zu rutschig und für Walking als Sport nicht geeignet.

- ✔ **Fersenkappe:** Die Fersenkappe besteht aus einem festen Kunststoff- oder Pappaufbau, der die Ferse umschließt. Je nach Modell ist sie an der Innen- oder Außenseite des Schuhs angebracht. Sie hat die Aufgabe, die Ferse beim Aufprall auf den Boden zu zentrieren und zu stabilisieren. Die Fersenkappe ist nicht immer sichtbar, weil sie oft zwischen dem Innenfutter und dem Obermaterial eingearbeitet ist. Wenn Sie noch nicht so genau wissen, was Sie wollen, fragen Sie beim Fachpersonal danach.

- ✔ **Zehenkappe:** Hier sind Ihre Zehen zu Hause. Wenn Sie breitere Füße haben, sollten Sie nach einem Schuh mit breiterer Zehenkappe Ausschau halten. Für schmale Füße ist ein Schuh mit schmälerer Zehenkappe besser. (Das hätten Sie nicht gedacht, oder?) In jedem Fall sollten Sie Ihre Zehen problemlos bewegen können. Ihr längster Zeh sollte dabei nach vorne hin noch einen Fingerbreit Platz haben.
- ✔ **Schaft:** Der Schaft bildet den oberen Teil des Schuhs, der mit der Zwischensohle vernäht oder verklebt ist. In der Regel kommen hier Leder, Nylon Mesh oder ein Mix aus beiden Materialien zum Einsatz. Ich persönlich bevorzuge Nylon Mesh, weil es atmungsaktiver ist. Ein weiterer Vorteil ist, dass es sich nicht dehnt und über die gesamte Einsatzzeit des Schuhs die Form hält. Leder lässt sich allerdings besser sauber halten.
- ✔ **Leisten:** Ein Konstruktionsleisten ist die Kunststoff-, Metall- oder Kunstfaserform, um die herum der Schuh aufgebaut wird. Er bestimmt die Form des Schuhs und hat Einfluss darauf, wie flexibel und stabil der Schuh ist. Es gibt drei Hauptarten des Schuhaufbaus:
  - **Rahmengenähte Machart:** Diese Art des Aufbaus verbindet feste Materialien zu einem stabilen, festen Schuh. Wenn man die Einlegesohle entfernt, kann man bei einem rahmengenähten Schuh darunter die Brandsohle aus Pappe oder Leder sehen, um die herum der Schuh aufgebaut ist.
  - **Flexibel genähte Machart:** Ein Aufbau, der zu einem flexibleren Schuh führt. Man wählt diese Machart, wenn man den Schuh im Zehenbereich flexibler gestalten will. Wenn man die Einlegesohle entfernt, kann man bei einem flexibel genähten Schuh eine Naht entlang des gesamten Innenfutters sehen; sie sieht aus wie bei Frankensteins Monstern. Fortschritte in Schuhdesign und -technologie ermöglichen es heute, flexibel genähte Schuhe stabiler zu machen als früher.
  - **Kombinierte Machart:** Dieser Aufbau verbindet die Flexibilität der flexiblen Naht mit der Festigkeit der Brandsohle. Ein so gefertigter Schuh ist in der hinteren Hälfte geklebt und in der vorderen Hälfte genäht.
- ✔ **Leistenform:** Schuhe gibt es in allen möglichen Formen. Möglicherweise finden Sie einen Schuh, der in seiner Form genau Ihren Füßen entspricht und damit natürlich wie angegossen sitzt. Man kann die Form eines Schuhs am besten erkennen, wenn man den Sohlenumriss betrachtet.
  - **Gerader Leisten:** Drehen Sie den Schuh um und sehen Sie sich die Sohle an. Wenn sie nicht nach innen zum großen Zeh hin gebogen ist, handelt es sich um einen geraden Leisten.
  - **Gebogene Leisten:** Drehen Sie den Schuh um und sehen Sie sich die Sohle an. Wenn sie nach innen zum großen Zeh hin gebogen ist, handelt es sich um einen gebogenen Leisten. Gebogene Leisten gibt es in unterschiedlichen Abstufungen.
- ✔ **Schnürsystem:** Was soll man noch mit einfachen Schnürsenkeln, wenn man auch ein Schnür*system* haben kann. Ein solches System besteht aus Löchern und so genannten D-Ringen. Die D-Ringe erlauben ein schnelleres Schnüren, verbessern die Passform und er-

höhen den Komfort. Einige Schnürsysteme beinhalten Verstärkungen, die von der Zwischensohle ausgehen und mit dem Schnürsystem verbunden sind. Dadurch soll der Fuß besser gehalten, das Fußgewölbe besser gestützt und die Passform des Schuhs verbessert werden.

Auch die Schnürsenkel selbst sind im Zeichen des Fortschritts aufgemotzt worden. In der Regel bestehen sie aus synthetischen Fasergemischen und haben damit gegenüber den herkömmlichen Baumwollsenkeln den Vorteil, dass sie länger halten und sich nicht lösen. Wirklich gute Schnürsenkel erkennt man am ovalen Querschnitt und zwei gegenüberliegenden Nähten. Bei diesen ovalen Schnürsenkeln müssen Sie nicht befürchten, dass Sie mitten auf der Strecke in die Knie gezwungen werden, um herumfliegende Schnürsenkel zu bändigen.

Uh Hu Hu, ich will den besten Schuh Hu Hu ...

Ein gutes Paar Walkingschuhe, mit dem Sie durch dick und dünn walken können, kostet zwischen € 75 und € 100, abhängig von Marke, Ausstattung und Stilrichtung. Wenn Sie das für Sie richtige Modell gefunden haben, sollten Sie in jedem Fall die Augen offen halten, wo Sie dieses Modell am günstigsten erwerben können. Nutzen Sie dabei auch Kataloge und Internet-Shops. In Deutschland sind zurzeit nur etwa zehn verschiedene Modelle von Walkingschuhen erhältlich. Dem stehen auf dem amerikanischen Markt über 50 Modelle gegenüber. Viele deutsche Orthopäden halten es deshalb nicht für gut, sich beim Walking unbedingt auf Walkingschuhe zu beschränken, da man bei der geringen Auswahl nicht in jedem Fall den am besten passenden Schuh findet.

Alle Walkingschuhe bieten eine gute Erschütterungsabsorption im Fersen- und Ballenbereich. Sie sind in der Regel etwas fester und bieten dem Fuß mehr Stütze als Laufschuhe, sind aber im Vorderfußbereich sehr flexibel gestaltet, um ein natürliches Abrollen des Fußes zu gewährleisten. Auch sind die Zwischensohlen dünner als bei Laufschuhen, weil das eher dem langsamen Abrollen beim Walken entgegenkommt. Abschrägungen der Sohle im Fersenbereich schließlich tragen das Ihrige zu einem weichen Abrollen der Füße bei. Jenseits dieser Grundausstattung sollten Sie darauf achten, dass der Schuh Ihren Bedürfnissen entspricht: Berücksichtigen Sie Faktoren wie Fußtyp, Anfälligkeit für bestimmte Verletzungen, Streckenlänge, Geschwindigkeit und Bodenbeschaffenheit Ihrer Strecken. In den folgenden Abschnitten werde ich näher auf die einzelnen Punkte eingehen.

Fußtyp

Wenn Sie Ihren Fußtyp kennen und ein wenig in der Schuhterminologie bewandert sind, sollte es Ihnen nicht allzu schwer fallen, den für Sie am besten geeigneten Schuh zu finden. Schon vor der ersten Anprobe kann man in etwa sagen, ob ein Schuh in Frage kommt oder nicht. Ob ein Schuh passt oder bequem ist, kann man natürlich nur feststellen, wenn man ihn anprobiert.

- ✔ Wenn Sie zur **Überpronation** neigen, sollten Sie nach einem Schuh mit Pronationsstützen in der Zwischensohle suchen. Besser ist in diesem Fall auch ein rahmengenähter, gerader Schuh, der die Innenseite des Fußes stützt und vor Überbelastungen schützt. Verstärkte Fersenkappen sorgen dabei für stabilen Halt. Auch ein fester Schaft mit eventuellen Verstärkungen kann zu starkem Abrollen nach innen entgegenwirken. Meiden Sie übertrieben gepolsterte Schuhe: Sie können die Pronation verstärken.
- ✔ Wenn Sie zur **Supination** neigen, sollten Sie nach einem festen Schuh suchen, dessen Lauf-, Zwischen- und Einlegesohlen besonders auf Erschütterungsabsorption abgestellt sind. Flexibel genähte, gebogene Schuhe sind für Ihre eher unflexiblen Füße wahrscheinlich am besten geeignet. Stabile Fersenkappen und Verstärkungen im Knöchelbereich sorgen für eine optimale Gelenk- und Fersenstütze. Für einen besseren Komfort sorgen dämpfende Elemente im Ballenbereich.
- ✔ Wenn Ihre Füße **normal** sind, kommen Sie wahrscheinlich mit den meisten Schuhen gut zurecht, am besten aber mit denen, die eine gebogene Form aufweisen. Aber auch wenn Ihre Füße normal sind und Sie mit Verletzungen bisher nichts am Hut hatten, sollten Sie die Grundanforderungen an Walkingschuhe nicht außer Acht lassen.

Verletzungsanfälligkeiten

Sind Sie besonders anfällig für bestimmte Verletzungen oder haben Sie öfter Knöchel-, Knie-, Hüft- oder Rückenschmerzen? Auch wenn solche Beschwerden nicht mit dem Walking in Verbindung stehen sollten, empfehle ich Ihnen einen gut gedämpften Schuh, der ein natürliches Abrollen des Fußes ermöglicht. Walken Sie nicht mit den Schuhen, die Sie sonst tragen, wie immer sie auch aussehen mögen.

Das, was man so als »schicke Schuhe« bezeichnet, besonders Damenschuhe mit Absätzen, verändert die gesamte Ausrichtung der Wirbelsäule. Oft sind hier die Ursachen für Knöchel-, Knie-, und Rückenschmerzen zu suchen. Natürlich gibt es Gelegenheiten, zu denen man Schuhe mit höheren Absätzen tragen muss oder auch will. Aber man sollte diese Gelegenheiten im eigenen Interesse zeitlich begrenzen, indem man solche Schuhe möglichst spät an- und möglichst bald wieder auszieht.

Wenn Sie in Lauf- oder Joggingschuhen walken, müssen Ihre Fußmuskeln viel mehr arbeiten, um den Fuß zu stabilisieren und zu beugen. Darüber hinaus klatscht der Fuß wegen der dickeren Zwischensohlen zwangsläufig auf den Boden auf. Im Laufe der Zeit können Laufschuhe Gelenkverletzungen und Beschwerden an der Schienbeinmuskulatur (Tibiakantensyndrom) verschlimmern.

Chronischen Gelenkbeschwerden kann man gegebenenfalls mit eigens gefertigten Schuheinlagen, so genannten Orthesen, entgegenwirken. Diese Orthesen sorgen dafür, dass der Fuß richtig auf dem Boden aufkommt, und wirken dabei den Erschütterungen entgegen, die in Folge einer falschen Abrollbewegung auf die Gelenke durchschlagen.

Orthesen müssen von einem Orthopäden oder Orthopädietechniker maßgefertigt werden. Versuchen Sie um Gottes willen nicht, sich Ihre Orthesen selber zu basteln. Einer meiner Kunden hatte sich eine Hand voll Standardeinlegesohlen besorgt, diese dann zerschnitten und blockweise in seine Schuhe gestopft. Nachdem er ein paar Tage lang mit diesen Do-It-Yourself-Einlagen durch die Gegend gewalkt war, plagten ihn heftige Knie- und Knöchelschmerzen. Als er mir schließlich seinen Eigenbau beichtete, riet ich ihm, die Einlagen sofort aus den Schuhen zu entfernen.

Ihre Füße tragen Ihren ganzen Körper. Wenn Sie Ihre Füße aus dem Lot bringen, wirkt sich das oft auch auf andere Körperbereiche aus.

Wenn Sie oft mit durch Reibung verursachten Verletzungen, wie Hühneraugen, Blasen oder Fußballenentzündungen zu tun haben, sollten Sie Schuhe wählen, die den Zehen viel Platz lassen.

Laufleistung, Geschwindigkeit und Laufbeläge

Wenn Sie mehr als 50 Kilometer pro Woche und/oder auf Zeit walken, sollten Sie Hochleistungs-Walkingschuhe kaufen. Diese sollten folgende Eigenschaften mitbringen:

- ✔ Geringes Gewicht
- ✔ Außergewöhnliche Stabilitäts-, Dämpfungs- und Erschütterungsabsorptionseigenschaften, etwa durch verstärkte Fersenkappen, Gewebeverstärkungen und Hightech-Materialien in der Zwischen- und Laufsohle
- ✔ Herausnehmbare Einlegesohlen mit Stützfunktion
- ✔ Stabile und elastische, aber nicht zu wabbelige Dämpfer
- ✔ Besonders wirkungsvolle Dämpfung im Fersen- und Ballenbereich
- ✔ Flexibilität zur Unterstützung der natürlichen Abrollbewegung
- ✔ Einen robusten Schaft, in der Regel aus Nylon Mesh
- ✔ Ein Schnürsystem mit D-Ringen, das unterschiedliche Schnürungen ermöglicht (die Ösen müssen dazu unterschiedlich weit von der Mitte des Schuhs entfernt sein)

Die meisten Walkingschuhe der bekannten Marken verfügen über diese Ausstattung. Dazu gehören beispielsweise Nike, Reebok, Asics, Adidas und New Balance. Wer nur gelegentlich walkt, kann sich auch mit weniger begnügen.

Schuhe binden: So klappt es wie am Schnürchen

Sie dachten bestimmt, das mit dem Schuhebinden hätten Sie im Kindergarten abgehakt. Weit gefehlt! Es gibt da doch noch einige Möglichkeiten mehr als die traditionelle Überkreuzschnürung. Probieren Sie doch mal eine der folgenden Techniken aus:

- ✔ Wenn Sie schmale Füße haben, sollten Sie auf ein variables Schnürsystem achten, das zwei oder drei Reihen von Ösen oder Löchern bietet, die jeweils unterschiedlich weit von der Schuhmitte entfernt sind. Die Ferse sitzt dann am festesten, wenn Sie die am weitesten außen liegenden Ösen verwenden (siehe Bild A).
- ✔ Wenn Sie sehr breite Füße und ein variables Schnürsystem haben, verwenden Sie die ganz innen liegenden Ösen. Das verschafft Ihren Zehen etwas mehr Platz (siehe Bild B).
- ✔ Wenn Sie oft mit Blasenleiden zu tun haben, empfiehlt sich eine andere Schnürung: Verwenden Sie bis zur vorletzten Öse die traditionelle Überkreuzschnürung. Fädeln Sie nun den Schnürsenkel jeweils auf derselben Seite in das letzte Loch, so dass auf jeder Seite eine Schleife entsteht. Überkreuzen Sie dann die beiden Enden und ziehen Sie sie jeweils durch die gegenüberliegende Schleife (siehe Bild C). Jetzt müssen Sie nun noch festziehen und zubinden. Diese Art der Schnürung verhindert, dass Ihr Fuß im Schuh rutscht, wenn Sie walken.
- ✔ Wenn Sie hohe Fußgewölbe haben, ziehen Sie die Schnürsenkel von oben in die beiden untersten Ösen ein. Nehmen Sie nun das linke Ende und ziehen Sie es durch die dritte Öse von unten auf der linken Seite. Ziehen Sie das rechte Ende durch die zweite Öse auf der rechten Seite und dann durch die zweite Öse auf der linken Seite. Nehmen Sie jetzt wieder das linke Ende und ziehen Sie es durch die dritte Öse auf der rechten Seite. Führen Sie dieses Muster fort bis zur vorletzten Öse. Die letzte Öse wird wieder überkreuz geschnürt (siehe Bild D). Diese Schnürung unterstützt eine gute Verteilung des Fußes im Schuh und wirkt dadurch Schmerzen im Fußgewölbe und im Spann entgegen. Sie ist nicht so kompliziert, wie es sich zunächst anhören mag. Lesen Sie die Anleitung ein paar Mal durch, dann klappt das schon.

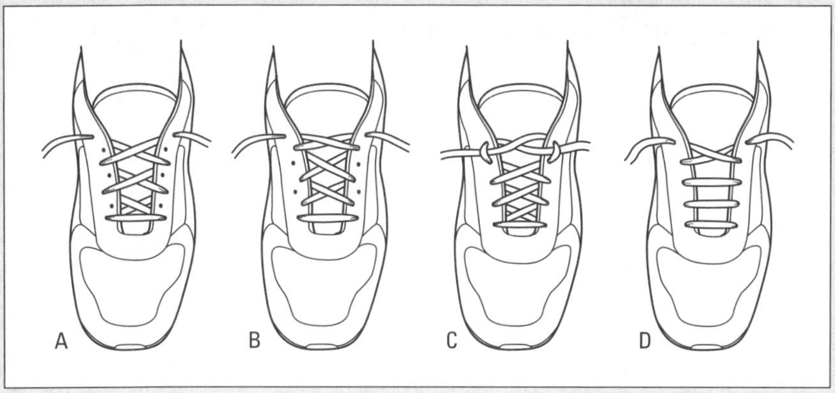

Wenn Sie bevorzugt über Waldwege oder felsiges, unebenes Terrain walken, haben Sie die Strecke mit einem Hikingschuh oder -stiefel besser im Griff und schützen darüber hinaus Ihre Füße. Hikingschuhe haben viel mit Walkingschuhen gemeinsam. Dennoch gibt es ein paar Unterschiede: Ferse und Knöchel werden besser gestützt, Sohlen und Profil sind kräftiger und der Schaft ist meist aus Leder. Gute Hikingschuhe (Wanderschuhe) gibt es von Adidas, Nike und allen führenden Sportschuhherstellern, sowie Herstellern, die sich auf Hiking-, Trekking- und Wanderschuhe spezialisiert haben, wie Meindl, Salomon und Lowa. Ich bevorzuge die Schuhe der Hikingspezialisten, weil diese doch besser an die Bedürfnisse ernsthafter Hiker angepasst sind. Das hat natürlich auch seinen Preis: Gute Hikingschuhe liegen zwischen € 80 und € 200.

Der Schuhkauf

Mit Ihren neu erworbenen Kenntnissen über Füße und die dazu passenden Schuhe können Sie jetzt die Geschäfte unsicher machen. In einem typischen Sportgeschäft können Sie unter maximal zehn Walkingschuh-Modellen wählen. Nehmen Sie sich beim ersten Ablauf mindestens eine Stunde Zeit für die Suche nach dem richtigen Schuh. Wenn Sie die folgenden Empfehlungen beherzigen, kann eigentlich nichts schief gehen.

- ✔ **Kaufen Sie möglichst in einem Fachgeschäft.** Das kann zwar ein paar Euro teurer sein als in einem Kaufhaus, aber eine fachgerechte und gezielte Beratung erspart Ihnen Zeit und den Ärger über sich später möglicherweise als unbrauchbar erweisende Klumpschuhe. Mit wachsender Erfahrung können Sie dann bei späteren Käufen in Kaufhäusern, Katalogen oder im Internet bis zu 50 % einsparen.

- ✔ **Notieren Sie alle Informationen, die Sie über Ihre Füße und Ihr Walkingprogramm gesammelt haben, auf einen Zettel.** Wenn Sie ein Paar alte Walkingschuhe haben, bringen Sie diese mit. Ein geschulter Verkäufer kann daraus schon einige Schlüsse ziehen. Bringen Sie auch die Socken mit, die Sie gewöhnlich tragen, damit Sie feststellen können, ob die Schuhe unter den für Sie gewohnten Bedingungen gut passen.

- ✔ **Begutachten Sie jedes Paar Schuhe vor dem Anprobieren.** Sehen Sie sich die Sohle von unten an. Entspricht sie in der Form Ihrem Fußtyp? Hat der Schuh eine stabile Fersenkappe? Nehmen Sie die Einlegesohle heraus und ermitteln Sie die Machart des Schuhs. Biegen Sie den Schuh ein paar Mal hin und her. Ist er im Vorderfußbereich flexibel genug? (Womöglich kommen Sie sich dabei vor, als würden Sie im Supermarkt die Qualität der Melonen prüfen.)

- ✔ **Ziehen Sie beide Schuhe an und schnüren Sie sie vollständig. Gehen Sie ein paar Minuten im Geschäft damit herum, um ein Gefühl für den Schuh zu bekommen.** Gehen Sie, wenn möglich, auf einem harten Untergrund. Manche großen Sportgeschäfte bieten die Möglichkeit, Schuhe auf einem Laufband in verschiedenen Lauf- oder Walkgeschwindigkeiten zu testen. In jedem Fall gilt: Achten Sie auf den Komfort! Wenn Sie sich nicht gleich in den Schuhen wohl fühlen, packen Sie sie wieder in den Karton und probieren Sie ein anderes Paar an. Kaufen Sie keine Schuhe mit der Aussicht, sie noch »einlaufen« zu können, es sie denn, Sie finden den Moment am schönsten, wenn der Schmerz nachlässt.

- ✔ **Stellen Sie sich darauf ein, einige Schuhmodelle zu testen.** Auch wenn Ihnen der zuerst anprobierte Schuh gefällt, sollten Sie zum Vergleich ein oder zwei andere Modelle heranziehen. Lassen Sie sich nicht davon beeinflussen, welche Schuhe Ihre sportliche Nachbarin oder Ihr Friseur trägt. Die haben nicht Ihre Füße und walken nicht Ihre Strecke in Ihrem Tempo. Vielleicht würden Sie sich nach fünf Kilometern in den Schuhen Ihrer Nachbarin wie Aschenputtels Stiefschwestern in den gläsernen Pantoffeln fühlen.
- ✔ **Am besten kaufen Sie Schuhe erst am späteren Nachmittag, denn Ihre Füße schwellen im Laufe des Tages etwa um eine halbe Größe an.** So können Schuhe, die morgens noch prima gepasst haben, beim Nachmittagstraining schon ein wenig drücken. Lassen Sie Ihre Füße bei jedem Schuhkauf vom Fachpersonal vermessen, damit sie Größenveränderungen auf die Spur kommen. Ein gut passender Schuh lässt Ihrem längsten Zeh nach vorne hin noch einen Finger breit Platz. Achten Sie immer darauf, dass Ihr längster Zeh und Ihr größerer Fuß genug Platz haben.
- ✔ **Wenn Sie den richtigen Schuh gefunden haben, kaufen Sie ihn und probieren Sie ihn ein paar Tage lang aus.** Wenn Sie nach drei Trainingseinheiten rundherum glücklich damit sind, sollten Sie ernsthaft erwägen, ein zweites Paar des gleichen Modells zu kaufen. Schuhhersteller haben nämlich die blöde Angewohnheit, ihre Modelle auslaufen zu lassen, um »verbesserte« Modelle auf den Markt zu bringen. Wenn Ihr Schuh also ausläuft, dann war's das. Es bleibt Ihnen dann nichts anderes übrig, als wieder jede Menge Schuhe anzuprobieren. Denn ausgelaufene Modelle werden nicht wieder neu aufgelegt.

Dass Schuhmodelle auslaufen, ist nicht, um Sie zu ärgern, sondern eine Entscheidung der Marketingstrategen eines Herstellers. Natürlich ist diese Strategie für all diejenigen frustrierend, die ihr Training ernst nehmen und einen lieb gewonnenen Schuh nicht auf Nimmerwiedersehen entschwinden sehen möchten. Früher trug ich Nike Air Zooms. Diese Schuhe waren mir so ans Herz gewachsen, dass ich sogar meinen Hund ihnen zu Ehren Zoomer nannte. Als das Modell schließlich auslief, habe ich sogar den Hersteller angerufen, weil ich die restlichen Lagerbestände aufkaufen wollte. Dennoch musste ich nach dem letzten Paar in den sauren Apfel beißen und einen neuen Lieblingsschuh finden. Heute würde ich meinen Hund wahrscheinlich 745 nennen, nach meinem neuen Lieblingsschuh, dem New Balance 745.

Socken halten trocken

Walken Sie nie ohne Socken. Socken absorbieren Schweiß und verhindern Reibungen zwischen Schuhen und Füßen. Walker, die ohne Socken unterwegs sind, klagen oft über Blasen, wund gescheuerte Füße und Fußpilz. Ganz zu schweigen davon, welche Düfte ihre Füße und Schuhe verströmen.

Glücklicherweise ist der Kauf von Walkingsocken nicht mit Erweiterungen Ihres aktiven Wortschatzes verbunden. In der Regel muss man verschiedene Socken eine Zeitlang ausprobieren, bis man die richtige Art und die richtige Marke gefunden hat. Das müssen dann auch nicht unbedingt ausgesprochene Walkingsocken sein. Sie sollten nur ein paar grundlegende Eigenschaften mitbringen:

- ✔ **Mitteldicke Socken sind am besten geeignet.** Sehr dünne Socken oder Nylonsocken allein haben keine Schutzwirkung. Allenfalls unter anderen, dickeren Socken getragen, können Sie helfen, Reibungen zu verhindern. Manche Socken sind an der Ferse und an den Zehen extra dick gepolstert. Das ist nicht unbedingt nötig, wird aber von manchem Walker als angenehm empfunden.
- ✔ **Meiden Sie diese billigen Schlauchsocken.** Sie rutschen nach vorne und versammeln sich um die Zehen. Darüber hinaus verlieren sie schnell die Form. Unbequem werden sie besonders bei warmem Wetter, weil sie den Schweiß nicht nach außen leiten können.
- ✔ **Wählen Sie Socken aus Kunstfasern, wie Acryl oder CoolMax von Dupont.** Naturfasern wie Baumwolle und Wolle fühlen sich zwar zunächst toll an, verlieren aber schnell die Form und sind Kunstfasern beim Feuchtigkeitstransport unterlegen.
- ✔ **Achten Sie in jedem Fall darauf, dass die Socken an den Zehen und an der Ferse gut sitzen.** Wenn sich dort Falten bilden, kann das zu Blasen und Wundscheuern führen.
- ✔ **Kaufen Sie Ihre Socken nicht zu klein.** Genau wie bei zu kleinen Schuhen entsteht dann zu viel Druck auf die Zehenspitzen.
- ✔ **Wenn Ihre Socken nachlassen, ausleiern oder Löcher haben, sollten Sie sich von ihnen trennen und neue kaufen.**

Ich habe gute Erfahrungen mit SmartWool-Socken gemacht. Das Material fühlt sich an wie Wolle, verhält sich aber wie Synthetikfasern. SmartWool-Socken leiten die Feuchtigkeit von den Füßen weg und lassen sie atmen. Sie halten die Form auch, wenn sie nass werden, und auch noch nach vielen Wäschen. Der Preis ist zwar etwas höher, aber die Investition lohnt sich jedem Fall.

Schatz, was soll ich anziehen?

Viele Lifestyle-Walker (siehe Kapitel 7) walken in ihren normalen Klamotten. Daran ist nichts auszusetzen, solange die Kleidung nicht ihre Bewegungen behindern. Bei einem langen, engen Rock beispielsweise würde man nicht mehr von Walking, sondern von Trippling sprechen.

Beim Walken sollte Ihre Kleidung hauptsächlich bequem sein. Es ist natürlich nichts dagegen einzuwenden, wenn sie dazu noch Ihre Persönlichkeit widerspiegelt. (Na ja, vielleicht gibt es auch die ein oder andere Persönlichkeit, die man nicht auch noch in der Kleidung widergespiegelt sehen möchte.)

In der Zeit, als mein Mann und ich in Brooklyn lebten, joggten wir jeden Morgen über die Brooklyn Bridge zur Arbeit. Dabei begegneten wir regelmäßig einer Gruppe von etwa zehn Frauen, die nach Brooklyn walkten, alle von oben bis unten in Pink gekleidet – pink Sweatshirts, pink Socken, pink Schweißbänder. Das machte ganz schön was her. Jedenfalls freuten wir uns jeden Tag darauf, die »Pink Ladys« energisch und zielbewusst im Gleichschritt walkend wieder zu sehen.

Bei Fitness-Walkern sollte die Kleidung bequem sein und alles mitmachen. Wichtig ist auch, sich mit der Kleidung dem anzupassen, was einen draußen erwartet. Also, wie ist denn das Wetter?

Wenn es warm ist

Mit der richtigen Kleidung kann man auch bei warmem Wetter sehr gut walken. Am besten ist ein helles, weites Tank-Top aus Kunstfasergemisch geeignet. Wenn Sie direkter Sonneneinstrahlung ausgesetzt sind, sollten Sie sich so viel Schatten gönnen, wie möglich – eine helle Schirmkappe, eine Sonnenbrille und, natürlich, Sonnenschutzcreme nicht vergessen. Ob Sie weite oder eng anliegende Shorts tragen, ist Ihrem Geschmack überlassen. Allgemein gilt, dass Kunstfasergewebe entstehende Feuchtigkeit besser zum Verdunsten nach außen leiten als Naturfasern. Diese sind zwar gleich nach dem Anziehen angenehm und kühl, werden aber beim Schwitzen schnell nass und fühlen sich dann klamm an. Wenn Sie dennoch nicht auf Baumwolle verzichten wollen, sollten Sie es mal mit Baumwolle-Kunstfaser-Mischgeweben versuchen. Schließlich müssen Sie noch für die nötige Flüssigkeitszufuhr unterwegs sorgen. Hierzu gibt es von der einfachen Trinkflasche bis zum Trinksystem mit Rucksack viele Möglichkeiten.

Wenn es kalt ist

Sie wissen ja: Im Winter wärmen drei dünne Lagen am Oberkörper besser als ein oder zwei dicke. Jede Lage schließt Luft ein, die dann die Körperwärme festhalten kann.

Die Ihrem Körper am nächsten gelegene Lage dient dem Feuchtigkeitstransport. Um es ganz banal auszudrücken: Das ist die Lage, in die Sie hineinschwitzen. Dazu sind leichte, synthetische Materialien am besten geeignet. Die mittlere Schicht isoliert die Körperwärme. Hier sind leichte Pullover, Sweatshirts oder Westen empfehlenswert, die so geschnitten sind, dass Sie sich ungehindert bewegen können. Bewährt haben sich in diesem Bereich Gore-Tex- und Polar-Guard- oder Polartec-Fasern, aber auch Wolle, weil sie auch in feuchtem Zustand noch Wärme isoliert. (Nicht zu empfehlen ist Baumwolle, sie wird schnell nass, bleibt dann auch nass und verliert die Form.) Die äußerste Schicht schließlich soll vor Wind und Nässe schützen und dabei sowohl Wärme isolierend als auch atmungsaktiv sein. Das leisten Jacken, Pullover oder Windjacken. Achten Sie beim Material der äußeren Bekleidungsschicht darauf, dass es nicht nur wasserabweisend, sondern wasserdicht ist. Wer schon einmal mit wasserabweisender Kleidung im Regen unterwegs war, wird den Unterschied am eigenen Leib erfahren haben.

Für den Unterkörper reichen, je nach Außentemperatur und Niederschlagsart, ein bis zwei Lagen. Ich bevorzuge Tights aus Lycra (die gibt es auch in speziellen Winterausführungen), weil sie gut sitzen und die Bewegungsfreiheit nicht einschränken. Aber auch gegen Trainingshosen aus Sweatstoff oder windabweisende Hosen ist nichts zu sagen, solange sie ausreichenden Schutz bieten.

Ergänzen können Sie den Wetterschutz schließlich noch durch Handschuhe und eine Mütze. In der Regel halten Fausthandschuhe die Hände wärmer als Fingerhandschuhe. Hals- oder Gesichtswärmer nerven meiner Erfahrung nach mehr, als sie nützen. Ich halte meinen Hals mit einem Rollkragenpullover warm. Wenn es sehr hell ist und die Sonne scheint, sollten Sie Ihre Augen durch eine Sonnenbrille und Ihre Haut mit Sonnenschutzcreme schützen. Das im Winter vom Schnee reflektierte Licht hat den gleichen hautschädigenden Effekt wie im Sommer die vom Wasser reflektierte Sonnenstrahlung.

Befolgen Sie im Winter einfach die folgende Regel: Ziehen Sie sich so an, als wäre es zehn Grad wärmer als die tatsächliche Temperatur. Wenn Sie die Nase aus der Tür stecken, werden Sie zwar zunächst ein bisschen frösteln, aber sobald Sie sich bewegen, werden Sie sich wohl fühlen. Sollte es dennoch zu warm werden, können Sie immer noch eine Schicht ausziehen.

Walking-Kleidung im Katalog kaufen

Es gibt einige Kataloge, die Bekleidung für Walker und Läufer anbieten. Oft kann man auf diesem Weg oder über das Internet das eine oder andere Schnäppchen machen. Ich kaufe meine Trainingsklamotten alle auf diesen Wegen.

- **Running Highlights**: Den Katalog der Ladenkette Runners Point kann man im Internet unter `www.runnerspoint.de` bestellen.
- **Quelle Sport:** Quelle bietet seit einem Jahr einen Sonderkatalog mit Sportartikeln und Sportbekleidung an. Das Sortiment ist für den Einstieg allemal geeignet. Informieren kann man sich auch im Internet unter `www.quelle.de`.

Nur für Damen

»Hallo Leute. Es ist mir ja ein bisschen peinlich, aber kann mir vielleicht jemand mit einem Problem weiterhelfen, das ich beim Walken habe. Ich habe eine ziemliche Oberweite (nicht riesig, aber immerhin Cup D). Ich trage schon einen guten Sport-BH, aber dennoch wippt mein Busen auf und ab und hin und her. Das geht mir ziemlich auf die Nerven und ist verdammt unbequem. Vielleicht hat ja jemand eine Idee, was ich da machen kann.«

Das ist eine tatsächliche Anfrage, die ich in meinem Fit By Friday Internetforum unter `ivillage.com` erhalten habe. Das ist beileibe keine ungewöhnliche Frage, und dazu eine, die vielen Frauen buchstäblich sehr am Herzen liegt.

Wider das Wippen

Der sportlichen Frau von heute mögen Sport-BHs als etwas Selbstverständliches erscheinen, aber vor nicht einmal 20 Jahren gab es so etwas noch nicht. Erst als eine findige Frau namens Hinda Miller eine zufällige Begegnung mit einem Supporter (Suspensorium) hatte, kam Bewegung in die Sache.

Hinda Miller war Läuferin und hatte die Nase voll von schlechten BHs mit rutschenden Trägern. Sie fragte in einem Geschäft für Damenwäsche nach einem Sport-BH. Die Verkäuferin sah sie an, als käme sie von einem anderen Stern. Als sie sich bei einer Freundin über die BH-Misere beklagte, zog die einen Supporter (engl. jock strap) aus der Wäsche und sagte vieldeutig »Jock Bra«. Da ging Hinda Miller ein Licht auf. Da sie eine gelernte Textildesignerin war, machte sie sich mit einer Kollegin 1977 daran, den Prototyp des späteren JogBra zu schneidern, indem sie zwei Supporter zusammennähte. Muster dieses Prototyps sind heute im Smithsonian Museum in Washington D.C. sowie im Metropolitan Museum of Art in New York ausgestellt. Heute tragen die meisten Sport treibenden Frauen aus Gründen der Bequemlichkeit und der Sicherheit einen Sport-BH, und die Sport-BH-Industrie hat sich zum 30-Millionen-Dollar-Geschäft entwickeln. JogBra ist mittlerweile Teil des Wäschegiganten Playtex.

Der richtige Sport-BH

Wenn Ihre Brüste beim Sport optimal gestützt sind, ist das nicht nur eine Stütze für den Körper, sondern auch für das psychische und emotionale Gleichgewicht. Denn es kann schon schmerzhaft sein, wenn der Busen beim Training hin und her wippt. Durch die ständigen, zum Teil heftigen Bewegungen können die Bänder, die die Brüste halten, gedehnt werden und mit der Zeit an Haltekraft einbüßen. Darüber hinaus wird die Aufmerksamkeit abgelenkt und man fühlt sich gehemmt. Warum sollte man sich beim Training noch zusätzliche Hindernisse in den Weg legen?

Zum Glück ist es heute nicht mehr so schwer, einen guten Sport-BH zu finden. Verschiedene Optionen stehen zur Wahl.

Kompressions-BHs

Diese ursprüngliche Sport-BH-Sorte funktioniert ähnlich wie andere Stützhilfen, etwa elastische Binden oder Supporter. Die BHs haben die Form eines Bustiers. Das feste Gewebe verteilt den Busen gleichmäßig und presst ihn an den Brustkorb. Frauen mit größerer Oberweite fühlen sich mit einem solchen BH oft nicht so wohl, da der Busen im Ganzen dennoch mit wippen kann.

Cup-BHs

Für mehr Oberweite sind die neueren Sport-BHs mit vorgeformten Cups sicher besser geeignet. Hier wird jede Brust in einem eigenen Cup an Ort und Stelle gehalten. Die Größen entsprechen meist denen der normalen BHs, während Kompressions-BHs in der Regel in Small, Medium und Large angeboten werden.

Sport-BHs kaufen und tragen

Am besten probieren Sie aus, welche der beiden Arten von Sport-BHs für Sie am besten geeignet sind. Heben Sie Ihre Arme über Kopfhöhe an, wenn Sie einen Sport-BH anprobieren. Rutscht dann das elastische Band unterhalb der Cups hoch, wird Ihnen der BH keine große Stütze sein. Probieren Sie lieber die nächste Größe. Hüpfen Sie auch ruhig in der Umkleidekabine herum. Wenn dabei schon etwas wippt, können Sie sicher sein, dass es auch beim Walken wippt. Achten Sie außerdem darauf, dass Ihr Sport-BH zu wenigstens 25 Prozent aus Lycra besteht.

Wenn Sie partout keinen Sport-BH finden, der das lästige Wippen unterbindet, versuchen Sie es doch mal mit einem Trick, mit dem viele Frauen mit großen Oberweiten erfolgreich waren: Tragen Sie zwei Sport-BHs übereinander, zum Beispiel einen Kompressions-BH über einem Cup-BH mit jeweils anders auf dem Rücken verlaufenden Trägern. Diese Kombination bietet eine sich ergänzende Stütze und sollte eigentlich nachhaltig für Ruhe sorgen. Der einzige Nachteil ist, dass es Ihnen im Sommer ganz schön warm ums Herz wird.

Zu den empfehlenswerten Marken gehören Lontex, Moving Comfort, Champion, Adidas, Nike und Danskin. Die Preise der in den meisten Sportfachgeschäften erhältlichen BHs liegen meist zwischen 30 und 40 Euro. Kaufen Sie nie ohne Anprobe. Haben Sie ein passendes Modell gefunden, können Sie oft in Katalogen von kräftigen Preisnachlässen profitieren.

Haben Sie was an der Hüfte? Reflektoren und Krimskramstaschen

Viele Walker brauchen Accessoires, die sie im Dunkeln sichtbar machen. Andere benötigen praktische Taschen, in denen sie Trinkflaschen und andere Dinge verstauen können.

Sicherheit durch Reflektoren

Dass man gut beraten ist, sich im Dunkeln oder bei Dämmerlicht für andere sichtbar zu machen, sollte eigentlich jedem einleuchten. Der Markt für reflektierende Kleidung und Accessoires ist recht gut bestückt. Da gibt es komplette Outfits mit strategisch günstig platzierten Reflektoren für einige Hundert Euro oder auch reflektierende Streifen oder Buttons für ein paar Euro, die man sich selbst ansteckt oder annäht. Was immer Sie ausgeben wollen, es ist gut angelegt, besonders, wenn Sie die Wege von Fahrzeugen aller Art kreuzen.

Kürzlich zählte ich bei einer Messe über 100 Produkte, die reflektierten oder leuchteten, angefangen bei Kappen mit eingebautem Blinklicht über reflektierende Halsbänder bis zu reflektierenden Hundeleinen. Es gibt sogar eine neue reflektierende Textilfarbe, die, einmal auf die Kleidung aufgetragen, bis zu 50 Wäschen lang halten soll.

Sie müssen keine Unsummen für reflektierende Kleidung ausgeben, wenn Sie das nicht wollen. Günstige reflektierende Produkte können Sie in Fachgeschäften für Jagdbedarf und Sportfachgeschäften kaufen, die sich auf Outdoor-Sportarten spezialisiert haben. Dort finden Sie beispielsweise reflektierende Westen, wie sie Bauarbeiter tragen. In manchen Supermärkten oder Kaufhäusern finden Sie auch reflektierende Bänder oder große Buttons zum Anstecken oder Umhängen. Einmal habe ich sogar einen Walker gesehen, der sich eine Kette aus Fahrradreflektoren umgehängt hatte. Das sah zwar etwas gewöhnungsbedürftig aus, aber es erfüllte seinen Zweck.

Taschen

Wahrscheinlich gibt es irgendetwas, was Sie auch bei kurzen Walks mit sich herumschleppen müssen. Alles in allem zu viel, um es ständig in der Hand zu halten – also muss es irgendwo verstaut werden. Für diesen Zweck gibt es eine ganze Reihe von Taschen und Täschchen, in denen man alles Nötige an einem leicht erreichbaren Ort deponieren kann.

Gürteltaschen: Diese kleinen, wie auch immer geformten Beutel, die man sich um die Hüften gürtet oder am Gürtel befestigt, nennt man auch Hüfttaschen (ich habe auch schon den Ausdruck »Beutelsack« gehört). Es gibt spezielle Taschen für Walk- oder Discmen. Ich möchte aber davor warnen, sich beim Walken durch Musik von der Außenwelt abzuschotten, es sei denn, Sie walken auf einem Laufband. Wie dem auch sei, solche Taschen sind bestens geeignet, Schlüssel, Geld oder andere Kleinigkeiten zu verstauen.

Gürteltaschen kosten zwischen 10 und 20 Euro. Sie sind in der Regel aus Neopren oder Polyester gefertigt. Meist kann man sie mit einem Gürtel um die Hüfte schnallen. Dabei kann man den Beutel vorne oder auf dem Rücken tragen. Ich habe nie herausgefunden, was die »richtige« Trageweise ist. Wahrscheinlich machen sich die Bauchträger insgeheim über die Rückenträger lustig (und umgekehrt). Vor kurzem sah ich eine Gürteltasche, die hoch auf dem Rücken saß und von einem quer über die Brust verlaufenden Gurt gehalten wurde.

- **Wasserflaschenhalter:** Hierbei handelt es sich um eine Abart der Gürteltaschen, die ebenfalls um die Hüfte geschnallt wird. In der Regel hat eine solche Tasche ein oder zwei Reißverschlusstaschen für Schlüssel oder Geldbörse und ein großes, gepolstertes Fach für eine Wasserflasche. Es gibt auch Modelle für zwei Wasserflaschen, was für längere Strecken bei heißem Wetter angebracht ist, wenn man nicht unterwegs nachfüllen kann.

  Viele meiner Bekannten schwören auf solche Wasserflaschenhalter. Ich dagegen habe mich nie daran gewöhnen können. Die Wasserflasche wackelt für meinen Geschmack einfach zu viel herum. Mein Mann meint, ich sei in dieser Beziehung eine Prinzessin auf der Erbse.

  Wenn Sie sich auch nicht so gerne beim Walken etwas um die Hüfte binden, können Sie die Flasche auch in der Hand halten. Oder Sie verwenden Camel Packs. Das sind nicht etwa Taschen für Zigarettenschachteln, sondern Trinksysteme, bei denen man die Flüssigkeit in einem Rucksack auf dem Rücken trägt und über einen Trinkschlauch aufnimmt.

- **Schlüsseltaschen:** Bei Schlüsselhaltern haben Sie mehrere Optionen. Da gibt es kleine Taschen mit einer Öse für die Schuhe. Durch diese Öse wird die Tasche in das Schnürsystem der Schuhe eingebunden. Oder Sie halten nach Shorts Ausschau, die eine Schlüsseltasche in das Futter integriert haben. Schlüsseltaschen sind in der Regel gerade mal so groß, dass ein oder zwei Schlüssel und vielleicht noch ein paar Münzen hineinpassen. So klein und unauffällig also, dass nicht einmal ich davon in irgendeiner Weise beeinträchtigt werde.

Sag mir, was du isst ...

4

In diesem Kapitel

- Lernen Sie Ihre wichtigsten Energielieferanten kennen
- Besichtigen Sie die Nahrungspyramide
- Lernen Sie das Vitamin- und Mineralien-ABC
- Erfahren Sie endlich, warum Sie die Finger von Diäten lassen sollen
- Essen Sie das Richtige für gute Walking-Leistungen
- Kläre ich Sie auf die Schnelle über Fast Food auf

Fast täglich fragt mich einer meiner Kunden, was ich von einem neuen Diätbuch auf der Bestsellerliste oder einer der umwerfenden neuen Erkenntnisse im Ernährungsbereich halte, die in diesem oder jenem Magazin veröffentlicht wurde. Lynn, eine Kundin, die schon fast fünf Jahre mit mir trainiert, verkündete unlängst, sie wolle jetzt eine Eiweiß-Diät machen. Keine Kohlehydrate mehr, kein Vollkorn, keine Nudeln, kein Reis, denn sie habe gelesen, dass man davon dick werde. Dabei trainierte Lynn für die Teilnahme an einem Marathon und lief und walkte etwa 65 Kilometer in der Woche.

Wie viele verquere, allzu einfach gestrickte Ernährungstheorien haben Sie in letzter Zeit von irgendwoher angesprungen? Wie viele davon erschienen Ihnen einleuchtend? Wie viele haben Sie ausprobiert? Wie viele haben gehalten, was sie versprachen? Auf den ersten Blick erscheinen alle diese Theorien recht plausibel, wenn sie, begleitet von scheinbar seriösen wissenschaftlichen Studien und umweht von glühenden Bekenntnissen überzeugter Anhänger, auf den Markt drängen. Dennoch wird dieses Kapitel zeigen, dass die meisten dieser Erfolgsrezepte keinen echten Nährwert haben.

Zu Beginn des Kapitels konzentriere ich mich auf einige grundlegende Prinzipien gesunder Ernährung, die, unbeschadet neuer Erkenntnisse der Ernährungsforschung, immer gelten. Was Sie in diesem Kapitel *nicht* finden, ist ein ausgearbeiteter Diät- oder Speiseplan. Dafür zeige ich Ihnen, wie Sie die Grundprinzipien sinnvoll an die eigenen Voraussetzungen anpassen. Ich präsentiere Ihnen Fakten, Anregungen und Richtlinien, die Sie sich nur noch zu Eigen machen müssen. Weiterhin geben ich Ihnen eine Aufstellung lebenswichtiger Vitamine und Mineralien samt erforderlicher Tagesdosis und sage Ihnen, in welchen Nahrungsmitteln diese enthalten sind. Schließlich kläre ich Sie über Energieriegel, Fast Food und Junk Food auf. Wenn Sie also wissen wollen, welchen Treibstoff Sie für ein erfolgreiches Walkingprogramm brauchen, lesen Sie weiter.

Was Ihr Körper braucht

Energie bezieht Ihr Körper aus drei Nahrungsbestandteilen – Kohlehydraten, Eiweißen und Fetten. Was auch immer die Nahrungsergänzungshersteller Ihnen weismachen wollen: Das sind die *einzigen* Brennstoffe, aus denen Ihr Körper Energie gewinnen kann. Und *alle drei* – auch die Fette – bilden den Grundstock einer vernünftigen Ernährung.

Kohlehydrate

Kohlehydrate sind reichlich in stärkehaltigen Nahrungsmitteln wie Nudeln, Kartoffeln, Getreide und Reis enthalten. Sie sind der Nahrungsbestandteil, der am einfachsten in *Glykogen* umgewandelt werden kann, den Stoff, mit dem Ihr Körper läuft. Und weil Kohlehydrate so einfach und schnell in nutzbare Energie umgewandelt werden können, sollten sie auch den Hauptteil Ihrer Ernährung ausmachen. Wenn Ihnen jemand etwas anderes erzählen will, vergessen Sie's.

50 bis 70 Prozent Ihrer täglichen Kalorienzufuhr sollte aus Kohlehydraten bestehen. (Weitere prozentuale Angaben finden Sie im Abschnitt *Zahlenspiele* weiter hinten in diesem Kapitel.)

Obwohl Kohlehydrate die Basis jeder gesunden Ernährung sind, sollten Sie sich die Kohlehydrate genauer anschauen, die Sie zu sich nehmen. Es gibt nämlich zwei Arten: komplexe Kohlehydrate (Getreideprodukte, Gemüse und Hülsenfrüchte) und einfache Kohlehydrate (Bonbons, süße Kuchen, kurzum alles, was große Mengen von Raffinadezucker enthält).

Komplexe Kohlehydrate sind sehr gute Energielieferanten. Sie werden vom Körper langsam absorbiert und können so über einen längeren Zeitraum stetig in Energie umgewandelt werden. Einfache Kohlehydrate dagegen sind voll gestopft mit nutzlosen Kalorien und finden sich zudem oft in fettreichen Nahrungsmitteln. Zwar werden diese Kohlehydrate schnell abgebaut und lassen Ihre Energiekurve kurzfristig in die Höhe schnellen. Aber genau so schnell geht es mit der Energie auch wieder abwärts. Deshalb fühlt man sich spätestens eine halbe Stunde, nachdem man einen Schokoriegel oder ein Stück Kuchen gegessen hat, schon wieder schlapp. In Obst und Gemüse sind komplexe und einfache Kohlehydrate kombiniert. Obst und Gemüse sind darüber hinaus gesund, weil sie Vitamine, Mineralien, Ballaststoffe und Wasser liefern.

Eiweiße

Zu den guten Eiweißquellen gehören Fleisch, Geflügel, Fisch, Milchprodukte, Soja, Hülsenfrüchte und Nüsse. Ihr Körper verwendet Eiweiß als Reservebrennstoff, wenn Kohlehydrate und Fette nicht mehr zur Verfügung stehen.

Eiweiße bestehen aus Kombinationen kleinerer Gebilde namens Aminosäuren. Ihr Körper braucht 22 Aminosäuren, um richtig funktionieren zu können. Acht davon werden essenzielle Aminosäuren genannt, weil sie durch die Nahrung aufgenommen werden müssen. Die anderen 14 sind nicht-essenzielle Aminosäuren, die der Körper selbst produzieren kann. Wenn ein Mangel an essenziellen Aminosäuren eintritt, baut der Körper Muskelgewebe ab, um sich dort zu holen, was ihm fehlt.

Vegetarier müssen ein wenig aufpassen, denn Pflanzen enthalten nur unvollständige Eiweiße. Man kann deshalb nicht alle essenziellen Aminosäuren aus einem einzigen pflanzlichen Nahrungsmittel beziehen. Damit Ihr Körper sich vollständige Eiweiße zusammenbauen kann, müssen alle essenziellen Aminosäuren in *einer* Mahlzeit enthalten sein. Vegetarier sollten deshalb darauf achten, bei den Mahlzeiten solche Nahrungsmittel zu kombinieren, deren Aminosäuren sich ergänzen. Als Beispiele möchte ich hier nur Reis und Bohnen, Erdnussbutter und Vollkornbrot, sowie Nudeln und Gemüse nennen. Vegetarier, die auch Milchprodukte zu sich nehmen, sind mit allen essenziellen Aminosäuren versorgt.

Entgegen einem verbreiteten Irrglauben fördert eine übermäßige Aufnahme von Eiweißen nicht den Muskelaufbau. Muskelfasern bestehen zwar hauptsächlich aus Eiweißen, aber für den Aufbau von Muskeln braucht Ihr Körper Energie – nicht die über die Nahrung aufgenommenen Eiweiße. Wenn Sie also Muskeln aufbauen wollen, essen Sie Kohlehydrate, die bringen mehr Energie.

Genau so irrig ist die Annahme, die gesteigerte Zufuhr von Eiweißen fördere die Gewichtsabnahme. Beim Abnehmen kommt es nur auf die Kalorien*zahl* an, nicht darauf, aus welcher Quelle die Kalorien kommen. Ob Sie nun Steaks, Müsli oder Möhrentorte essen – wenn Sie mehr Kalorien essen als Sie verbrennen, nehmen Sie an Gewicht zu.

Eiweiße sollten etwa 15 bis 20 Prozent Ihrer täglichen Kalorienzufuhr ausmachen – weit weniger, als so manches beliebte Diätbuch Ihnen empfiehlt. Eiweißmangel kommt in unserer modernen Welt in der Tat kaum noch vor. Im Durchschnitt essen wir *doppelt so viel* Eiweiße, wie wir benötigen. Zur Deckung des täglichen Bedarfs reichen drei maßvolle Portionen, etwa so groß wie ein Päckchen Skatkarten. (Wenn Sie die Skatkarten mit Rohkost zu sich nehmen, werden die Könige und Damen besser verdaut.)

Fette, ihhhh!

Wenn das Wort »Fett« fällt, ist das meist mit negativem Assoziationen verbunden. Mit Fett will niemand etwas zu tun haben. Dabei sind Fette für die gesunde Ernährung unentbehrlich. Sie liefern Nährstoffe, die man aus keiner anderen Quelle beziehen kann. Eine begrenzte Aufnahme von Fetten versorgt Sie mit Energie und macht satt und zufrieden. Leider haben die meisten von uns nicht das Problem, *genug* Fett in den Speiseplan einzubauen. Es geht eigentlich immer um das Reduzieren.

Fettreduzierte und fettfreie Produkte

Fettfrei und fettreduziert ist nicht gleichbedeutend mit kalorienfrei und kalorienreduziert! Viele fettfreie und fettreduzierte Lebensmittel haben mehr Kalorien als ihre herkömmlichen Entsprechungen. Oft entspricht der Geschmack auch nicht dem, was man eigentlich möchte, was dann dazu führt, dass man mehr davon isst, um den Appetit dennoch zu befriedigen. Fettfreie Produkte haben sich bisher nicht als *die* Waffe im Kampf gegen das Übergewicht präsentieren können. Man kommt nun einmal nicht darum herum, die *gesamte* tägliche Kalorienzufuhr – nicht nur die »fetten« Kalorien – zu kontrollieren.

Einige fettreduzierte Nahrungsmittel sollte man schon bei der Ernährung berücksichtigen. Besonders sind hier fettarme Milchprodukte, wie entrahmte Milch, Magerquark und fettarmer Joghurt zu nennen. Andere Nahrungsmittel tragen das Etikett »fettarm«, weil sie von Natur aus nur ganz wenig Fett enthalten. Ein weites Feld also, das von Salzbrezeln bis zum Obst reicht.

Fette sollten etwa 15 bis 30 Prozent Ihrer täglichen Kalorienzufuhr ausmachen. Der Durchschnittsesser liegt bei etwa 40 Prozent. Zu viel Fett führt zu Verengungen der Arterien und wird mit Herzerkrankungen und zahlreichen Krebsarten in Verbindung gebracht. Was lernen wir daraus? Fett sollte auf jedem Fall auf dem Speiseplan stehen, aber auf ein vernünftiges Maß begrenzt.

Fette bestehen zum größten Teil aus Fettsäuren, von denen es drei verschiedene Arten gibt:

- ✔ **Gesättigte Fettsäuren:** Die Kohlenstoffatome dieser Fettsäuren sind alle mit Wasserstoffatomen verbunden. Die Chemiker sprechen dann von »gesättigt«. Die gesättigten Fette sind die Übeltäter, die jede Diät versauen, weil sie die Leber daran hindern, das LDL-(Low-Density-Lipoprotein)Cholesterin (auch bekannt als schlechtes Cholesterin) aus dem Blut zu filtern. Das lässt den Cholesterinspiegel insgesamt und den des LDL-Cholesterins steigen. Gesättigte Fette kann man leicht daran erkennen, dass sie bei Zimmertemperatur fest werden. Als Beispiele seien hier die Fette in Fleisch, Butter und Käse genannt.
- ✔ **Einfach ungesättigte Fettsäuren**: Sind in einer Fettsäurekette zwei Kohlenstoffatome nur mit je einem Wasserstoffatom abgesättigt, gehen die Kohlenstoffatome eine Doppelbindung ein: Es liegt dann eine einfach ungesättigte Fettsäure vor. Einfach ungesättigte Fettsäuren sind zum Beispiel in Oliven- und Erdnussöl enthalten. Wenn man bei der Ernährung gesättigte Fettsäuren durch einfach ungesättigte ersetzt, kann man dadurch den Spiegel des »schlechten« Cholesterins zugunsten des »guten« Cholesterins (HDL oder High-Density-Lipoprotein) senken.
- ✔ **Mehrfach ungesättigte Fettsäuren:** Weist eine Fettsäure zwei und mehr Doppelbindungen auf, spricht man von mehrfach ungesättigten Fettsäuren. Mehrfach ungesättigte Fettsäuren sind in Sonnenblumen-, Distel-, Mais- und Sojaöl enthalten. Neben ihren unbestreitbaren Vorzügen senken sie allerdings auch den Spiegel des »guten« Cholesterins.

Zahlenspiele

Zu Beginn des Kapitels habe ich eher ungefähre Angaben darüber gemacht, wie groß der Anteil der Hauptnährstoffe bei Ihrer Ernährung sein soll: 50 bis 70 Prozent Kohlehydrate, 15 bis 30 Prozent Einweiße und 10 bis 30 Prozent Fette. Nun sind wir – das wissen wir spätestens seit »Das Leben des Brian« – alle Individuen, auch beim Essen. Während der eine sich bei einer Diät mit 30 Prozent Fettanteil gesund ernährt und abnimmt, muss eine andere sich auf 15 Prozent Fettanteil beschränken, um das gleiche Ziel zu erreichen.

Probieren Sie einfach aus, womit Sie am besten zurechtkommen. Führen Sie ein Ernährungstagebuch und analysieren Sie es mit Hilfe von Nährwert- und Kalorientabellen oder einer dafür entwickelten Software (die Deutsche Gesellschaft für Ernährung bietet zum Beispiel auf ihrer Homepage unter `www.DGE.de` das Software-Programm »Ernährung Aktiv« an). Noch besser ist es natürlich, das Tagebuch einem professionellen Diätberater vorzulegen. Auf diese Weise können Sie nach und nach ermitteln, wie Ihr Gewicht und Ihr Energielevel auf unterschiedliche Anteile bei den Hauptnährstoffen reagieren. Wenn ich für einen Kunden einen Diätplan erstelle, orientiere ich mich an den folgenden Richtlinien:

- ✔ **Trainingsvolumen:** Je mehr Sie trainieren, desto mehr Kohlehydrate sollten auf Ihrem Speiseplan stehen. Wenn Sie drei Mal die Woche je 30 Minuten walken, kommen Sie gut mit 50 bis 60 Prozent Kohlehydraten zurecht. Wenn Sie aber 75 Kilometer in der Woche im Renntempo zurücklegen, sollten Sie Ihrem Körper mit 65 bis 70 Prozent Kohlehydraten dafür die nötige Energie zur Verfügung stellen.

- ✔ **Gesundheit:** Wenn Sie selbst oder jemand in Ihrer Familie schon einmal mit Herzerkrankungen, Darm- oder Brustkrebs zu tun hatten, empfehle ich Ihnen, sich an der unteren Grenze der Fettmenge zu orientieren. Untersuchungen belegen, dass Menschen, die viel Fette, insbesondere gesättigte Fette zu sich nehmen, ein erhöhtes Risiko für diese Erkrankungen tragen.

- ✔ **Sättigungsgefühl:** Hier geht es darum, wie satt und zufrieden Sie sich nach einer Mahlzeit fühlen. So mancher fühlt sich wohler und nimmt deshalb auch weniger Kalorien zu sich, wenn er beim Essen die Obergrenze der empfohlenen Fettmenge erreicht. Probieren Sie einfach aus, wie weit Sie mit der Fettmenge herunter gehen können, ohne dass Ihr Magen dauernd knurrt. In jedem Fall sollten Sie jedoch versuchen, bei allen drei Hauptnährstoffen innerhalb der empfohlenen Spannen zu bleiben.

- ✔ **Energieniveau und Gefühlslage:** Jeder reagiert anders auf eine bestimmte Ernährungsweise. Ich kenne beispielsweise eine Frau, die sich miesepetrig fühlt, wenn sie nicht nachmittags ihre Eiweißportion kriegt. Anderen hängt die ganze Esserei zum Hals heraus, wenn sie zu viel kohlehydratige Nahrungsmittel wie Nudeln und Brot essen. Auch hier ist es hilfreich, ein Ernährungstagebuch zu führen, in das Sie notieren können, wie es zu verschiedenen Tageszeiten um Ihr Energieniveau und Ihre Gefühlslage bestellt ist. So können Sie mit der Zeit herausfinden, mit welchen Nahrungsmitteln Sie sich gut und mit welchen Sie sich nicht so gut fühlen.

- **Ausgewogenheit:** Die empfohlenen prozentualen Anteile der Hauptnährstoffe an der täglichen Nahrungsaufnahme kann man natürlich auf vielen Wegen erreichen. Allerdings ist es nicht gerade förderlich, wenn Sie beispielsweise Ihren Kohlehydratanteil ausschließlich mit Nudeln und Brot bestreiten. Sie müssen auch Obst und Gemüse essen. Desgleichen sollten Eiweiße nicht nur durch Fleisch oder Fette nicht nur in Form von Torten und Pasteten zugeführt werden.

Besichtigen Sie die Ernährungspyramide

Richten Sie sich bei der Zusammenstellung Ihres täglichen Speiseplans nach der Ernährungspyramide. Diese Pyramide führt sehr anschaulich vor Augen, wie viel Sie wovon am Tag zu sich nehmen sollten.

Der Löwenanteil Ihrer Kalorien sollte von den Nahrungsmitteln stammen, die in den beiden unteren Schichten der Pyramide abgebildet sind: Getreide und Getreideerzeugnisse, Obst und Gemüse – das sind Ihre Kohlehydratquellen. Fleisch, Geflügel, Fisch, Eier und Milchprodukte bilden die dritte Schicht – das sind Ihre Eiweißquellen. Fette, Öle und Süßigkeiten schließlich bilden die Spitze der Pyramide – das sind Ihre Fettquellen. Wenn Sie sich die Pyramide genauer anschauen, werden Sie feststellen, dass es sich lediglich um eine andere Darstellung der empfohlenen prozentualen Anteile handelt.

Damit Sie nicht dennoch über Ihr gesetztes Kalorienziel hinausschießen, sei noch etwas zur Größe der Portionen gesagt. Es soll ja Leute geben, für die eine Portion Fleisch ein halbes Rind ist. Das sind aber nicht die Leute, die diese Ernährungspyramide erdacht haben. In diesem Fall war man der Ansicht, eine Portion Fleisch wiege knapp 90 Gramm. Ein solches Stück Fleisch hat etwa die Größe eines Päckchens Skatkarten, schmeckt allerdings ungleich besser (je nachdem, wer es zubereitet hat). Hier ist ein kurzer Überblick über das, was laut Ernährungspyramide bei gängigen Nahrungsmitteln etwa einer Portion entspricht:

- **Fleisch, Geflügel, Fisch, getrocknete Bohnen, Eier, Nüsse:** Eine Portion entspricht etwa 60 bis 90 Gramm gegartem, mageren Fleisch, Fisch oder Geflügel; einem Ei; einer halben Tasse gekochten Bohnen; zwei Esslöffeln Nüssen oder Samen.
- **Milch, Joghurt, Käse:** Eine Portion entspricht einer Tasse Milch, genug für Ihr morgendliches Müsli; einer Tasse Joghurt; etwa 30 Gramm Käse (am besten fettreduziert).
- **Obst:** Eine Portion entspricht einem Apfel, einer Banane oder einer Orange jeweils mittlerer Größe; einer halben Tasse klein geschnittener Früchte oder Beeren; einer dreiviertel Tasse Fruchtsaft. Frisches Obst ist in der Regel Tiefkühlobst, Dosenobst, Trockenobst oder Fruchtsaft vorzuziehen. Nicht mehr so ganz frisches Obst kann allerdings weniger Nährstoffe enthalten als in fri-

schem Zustand gefrorenes Obst, da die Nährstoffe durch Einfrieren länger konserviert werden können.

- ✔ **Gemüse:** Eine Portion entspricht einer Tasse frischem Blattgemüse; einer halben Tasse anderer Gemüse wie grünen Bohnen oder geschnittenen Möhren; einer dreiviertel Tasse Gemüsesaft.
- ✔ **Brot, Zerealien, Reis, Nudeln:** Eine Portion entspricht einer Scheibe Brot; etwa 30 Gramm Zerealien; einer Tasse gegartem Getreide, Reis oder Nudeln.
- ✔ **Süßigkeiten und fettreiche Nahrungsmittel:** Essen Sie so wenig wie möglich davon!

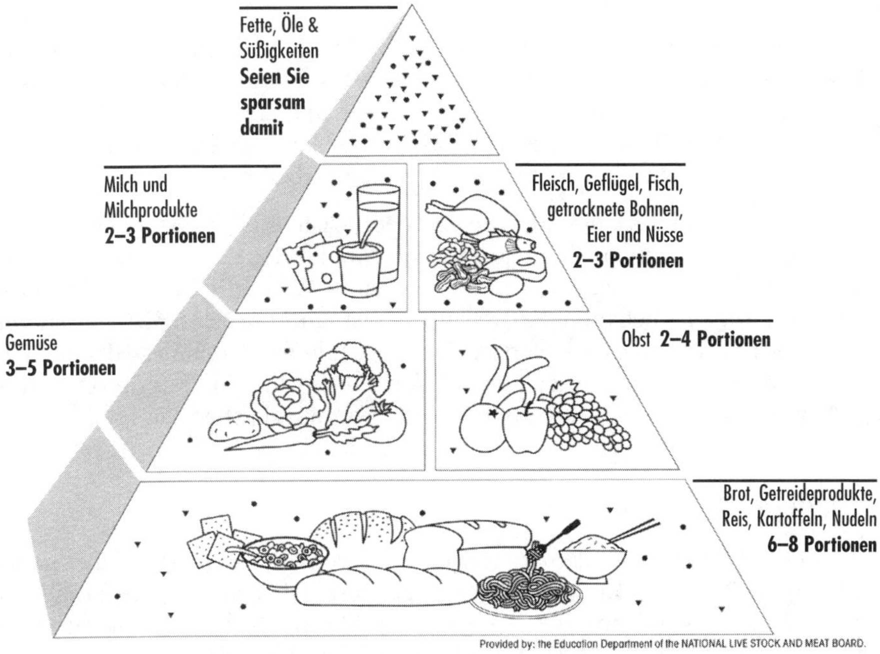

Abbildung 4.1: Verwenden Sie die Ernährungspyramide als Planungshilfe für Ihren Speiseplan.

Worauf Sie sonst noch achten müssen

Wenn man nur auf Kohlehydrate, Eiweiße und Fette achten müsste, wäre es ein Leichtes, sich gesund zu ernähren. Es gibt allerdings noch ein paar andere Dinge, auf die Ihr Körper nicht verzichten will. Wenn es dabei auch nicht um Kalorien geht, so doch um so wesentliche Faktoren wie Gesundheit und Wohlbefinden.

Cholesterin

Cholesterin ist ein normaler Bestandteil des Blutes. Es wird auch vom Körper, vor allem in der Leber, produziert. Auch Tiere produzieren Cholesterin in ihrer Leber. Deshalb nehmen wir den größten Teil des aus der Nahrung stammenden Cholesterins über tierische Fette auf. Cholesterin ist zwar eine Form von Fett, hat aber keinen zusätzlichen Brennwert. Es kann jedoch das Herz-Kreislauf-System erheblich beeinträchtigen und Herzerkrankungen herbeiführen, wenn es die Arterien verstopft.

Ihr Cholesterinwert wird wesentlich dadurch beeinflusst, wie viel Fette, insbesondere gesättigte Fette, Sie täglich zu sich nehmen. Wenn der Cholesterinwert sinken soll, müssen Sie Ihren Fettkonsum reduzieren. Sprechen Sie mit Ihrem Hausarzt oder einem Diätberater, um herauszufinden, was das Richtige für Sie ist.

Es gibt zwei Arten von Cholesterin: LDL und HDL. LDL, das »schlechte« Cholesterin, kann sich an den Arterienwänden absetzen, diese verstopfen und Ihrem Herzen damit eine wesentlich höhere Pumpleistung abverlangen. HDL, das »gute« Cholesterin, hält die Arterienwände frei von Ablagerungen, so dass das Blut ungehindert passieren kann und Ihr Herz weniger Arbeit hat.

Eine umfassende Messung des Cholesterinspiegels berücksichtigt die Werte beider Cholesterinarten. Ein Gesamtwert von 240 oder darunter wird in der Regel als gesund betrachtet und bedeutet ein geringeres Herz-Kreislauf- und Krebsrisiko. Wichtig ist es, das Verhältnis von LDL und HDL im Auge zu behalten. Erstrebenswert ist ein Anteil des HDL von mindestens einem Fünftel. Wenn Ihr Cholesterinwert bei 210 liegt und der Anteil des HDL bei 70, dann entspricht das einem Anteil von einem Drittel. Auch wenn Ihr Cholesterinwert am oberen Limit liegt, können Sie das durch einen hohen HDL-Wert ausgleichen.

Ballaststoffe

Ballaststoffe sind unverdauliche Pflanzenfasern, die Ihr Verdauungssystem sauber halten. Die meisten wissenschaftlichen Studien belegen, dass eine ballaststoffreiche Ernährung das Darmkrebsrisiko und Gesundheitsrisiken allgemein senkt. Die bisher umfangreichste Studie allerdings konnte eine Senkung des Darmkrebsrisikos nicht bestätigen.

Es gibt zwei Arten von Ballaststoffen: unlösliche und lösliche. Unlösliche Ballaststoffe nehmen Wasser auf und vergrößern so die Masse in Ihrem Verdauungssystem. Das hält den Darm in Bewegung. Lösliche Ballaststoffe lösen sich in Wasser auf, man fühlt sich schneller satt und kommt möglicherweise mit dem kontrollierten Essen besser klar. Ballaststoffe können sich auch positiv auf Cholesterinwert und Blutdruck auswirken. Vollkornprodukte, Bohnen, Obst und Gemüse sind gute Quellen unlöslicher Ballaststoffe; Hafer und Haferkleie sind die besten Quellen für lösliche Ballaststoffe.

Die Mehrzahl der Fachleute ist sich darüber einig, dass der Tagesbedarf an Ballaststoffen bei etwa 20 bis 35 Gramm liegt. Eine gute Möglichkeit, Ihre Ballaststoffzufuhr zu erhöhen, ist eine möglichst vollwertige Ernährung. Vollwertig heißt in diesem Zusammenhang, dass Sie die Nahrung möglichst frisch und wenig bearbeitet zu sich nehmen. Möhren zum Beispiel enthalten viel Ballaststoffe. Es ist aber ein großer Unterschied, ob Sie die Möhren roh essen oder in Form von Möhrentorte! Mit fünf Portionen frischem Obst und Gemüse (jeweils halbe Tassen) und drei bis vier Portionen Vollkornzerealien oder Vollkornbrot am Tag sind Sie ausreichend mit Ballaststoffen versorgt.

Erhöhen Sie die Ballaststoffzufuhr nicht im Hauruck-Verfahren, besonders, wenn Sie momentan nicht so ballaststoffreich essen. Ihr Darm wäre damit völlig überfordert und könnte mit starken Blähungen, Krämpfen und Durchfall reagieren. Besser ist es, den Ballaststoffanteil langsam zu erhöhen. Muten Sie Ihrem Darm täglich ein bis zwei Gramm mehr zu, bis Sie die empfohlene Menge erreicht haben.

Vitamine und Mineralien

Vitamine stammen aus organischen Quellen, also Tieren und Pflanzen. Mineralien stammen aus anorganischen Quellen, also Teilen der Erdkruste. Beide werden den Mikronährstoffen zugerechnet, weil unser Körper sie nur in sehr geringen Mengen benötigt.

Weder Vitamine noch Mineralien liefern Energie, so wie das bei Fetten, Kohlehydraten und Eiweißen der Fall ist. Sie sind jedoch unabdingbar für all die chemischen Vorgänge, die in unserem Inneren ablaufen. Das mag nicht nach viel klingen, aber diese chemischen Vorgänge sorgen für so lebenswichtige Dinge wie eine funktionierende Atmung und glänzendes Haar.

Damit Ihr Körper surrt wie eine gut geölte Maschine, braucht er mehr als 40 essenzielle Vitamine und Mineralien. Wenn wir uns in der Natur umschauen, finden wir zwar Mikronährstoffe in mannigfachen, zum Teil wohldosierten Kombinationen. Dennoch ist es mitunter schwer, immer genug Vitamine und Mineralien zu sich zu nehmen, wenn man regelmäßig trainiert, mit viel Stress zu kämpfen hat und beim Essen nicht immer die optimale Wahl trifft. Und wer ist von all dem nicht betroffen? Es ist daher oft keine schlechte Idee, mit Vitamin- und Mineralstoffpräparaten ein wenig nachzuhelfen.

Solche Nahrungsergänzungspräparate (ich schätze, allein das Aussprechen dieses Wortes verbraucht schon 25 Kalorien) können die erforderliche Tagesdosis der meisten, wenn nicht aller Mikronährstoffe sichern. Aber denken Sie bloß nicht, eine kleine Pille hier und da könnte eine gesunde Ernährung ersetzen. Und auch jegliche Hoffnung, die kahlen Stellen unter der Baseballkappe könnten mit Hilfe der richtigen Kapseln wieder zuwachsen, wird unweigerlich enttäuscht werden.

Achten Sie bei Vitamin- und Mineralpräparaten darauf, dass Sie nicht zu hoch dosieren und nicht zu viel bezahlen. Die meisten Vitamine sind wasserlöslich. Der Körper speichert sie nicht, sondern schwemmt aus, was er nicht benötigt. Wenn Sie also mehr als die empfohlene Tagesdosis schlucken, haben Sie nicht mehr davon als einen ziemlich teuren Urin! Zu hoher Vitaminkonsum kann auch dazu führen, dass Ihr Urin sich farblich immer mehr einem Multivitaminsaft annähert. Ich spreche da aus Erfahrung.

Zu hohe Dosen fettlöslicher Vitamine, insbesondere der Vitamine A, D und K, können zu ernsten Gesundheitsproblemen führen. Die überschüssigen Mengen werden nicht vom Körper ausgeschieden, sondern in den Organen so lange angesammelt, bis sie gebraucht werden. Wenn Sie über Nahrungsergänzungspräparate zu viel von diesen Vitaminen aufnehmen und nicht rechtzeitig verbrauchen, kann das unerwünschte Nebenwirkungen haben und sogar das Krebsrisiko erhöhen.

Um auf den Preis der Präparate zurückzukommen, Ihr Körper unterscheidet nicht zwischen einer 10-Euro-Vitamintablette und einer 10-Cent-Vitamintablette. Ich kann zum Beispiel keine Vitamintabletten für Erwachsene nehmen, weil sie mir auf den Magen schlagen, wenn ich sie zu den Mahlzeiten einnehme. Also ziehe ich mir jeden Morgen zwei Flintstones Weingummis rein und bin damit den ganzen Tag über mit den wichtigsten Vitaminen und Mineralien versorgt. Ein selbst ernannter Ernährungsexperte hat mich zwar dafür öffentlich gegeißelt, aber ich bleibe nach wie vor dabei: Vitamine sind Vitamine – alles andere, was man mit den Tabletten kauft, sind Füllstoffe. Kaufen Sie also die günstigsten Vitamin- und Mineralstoffpräparate, die Sie kriegen können. Achten Sie nur auf das Haltbarkeitsdatum, weil die Tabletten mit der Zeit an Wirkungskraft verlieren.

In den Tabellen 4.1 und 4.2 finden Sie alle nötigen Informationen über Vitamine und Mineralien: welche Funktion sie für Ihren Körper haben, wie viel Sie davon brauchen und worin sie enthalten sind.

Vitamin	Funktion und mögliche Mangelerscheinungen	Quellen	Empfohlene Tagesdosis
Thiamin (B1)	Ohne Thiamin können Sie keine Kohlehydrate verbrennen. Spielt auch eine besondere Rolle bei der Aufrechterhaltung der Herz-, Nerven-, und Hirnfunktionen.	Mageres Fleisch, Innereien, Erbsen, Hülsenfrüchte, Vollkorn.	Männer zwischen 15 und 50: 1,5 mg; Männer über 50: 1,2 mg; Frauen zwischen 15 und 50: 1,1 mg; Frauen über 50: 1,0 mg
Riboflavin (B2)	Mangel an B2 kann zu trockener, fleckiger Haut und Sehstörungen bei hellem Licht führen.	Innereien, Milchprodukte, mageres Fleisch, Huhn, dunkelgrüne Gemüsesorten, Eier, Vollkorn, Hülsenfrüchte.	Männer zwischen 15 und 50: 1,7 mg; Männer über 50: 1,4 mg; Frauen zwischen 15 und 50: 1,3 mg; Frauen über 50: 1,2 mg

Vitamin	Funktion und mögliche Mangelerscheinungen	Quellen	Empfohlene Tagesdosis
Niacin (B3)	Niacin hält das LDL-Cholesterin im Zaum und spielt eine Rolle bei der Verarbeitung von Kohlehydraten. Überdosierungen können jedoch zu Leberschäden führen.	Mageres Fleisch, Fisch, Geflügel, Nüsse, Hülsenfrüchte, dunkelgrüne Gemüsesorten, Vollkorn, Eier.	Männer zwischen 15 und 50: 19 mg; Männer über 50: 15 mg; Frauen zwischen 15 und 50: 15 mg; Frauen über 50: 13 mg
Pyridoxin (B6)	Ist ein Bestandteil einiger essenzieller Aminosäuren und hilft bei der Zerlegung von Proteinen. Ist auch an der Stimulation des Immunsystems beteiligt.	Mageres Fleisch, Leber, Fisch, Nüsse, Hülsenfrüchte, Vollkorn, Geflügel, Mais, Bananen.	Männer: 2 mg; Frauen: 1,6 mg
Cobalamin (B12)	Mangel an B12 kann zu Anämie (Mangel an roten Blutkörperchen) führen.	Innereien, mageres Fleisch, Eidotter, Milchprodukte, Fisch, Schalentiere, Geflügel.	2,0 mkg
Folsäure	Senkt das Risiko für einige Geburtsfehler und nach Ansicht einiger Experten auch die Risiken von Herzerkrankungen und einigen Krebsarten.	Fleisch, dunkelgrüne Blattgemüse, Spargel, Limabohnen, Vollkorn, Nüsse, Hülsenfrüchte.	Männer: 200 mkg; Frauen: 180 mkg; schwangere Frauen und solche, die es werden wollen: 400 mkg
Ascorbinsäure (C)	Es ist immer noch unbewiesen, dass Vitamin C Erkältungen verhindert, aber es unterstützt möglicherweise das Immunsystem. Beteiligt ist es auch am Aufbau von gesunden Knochen, Zähnen, Zahnfleisch und Haut. Raucher verbrauchen Vitamin C schneller und sollten deshalb eine Extraportion einplanen.	Erdbeeren, Zitrusfrüchte, Blumenkohl, Brokkoli, Kohl, Tomaten, Spargel, grüne Blattgemüse.	60 mg
Vitamin A	Viel Vitamin A sorgt für gesunde Haut und gutes Sehvermögen.	Leber, Eier, Milchprodukte, dunkelgrüne Gemüsesorten, Aprikosen, Pfirsiche, Melonen, Möhren, Kürbis.	Männer: 1.000 RE; Frauen: 800 RE
Vitamin D	Wichtig für den Aufbau von Knochensubstanz. Hilft dem Körper, Kalzium und Phosphor zu absorbieren und zu verwenden.	Milch, Eidotter, frischer Lachs, angereicherte Frühstückszerealien, Sonnenlicht.	Erwachsene über 25: 200 IU

Vitamin	Funktion und mögliche Mangelerscheinungen	Quellen	Empfohlene Tagesdosis
Vitamin E	Mangel an Vitamin E ist selten, kann dann aber das Nervensystem beeinträchtigen und sich bei Neugeborenen mit geringem Körpergewicht negativ auswirken.	Pflanzenöle, Weizenkeime, grüne Blattgemüse, Nüsse, Vollkorn, Leber, Eidotter, Hülsenfrüchte, die meisten anderen Obst- und Gemüsesorten.	Erwachsene Männer: 10 mg (Alphatocopherole); erwachsene Frauen: 8 mg (Alphatocopherole)
Vitamin K	Wirkt der Verringerung der Knochendichte entgegen und fördert die Wundheilung. Wichtig für eine normale Nierenfunktion.	Dunkelgrüne Blattgemüse, Spargel, Spinat, Rübstil.	Männer: 80 mkg Frauen: 65 mkg

Abkürzungen:
mg = Milligramm — *IU = International Units (Internationale Einheiten)*
mkg = Mikrogramm — *RE = Retinoläquivalent (in dieser Einheit wird Vitamin A gemessen)*

Tabelle 4.1 Vitamine: Was sie bewirken, worin sie enthalten sind und wie viel Sie davon brauchen

Mineral	Funktion und mögliche Mangelerscheinungen	Quellen	Empfohlene Tagesdosis
Kalzium	Stärkt Knochen und Zähne. Unterstützt die Muskeln, die Blutgerinnung, die Nervenfunktionen, den Blutdruck und die Darmfunktionen.	Milchprodukte, grüne Blattgemüse, Brokkoli, angereicherter Orangensaft.	Bis 24 Jahre: 1.200 mg; darüber: 800 mg; Frauen nach der Menopause, schwangere und stillende Frauen haben einen höheren Bedarf.
Chrom	Kann Diabetiker vom Typ 2 bei der Regulierung ihres Blutzuckers unterstützen.	Bierhefe, Fleisch, Venusmuscheln, Vollkorn, Käsesorten, Nüsse, Eier.	Keine, für Erwachsene wird jedoch eine Menge von 50 bis 200 mkg als sicher und angemessen betrachtet.
Kupfer	Ist an der Herstellung von Hämoglobin sowie an der Energieproduktion in den Zellen beteiligt.	Innereien, Schalentiere, Vollkorn, Nüsse, Hülsenfrüchte, mageres Fleisch, Fisch, Obst.	Keine, 1,5 bis 3,0 mg pro Tag werden jedoch als sicher und angemessen betrachtet.
Jod	Reguliert den Stoffwechsel.	Jodsalz, Meeresfrüchte, Seetang.	15 mkg
Eisen	Mangel an Eisen führt zu einem Mangel an Energie bedingt durch Anämie. (Besonders Frauen sind anfällig für Eisenmangel.)	Innereien, dunkles Fleisch, Fisch, Schalentiere, angereicherte Zerealien, Eidotter, grüne Blattgemüse, Trockenfrüchte.	Männer: 10 mg; Frauen: 15 mg

Mineral	Funktion und mögliche Mangelerscheinungen	Quellen	Empfohlene Tagesdosis
Magnesium	In vielen Funktionszusammenhängen lebenswichtig, etwa bei der Energiegewinnung.	Vollkorn, Nüsse, Hülsenfrüchte, dunkelgrüne Gemüsesorten, Meeresfrüchte und – Schokolade.	Männer: 350 mg; Frauen: 280 mg; Schwangere: 320 bis 340 mg
Phosphor	Wichtig für stabile Knochen, widerstandsfähige Zähne und gesunde Haut. Ist maßgeblich an der Regulation des Energiestoffwechsels beteiligt. Die meisten nehmen zu viel davon über Softdrinks und behandelte Lebensmittel zu sich.	Milchprodukte, Fisch, Fleisch, Geflügel, Eidotter, Nüsse, Hülsenfrüchte, Vollkorn, Softdrinks, behandelte Lebensmittel.	Teenager und Erwachsene bis 24: 1.200 mg; Erwachsene über 25: 800 mg
Kalium	Reguliert das Flüssigkeitsgleichgewicht des Körpers. Hält den Blutdruck niedrig.	Mageres Fleisch, Geflügel, frisches Obst und Gemüse, Milchprodukte, Nüsse, Hülsenfrüchte.	Keine, aber Erwachsene sollten mindestens 2.000 mg am Tag zu sich nehmen.
Selen	Unterstützt die Herzfunktionen und das Immunsystem. Verhindert möglicherweise bestimmte Krebsarten.	Innereien, Meeresfrüchte, mageres Fleisch, Vollkorn, Milchprodukte.	Männer: 70 mkg; Frauen: 55 mkg; Schwangere: 65 mkg; Stillende: 75 mkg
Zink	Männer brauchen Zink für die Produktion gesunder Spermien. Bei Frauen unterstützt Zink das normale Wachstum des Fötus. Bei Männern und Frauen unterstützt es die Wundheilung und kurbelt das Immunsystem an.	Fleisch, Geflügel, Eier, Austern, Milchprodukte, Vollkornprodukte.	Männer: 15 mg; Frauen: 12 mg; Schwangere: 15; Stillende: 19 mg

Abkürzungen: mg = Milligramm
mkg = Mikrogramm

Tabelle 4.2 Mineralien: Was sie bewirken, worin sie enthalten sind und wie viel Sie davon brauchen

Wasser

Wasser kühlt Ihren Körper, ist wichtig für den Kreislauf und die Verdauung und transportiert die Brennstoffe, die Ihre Muskeln antreiben. Wasser braucht der Mensch wie die Luft zum Atmen. Denn schließlich besteht der menschliche Körper zu ungefähr 60 Prozent aus Wasser, und wenn man nur zwei Prozent seines Körpergewichts durch Dehydration verliert, sind Denk- und Bewegungsfähigkeit schon erheblich beeinträchtigt.

Alkohol, Koffein, Sonneneinstrahlung, Hitze, Wind, Training, Rauchen und Klimaanlagen sind nur einige der Einwirkungen, die dem Körper Wasser entziehen. Versuchen Sie, wenigstens 1,8 Liter Wasser am Tag zu trinken, um den normalen Flüssigkeitsverlust auszugleichen. Wenn Sie walken, sollten Sie für jedes Pfund, das Sie durch Schwitzen verlieren, einen halben Liter Wasser trinken. Da Ihr Körper nur kleine Mengen Flüssigkeit auf einmal absorbieren kann, ist es besser, die verlorene Flüssigkeit über einen Zeitraum von mehreren Stunden nachzutrinken.

Wasser nimmt man natürlich auch mit anderen Nahrungsmitteln zu sich, etwa Milch, Säfte, isotonische Getränke, Mineralwasser und sogar saftiges Obst. Nicht mitrechnen dürfen Sie Alkohol in jeglicher Form und koffeinhaltige Getränke wie Kaffee, Tee und Cola, denn der entwässernde Effekt dieser Getränke ist Ihrem Flüssigkeitshaushalt im wahrsten Sinne des Wortes eher abträglich.

Koffein

Ich gehöre zu den Menschen, die morgens den Hintern nicht aus dem Bett kriegen, bevor sie eine Tasse Kaffee getrunken haben. Zum Glück hat mein Mann im Laufe der Zeit eingesehen, dass ich mich erst in Bewegung setze, wenn er mir eine bringt. Wenn es Ihnen genauso geht, muss ich Ihnen gar nicht erst erzählen, dass Koffein den sanft anregenden Substanzen zugerechnet wird.

Koffein kurbelt den Puls und den Stoffwechsel an, wodurch man geistig wacher oder, je nach Koffein-Empfindlichkeit, zappelig wird. (Wenn ich mehr als meine übliche Aufsteh-Tasse trinke, fühle ich mich unweigerlich zittrig und überdreht.) Das eigentliche Koffein-Hoch tritt erst etwa dreißig Minuten nach der Aufnahme ein. Der Körper braucht vier bis sechs Stunden, um die Hälfte der aufgenommenen Koffeinmenge zu verarbeiten. Bei Frauen, die mit der Pille verhüten, dauert es zehn Stunden, bis die Wirkung des Koffeins nachlässt, bei Rauchern nur etwa drei.

Die meisten Ernährungsexperten gehen davon aus, dass mäßiger Koffeingenuss unschädlich ist. Eine übermäßige Aufnahme des Wachmachers kann sich allerdings negativ auf die Gesundheit auswirken. Wo das Übermaß anfängt, hängt unter anderem von Alter, Gesundheitszustand, Gewicht und Koffein-Empfindlichkeit ab. Für die meisten Menschen sind zwei Tassen Kaffee (= 150 mg Koffein) vermutlich kein Problem. Es gibt sogar Untersuchungen, die von positiven Auswirkungen des Koffeins auf die Gesundheit sprechen. Erst kürzlich las ich in einer Studie, dass zwei Tassen Kaffee am Tag vor Gallenblasenerkrankungen schützen sollen.

Die Kehrseite der Medaille: Koffein kann unruhig und übernervös machen. Es kann die Konzentrationsfähigkeit behindern. Es kann zu Durchfall, Entwässerung und Reizungen führen. Des Weiteren kann Koffein die Aufnahme bestimmter Nährstoffe, wie Thiamin, Kalzium und Eisen hemmen. Und schließlich wird langjähriger übermäßiger Koffeingenuss auch mit Brust- und Darmkrebs sowie Osteoporose in Verbindung gebracht.

Warum Diät nicht funktioniert

Die aus der Nahrung gewonnene Energie wird in Kalorien gemessen. Der Stoffwechselgrundumsatz ist die Zahl von Kalorien, die Ihr Körper braucht, um täglich seine Grundfunktionen zu erfüllen. Bei einer Durchschnittsfrau sind das rund 1.000, bei einem Durchschnittsmann rund 1.400 Kalorien. Der Stoffwechselgrundumsatz berücksichtigt nur die Energie, die man für so grundlegende Funktionen wie die Atmung, den Blutkreislauf und die Verdauung braucht. Nicht berücksichtigt werden dabei Bewegung oder sportliche Betätigungen. Was man so im Alltag an Bewegung leistet, erhöht den täglichen Kalorienbedarf auf 1.600 bei Frauen beziehungsweise 2.000 bei Männern. Wer walkt, verbrennt beim Training aber noch mehr Kalorien.

Wissenschaftler sind mittlerweile davon überzeugt, dass jeder Mensch eine Art voreingestellten Stoffwechselgrundumsatz hat, der mit einem bestimmten Körpergewicht einhergeht, das der Körper unabhängig von der Kalorienaufnahme ansteuert. Das könnte erklären, warum manche Menschen so schnell abnehmen, während andere sich jedes Gramm von den Rippen quälen müssen. Des Weiteren, so die Wissenschaftler, könne man auf diese Voreinstellung einen gewissen Einfluss ausüben. Sport kurbelt in jedem Fall den Stoffwechsel an, besonders, wenn man auf Muskelaufbau und Fettverbrennung aus ist. Einige Wissenschaftler nehmen an, dass mit jedem Pfund zusätzlicher Muskeln der Stoffwechselgrundumsatz um 50 Kalorien zunimmt.

Eines scheint klar auf der Hand zu liegen: Mit Hungern und Selbstkasteiung treibt man den Grundumsatz nicht in die Höhe. Im Gegenteil, er geht in den Keller, zumindest vorübergehend. Wenn Sie Ihre Kalorienzufuhr drastisch senken, tritt Ihr Stoffwechsel auf die Bremse. Nach anfänglichen Erfolgen mit niedrigen Kalorienzahlen geht die Anzeige der Waage plötzlich nicht weiter nach unten, sondern bleibt einfach stehen und bewegt sich keinen Millimeter weiter. Wenn Sie die Diät Diät sein lassen, was mehr als 95 Prozent der Leute dann tun, kehrt Ihr Körper schon nach relativ kurzer Zeit zum Ausgangspunkt zurück. Schlanker sind Sie immer noch nicht. Und wahrscheinlich fühlen Sie sich als Versager, weil Sie es nicht geschafft haben, abzunehmen.

Diese vorübergehende Absenkung des Stoffwechselgrundumsatzes ist der Grund, weshalb Diäten einfach nicht funktionieren. Das ist wie bei einem Auto mit fast leerem Tank, es ist zu wenig Sprit da, um die Körpermotoren richtig laufen zu lassen. Man hat immer Hunger und fühlt sich schlapp und antriebslos. (Das ist auch der Grund, warum viele Diätler häufig frieren.)

Machen Sie einen großen Bogen um alle Ess-Strategien, die harte Einschränkungen und die Einhaltung fester Regeln von Ihnen verlangen: Sie führen zu nichts! Sie werden sich während der ganzen Diät hungrig und elend fühlen und letztendlich nicht abnehmen. Das heißt nicht, dass Sie nichts an Ihrem Essverhalten ändern sollen. Wenn Sie jeden Abend eine Riesenschüssel Spaghetti wegputzen, werden Sie zunehmen. Kommen Spaghetti deshalb aus dem Reich des Bösen und müssen aus den Vorratskammern verbannt werden? Sicher nicht. Sie können Ihre

Nudeln täglich genießen, wenn Sie die Portionen an Ihren Kohlehydrat- und Kalorienbedarf anpassen.

In meinen Fitness-Studios sind vor allem zwei Diäten in aller Munde: Die Zone-Diät und Sugar Busters. Die Zone-Diät behauptet, dass Kohlehydrate die wahren Dickmacher sind und das deren Anteil an der Nahrung zugunsten der Eiweiße gekürzt werden muss; die Sugar Busters schieben alles – vom Übergewicht bis zur Staatsverschuldung – dem Zucker in die Schuhe. Natürlich kann man nicht ungestraft Berge von Kohlehydraten oder Süßigkeiten in sich hineinstopfen. Das erlaubt aber noch nicht den Umkehrschluss, dass man mit diesen skurrilen Diäten automatisch seine Gewichtsprobleme löst, vor Energie nur so strotzt und frei von gesundheitlichen Beeinträchtigungen ist.

Ich will nicht bestreiten, dass man mit diesen Diäten anfängliche Erfolge verzeichnen kann. Das ist aber bei jeder Diät so, bei der die Kalorienzufuhr beschränkt wird. Man verliert ein paar Pfunde, weil man weniger isst, nicht etwa, weil endlich das Geheimnis der Fettverbrennung gelüftet wurde.

Ess-Strategien für Walker

Wenn Sie abnehmen wollen, ist Walking ein erster Schritt in die richtige Richtung. Walker sollten im Prinzip die gleichen Ernährungsgrundsätze beachten wie alle anderen auch. Darüber hinaus können die folgenden Ernährungstipps Sie zusätzlich bei Ihren Bemühungen unterstützen:

- **Essen Sie etwas, bevor Sie walken.** Vergessen Sie, was Ihre Mutter Ihnen immer gepredigt hat. Sie müssen etwas essen, bevor Sie trainieren. Am besten essen Sie eine kleine Zwischenmahlzeit mit hohem Kohlehydratanteil etwa ein halbe Stunde, bevor Sie loslegen, so dass Ihr Blutzucker schon auf den ersten Metern richtig auf Touren ist. Sie werden sehen, dass Sie sich fitter fühlen, als wenn Sie vorher nichts essen. Am besten geeignet sind stärkehaltige, komplexe Kohlehydrate wie Brötchen, Vollkornbrot oder Reis. Probieren Sie aus, womit Sie am besten klar kommen. Wenn Sie sich mit einer Hand voll Salzbrezeln im Bauch auf der Strecke unwohl fühlen, nehmen Sie das nächste Mal eben ein Scheibe Rosinenbrot.

Essen Sie nicht zu viel. Für einen kleinen extra Energieschub reicht eine kleine Zwischenmahlzeit. Große Portionen wirken sich eher negativ aus. Auch ist im Vorfeld sportlicher Aktivitäten nicht alles, was sonst als gesund betrachtet wird, zu empfehlen. So können ballaststoffreiche Snacks oder säurehaltiges Obst dazu führen, dass Ihr Magen nach 20 Minuten arg in den Seilen hängt.

- **Essen Sie etwas nach dem Walken.** Nach einer Trainingseinheit müssen Sie Ihre Glykogenspeicher wieder auffüllen. Deshalb sollten Sie auch nach dem Walken eine Kleinigkeit essen. Auch hier empfehlen sich Kohlehydrate, besonders saftiges Obst, denn damit ersetzen Sie verbrauchte Kohlehydrate, Wasser und Elektrolyte in einem. Auch wenn Sie keinen Hunger verspüren – Sport kann den Appetit dämpfen –, nehmen Sie sich einen

Apfel, einen Pfirsich oder eine Birne und beißen Sie hinein. Eine »richtige« Mahlzeit können Sie später immer noch zu sich nehmen.

✔ **Essen Sie beim Walken.** Schütteln Sie nicht den Kopf. Es kann durchaus angebracht sein, auch auf der Walking-Strecke etwas zu essen. Natürlich sollten Sie nicht auf der 20-Minuten-Strecke »um den Block« noch ein Schinkenbrötchen herunterschlingen. Aber wenn Sie eine Vier-Stunden-Wanderung vorhaben oder etwa den ganzen Tag walken wollen, ist es schon ganz angenehm, wenn man zwischendurch etwas zu beißen hat. Für die Mittelstrecke sind Energieriegel mit hohem Eiweiß- und Fettgehalt geeignet, die alle verbrannten Kalorien ersetzen. Langstreckenwalker sollten auch einfache Kohlehydrate bereithalten. Bonbons, ja, Bonbons sind ab der Mitte der zurückgelegten Distanz sehr gut geeignet, denn sie sorgen bei dringendem Bedarf für einen schnellen Energiestoß.

✔ **Trinken Sie viel Wasser.** Es ist ganz wichtig, vor, während und nach dem Walken ausreichend zu trinken. Nehmen Sie sich eine Wasserflasche mit und nippen Sie ab und zu daran, auch wenn Sie nicht durstig sind. Denn wenn Sie den Durst erst einmal spüren, sind Sie schon unterhydriert. Wenn Sie bei heißem oder sehr schwülen Wetter oder länger als ein Stunde walken, sollten Sie auch erwägen, auf ein Sport- oder isotonisches Getränk zurückzugreifen. Die darin enthaltenen Elektrolyte und Kohlehydrate ersetzen, was Sie beim Schwitzen verlieren.

✔ **Passen Sie Ihren Kohlehydratanteil an.** Wer mit mäßigem Tempo oder nicht mehr als 30 Minuten pro Einheit walkt, kann sicher an der unteren Grenze des empfohlenen Kohlehydratanteils, also bei 50 bis 60 Prozent bleiben. Höheres Tempo und längere Strecken verlangen aber nach mehr Kohlehydraten. Wie viel, das muss jeder selbst ausprobieren. Führen Sie am besten ein Ernährungstagebuch und analysieren Sie es regelmäßig, um dem für Ihre Bedürfnisse optimalen Verhältnis von Kohlehydraten, Eiweißen und Fetten auf die Spur zu kommen. Dabei kann sich Ihr Kohlehydratanteil je nach der Intensität Ihres Trainings ändern.

✔ **Missbrauchen Sie Walking nicht als Ausrede.** Sicher, Sie verbrennen beim Walken durchschnittlich 60 Kalorien pro Kilometer, doch das ist noch lange kein Grund, beim Essen die Sau rauszulassen. Ihr Walkingprogramm spielt bei der Gewichtsabnahme eine wichtige Rolle, aber Sie können damit keine Wunder vollbringen. Wenn Sie mehr essen, als Sie verbrennen, nehmen Sie unweigerlich zu.

Was steckt in Sport- und Energieriegeln?

Als ich kürzlich eine Fitness-Messe besuchte, war ich bass erstaunt, dass die Anbieter von Sport- und Energieriegeln eine ganze Halle von der Größe eines Einkaufscenters für die Präsentation ihrer Produkte belegten. Jedes Mal, wenn mir jemand eine Warenprobe zustecken wollte, riss ich meine Tasche auf und schrie »Süßes, oder es gibt Saures!« Zu Hause breitete ich meine Schätze vor den erstaunten Augen meiner Familie auf dem Tisch aus, und siehe da, es waren über 40 verschiedene Riegel.

Beim Studium der bunten Verpackungen habe ich eine Menge gelernt. Ein Riegel war angeblich auf die besonderen Bedürfnissen von Frauen abgestimmt, ein anderer war speziell für Tennisspieler konzipiert. Ein dritter schließlich brüstete sich damit, so nahrhaft zu sein wie Muttermilch.

Natürlich war ich neugierig und habe einen der Riegel probiert: Er schmeckte gut, eigentlich sogar zu gut. Er war dick mit Schokolade überzogen und schmeckte wie ein Schokoriegel. Andere Riegel wiederum schmeckten weniger gut; einige erinnerten an nasses Sperrholz mit Gummilösung.

Wie dem auch sei, die meisten Energieriegel, die da auf meinem Tisch lagen, enthielten genau so viel Zucker und Kalorien wie die gewöhnlichen Schokoriegel aus dem Supermarkt. Ein besonders wohl schmeckender Riegel prahlte mit dem Zusatz muskelbildender Proteine, hatte aber auch 240 Kalorien und listete unter seinen Inhaltsstoffen neben zehn Gramm Fett hauptsächlich Dextrose auf, eine Form von Raffinadezucker. Zum Vergleich: Ein Milky Way mit etwa demselben Gewicht hat 250 Kalorien, 9,1 Prozent Fett, weniger Zucker und fast genau so viel Proteine wie dieser so genannte Nahrungsergänzungsriegel.

Nichts gegen einen gelegentlichen Energieriegel als Zwischenmahlzeit oder wenn man gerade keine Zeit für eine richtige Mahlzeit hat. Aber machen Sie sich nichts vor. Die meisten Sport- und Energieriegel sind nichts anderes als teure Schokoriegel mit einem Touch von Vitaminen und etwas zusätzlichem Eiweiß. Wenn Sie täglich einen Multivitaminsaft trinken und sich gut und gesund ernähren, können Sie auf diesen Schnickschnack getrost verzichten.

Fast Food und Junk Food

Immer mehr Menschen finden nichts dabei, ihr Essen durch den Mund eines Clowns zu bestellen, oder sind begeistert, wenn »Saure Würmchen« im Dunkeln leuchten. Fast und Junk Food ist in der Regel zu salzig, zu fett, zu kalorienreich und zu nährstoffarm. Gegen eine gelegentliche Currywurst mit Fritten oder einen Hamburger beim Einkauf in der Stadt ist nichts grundsätzlich einzuwenden. Sie müssen sich im Supermarkt auch nicht die Regale mit den Süßigkeiten und Knabbereien verkneifen. Aber ein paar Regeln im Umgang mit den schnellen Häppchen sollten Sie schon beachten, sonst ist Ihre gesunde Ernährung zum Teufel.

Fast Food

Wenn Sie an der Fast-Food-Theke oder am Drive-in-Schalter stehen, gibt es eigentlich nur eine Regel, die Sie befolgen müssen: Halten Sie die Bestellung so einfach wie möglich. Lassen Sie lieber die Finger von soßentriefenden Spezialburgern und bleiben Sie bei den Standardburgern oder Juniortüten. Streichen Sie die Wörter »Käse« und »Doppel« aus Ihrer Bestellung. Huhn und Fisch mögen sich zwar als gesunde Alternativen präsentieren, aber frittiert und mit Knusperhüllen versehen stehen sie den Spezialburgern hinsichtlich des Fettanteils und der Kalorien in nichts nach. Das Gleiche gilt für alle Arten von Nuggets. Bei Salaten sollten Sie auf die Extras achten, etwa Fleischstreifen, Käse, gekochte Eier oder sahnige Dressings.

Überkommt Sie der Drang nach einem Fast-Food-Frühstück, nehmen Sie Pfannkuchen oder Englische Muffins (wenn Sie's fertig bringen, ohne Butter), Orangensaft und Halbfettmilch. Um die Mittagszeit sollten Sie auf jeden Fall auf die 200 bis 250 Kalorien und 50 Prozent Fett verzichten, die eine Portion Pommes Frites so mit sich bringt. Halten Sie sich lieber an warmen Apfelkuchen oder einen Schoko-Shake. Damit nehmen Sie zwar genau so viele Kalorien, aber einen größeren Kohlehydratanteil und nur 30 Prozent Fett zu sich.

Das beste Fast Food finden Sie in Pizzaketten und beim Mexikaner. Eine Portion Pizza besteht zu 70 Prozent aus Kohlehydraten und zu 20 Prozent aus Fett (die Kalorienzahl hängt natürlich von der Portionsgröße ab). Das Gleiche gilt für einen Bohnenborrito, einen einfachen Taco oder Reis mit Bohnen und etwas Käse. Doch Vorsicht: Es gibt auch Tacos mit 60 Prozent Fett und über 2.000 Kalorien.

Junk Food

Schleckereien, nach denen einem beim Lernen, bei Überstunden im Büro oder abends vor dem Fernseher gelüstet, üben schon eine ganz schöne Anziehungskraft aus. Plötzlich hat man so einen ganz bestimmten Appetit auf etwas Knuspriges, etwas cremig Weiches oder etwas Süßes.

Wenn es etwas Pikantes sein muss, greift man leicht nach einer Tüte Kartoffelchips. Leider haben schon mickrige 60 Gramm Kartoffelchips 306 Kalorien, von denen 56 Prozent in Form von Fett anfallen. Mit einer Hand voll Chips hat man da schnell die Fortschritte eines ganzen Tages zunichte gemacht. Noch schlimmer ist es bei Nüssen. 60 Gramm Erdnüsse haben 320 Kalorien und 77 Prozent Fett. Übertroffen werden sie dabei nur noch von Cashew-Kernen und Makadamianüssen.

Am wenigsten verfänglich ist Salzgebäck. Anders als Chips und Nüsse haben Brezeln und Salzstangen einen hohen Kohlehydratanteil, wenig Kalorien und nur sechs Prozent Fett. Auch Popcorn ist nicht schlecht, wenn man aufpasst. Mit Luft gepoppter Mais ohne Butter und Salz hat nur schlappe 20 fettarme Kalorien pro 250-ml-Schale. Die gleiche Menge in Öl oder der Mikrowelle gepoppter Mais hat dagegen 110 Kalorien und acht Prozent Fett. Aber lassen Sie bloß die Finger von Kino-Popcorn. Eine große Portion, die ja eher an einen Eimer erinnert, hat sage und schreibe über 1.000 Kalorien und ebenso viel gesättigtes Fett wie ein Spezialburger – und das, bevor die Buttersoße darüber fließt.

Einer meiner Kunden erzählte mir, er äße rohe Kartoffeln, wenn er Lust auf etwas Knackiges habe – und zwar die kleinen, festen roten. Der Mann schwört darauf, aber ich weiß nicht ... das ist wohl nichts für mich. Vielleicht haben Sie ja Ihr eigenes Rezept für etwas Knackiges, Gesundes, wenn der kleine Hunger kommt?

Haben Sie Appetit auf etwas cremig Weiches? Wie wär's mit einer Portion fettarmem Frozen Yoghurt mit Fruchtgeschmack? Wenn Sie ihn in einer Eisdiele genießen, können Sie den Fettanteil dort erfragen. Die Kalorienzahl richtet sich natürlich nach der Portionsgröße. Wenn Sie einen Eisbereiter haben, können Sie den Frozen Yoghurt natürlich auch selber machen und dabei selbst entscheiden, wie fett und kalorienreich Ihr Leckerchen wird. Am einfachsten geht das, wenn Sie einfach einen halben Liter fettarmen Fruchtjoghurt in der Maschine kaltrühren. Andere Rezepte mischen einen halben Liter Joghurt mit 200 g Früchten und etwas Zucker. Probieren Sie aus, was Ihnen am besten schmeckt.

Wenn Sie einen unbezwingbaren Drang nach Süßem verspüren, sind getrocknete Feigen eine gute Wahl (40 Gramm haben etwa 110 Kalorien). Einfacher Biskuitkuchen (ohne Füllung und Belag oder Guss) ist auch nicht schlecht, denn eine Scheibe hat nur ca. 140 Kalorien. Meine Mutter steht auf Gummibärchen. Ein paar davon genügen ihr schon, ihren Süßhunger zu befriedigen.

Walking Schritt für Schritt

5

In diesem Kapitel

- Lernen Sie die vier Walkingstufen kennen
- Strukturieren Sie Ihr Walkingprogramm mit der FIZ-Formel
- Sorgen Sie für Ihre Sicherheit
- Werden Sie mit allen Wettern fertig

Ich stelle Ihnen in diesem Buch in einem jeweils eigenen Kapitel die vier verschiedene Walkingstufen vor (siehe Kapitel 7 bis 10). Je nach Ihrer Zielsetzung können Sie alle diese Stufen oder auch nur eine oder zwei in Ihr Programm einbauen. Das ist ja das Schöne beim Walking: Es lässt sich an alle Eventualitäten anpassen, egal, wie fit und leistungsfähig Sie sind und was Sie erreichen wollen.

Neben der Wahl der richtigen Leistungsstufe(n) müssen Sie sich auch Gedanken darüber machen, wie Sie Ihr Walkingprogramm aufbauen wollen. Wie viel Energie wollen Sie in eine Walkingeinheit investieren? Wie oft wollen Sie walken? Wie lange soll eine Walkingeinheit dauern? Um solche und andere Fragen geht es in diesem Kapitel. Darüber hinaus gebe ich Ihnen Tipps, wie Sie Ihr Programm sicher und attraktiv gestalten können.

Walking in vier Stufen

Im Folgenden umreiße ich kurz die vier Leistungsstufen, auf denen man Walking betreiben kann. Lesen Sie das Kapitel aufmerksam und entscheiden Sie sich dann für eine oder mehrere Stufen. Auf dieser Grundlage bauen Sie später Ihren gesamten Trainingsplan auf. Mehr über die einzelnen Leistungsstufen erfahren Sie in den entsprechenden Kapiteln im zweiten Teil des Buches.

Stufe 1 - Lifestyle Walking

Lifestyle Walking ist ein eher entspanntes Gehen, etwa einem Spaziergang in einem Park oder einem Einkaufsbummel (ohne Schaufenster) vergleichbar. Es ist eine Aktivität mit eher geringer Intensität, was aber nicht bedeutet, dass es nicht gut für Sie wäre. Lifestyle Walking ist eine gute Einstiegsebene in die Welt der körperlichen Fitness, besonders für diejenigen, die schon länger keinen Sport mehr betrieben haben. Die meisten Lifestyle Walker legen etwa vier bis sechs Kilometer in einer Stunde zurück. Das entspricht einer Zeit von zehn bis sechzehn Minuten für jeden Kilometer. Von der Technik her ist Lifestyle Walking sicher einfach zu bewerkstelligen und deshalb besonders für Einsteiger geeignet, die Leistung und Ausdauer ihrer Muskulatur stärken möchten. Wenn Ihr Ziel die langfristige Sicherung Ihrer Gesundheit und Lebensqualität ist, sollten Sie sich auf dieser Stufe bewegen. Darüber hinaus sollte Lifestyle Walking auf dem Plan jedes Walkers stehen, denn ein erfolgreiches Gesundheits- und Fitnessprogramm muss mehr Bewegung und Aktivität in den gesamten Tagesablauf bringen.

Stufe 2 - Fitness-Walking

Fitness-Walker erkennt man beispielsweise daran, dass sie auf einem Laufband im Fitness-Center oder draußen in der Natur mit ausholenden Armbewegungen walken. Fitness-Walking ist ideal, wenn man ohne übermäßige Belastung fit werden und bleiben will. Es ist zur Gewichtsabnahme geeignet und birgt kaum Verletzungsrisiken. Sie sollten sich auf dieser Stufe bewegen, wenn es Ihr Ziel ist, ein wenig abzunehmen sowie Ihre Gesundheit, Lebensenergie und Ausdauer zu steigern. Fitness-Walker legen in der Stunde etwa sechs bis sieben Kilometer zurück. Das entspricht einer Zeit von achteinhalb bis zehn Minuten für jeden Kilometer. Beim Fitness-Walking werden die Hüft-, Po-, Rücken-, Bauch- und Oberkörpermuskeln beansprucht.

Stufe 3 - High-Energy-Walking

Hier stehen Kalorienverbrennung und Muskelaufbau im Vordergrund. High-Energy-Walking ist auch das Sprungbrett zum mehr wettbewerbsorientierten Renn-Walken. High-Energy-Walker legen in der Stunde beachtliche sieben bis zehn Kilometer zurück. Das entspricht einer Zeit von achteinhalb bis sechs Minuten für jeden Kilometer. Wenn es Ihr Ziel ist, Ihren Muskeltonus und Ihre sportliche Leistungsfähigkeit zu steigern und dabei, ohne große Verletzungsrisiken, etwa so viele Kalorien zu verbrennen wie beim Laufen, dann sollten Sie zumindest die eine oder andere Einheit High-Energy-Walking in Ihr Programm mit einbeziehen. Viele Walker nutzen High-Energy-Walking überwiegend zum Stressabbau nach einem harten Arbeitstag, nicht so sehr als Hauptprogrammbestandteil. Der eine oder andere mag aber Gefallen daran finden und mehr davon haben wollen. Warum nicht, ist ja auch gut für Herz und Kreislauf.

Stufe 4 - Walk-Lauf

Der Walk-Lauf ist ein Zwitterding für Walker, die den Geschwindigkeitsrausch brauchen, aber kein allzu großes Verletzungsrisiko eingehen wollen. Beim Walk-Lauf wechselt man zwischen Laufen und Walken hin und her, um die Trainingsintensität zu steigern, mehr Muskeln einzuspannen und mehr Kalorien zu verbrennen. Natürlich müssen Sie nicht einen einzigen Schritt laufen, um prima in Form zu kommen, aber vielleicht können Sie ab und an einen solchen Walk-Lauf in Ihr Programm einstreuen. Auf diese Weise kriegt Ihre Fitness einen kleinen Extra-Kick. Wenn allerdings schon kurze Laufpassagen Schmerzen in den Knien oder sonst wo verursachen, beschränken Sie sich besser auf das reine Walken. Wie ich in Kapitel 10 näher erläutere, erreichen Sie denselben Trainingseffekt, wenn Sie die Laufintervalle durch High-Energy-Intervalle ersetzen.

Für alle Fälle - FIZ

Variable ist lediglich ein bedeutungsschwangerer Ausdruck für all das in Ihrem Programm, was man anpassen kann. Mit Hilfe dreier Variablen können Sie Ihr Walking- und Fitnessprogramm leichter oder anspruchsvoller gestalten. Für diese drei Variablen, die ich Ihnen hier ans Herz legen möchte, verwende ich die Abkürzung FIZ: Frequenz, Intensität und Zeit.

Jede Änderung bei einer dieser Variablen wirkt sich auch auf die anderen Variablen aus. Wenn Sie sich beispielsweise mehr ins Zeug legen, steigt die Intensität, so dass Sie möglicherweise nicht mehr so lange oder so oft trainieren können. Walken Sie länger, können Sie wahrscheinlich nicht mehr so oft oder so intensiv trainieren. Das Geheimnis eines optimal abgestimmten Walkingprogramms liegt darin, die für Sie richtige FIZ-Formel zu finden.

Bevor Sie aber jetzt wild herumfizzen, sollten Ihnen klar sein, worum es bei den einzelnen Variablen geht. Denn im weiteren Verlauf des Buches werde ich mich immer wieder im Zusammenhang mit den vier Leistungsstufen darauf beziehen und Ihnen erklären, wie Sie die drei Variablen so ausbalancieren, dass Ihr Walkingprogramm mit Ihrer Fitness, Ihren Zielen und Bedürfnissen in Einklang steht.

Frequenz

Frequenz bezeichnet die Anzahl der wöchentlichen Trainingseinheiten. Diese Anzahl hat einen direkten Einfluss darauf, wie schnell Sie Ihre gesteckten Ziele erreichen.

Angesehene Organisationen empfehlen, dass man Herz und Kreislauf mindestens drei mal in der Woche ein wenig fordert. Wenn man sich an diese Minimalforderung hält, kann man damit schon gesundheitliche Ziele, wie eine verbesserte Ausdauer, niedrigere Cholesterinwerte und einen gewissen Schutz vor Herzerkrankungen und chronischen Beschwerden erreichen. Will man darüber hinaus allerdings auch noch abnehmen oder an einer Sportveranstaltung teilnehmen, muss man schon etwas mehr walken.

Die Anzahl der wöchentlichen Trainingseinheiten hängt auch davon ab, auf welcher Leistungsstufe Sie walken wollen. Lifestyle-Walker sollten auf Grund der geringeren Intensität versuchen, täglich oder fast täglich zu walken. Wenn Sie aber hauptsächlich High-Energy-Walking oder Walk-Lauf betreiben, sich also am anderen Ende der Intensitätsskala bewegen, sollten Sie wenigstens einen Tag in der Woche pausieren, um die Verletzungs- und Überlastungsgefahr gering zu halten.

Intensität

Wenn Sie einem High-Energy-Walker begegnen, können Sie ihn heftig atmen und schwitzen sehen. Ein Lifestyle-Walker dagegen macht eher einen entspannten Eindruck. Was man da sieht, ist der Unterschied in der Trainingsintensität. Der eine arbeitet mehr, der andere weniger.

Trainingsintensität kann man auf drei Arten messen: Sie können Ihren Puls fühlen, Sie können ein Hilfsmittel wie die RPE-Skala verwenden oder Sie können den Sprechtest machen. Am besten probieren Sie alles aus und entscheiden dann, was für Sie am besten ist.

Der Puls

Den genauesten Hinweis darauf, wie intensiv Sie gerade bei der Sache sind, liefert Ihre Pulsfrequenz. Denn wenn Ihr Herz schwer arbeitet, gilt das auch für Sie. Es geht nun beim Trainieren nicht darum, jedes Mal eine ganz bestimmte Frequenz zu treffen, sondern sich in einem festgelegten Bereich zu bewegen. Diesen Bereich nennt man den *Herzfrequenz-Zielbereich*.

Ihr Herzfrequenz-Zielbereich ist der Bereich, in dem sich Ihre Pulsfrequenz während einer Belastungsphase bewegen soll. Er definiert sich danach, wie schnell Ihr Herz unter allen Umständen maximal schlagen kann.

Wenn Sie regelmäßig Medikamente nehmen, fragen Sie Ihren Arzt nach Ihrer maximalen Pulsfrequenz und Ihrem Herzfrequenz-Zielbereich. Manche Medikamente beeinflussen die Pulsfrequenz, auch unter Belastung. Auch Schwangere und chronisch Kranke sollten ihren Arzt bei der Festlegung der Belastungsintensität ein Wörtchen mitreden lassen.

Über den Daumen gepeilt, ermitteln Sie Ihre maximale Pulsfrequenz dadurch, dass Sie Ihr Alter von 220 abziehen. Multiplizieren Sie das Ergebnis einmal mit 0,5 und einmal mit 0,95 und schon haben Sie Ihren Herzfrequenz-Zielbereich für das Walken. Die Belastungsintensität, auf die Sie dann während einer Trainingseinheit hinarbeiten, liegt gewöhnlich in einem kleineren Bereich innerhalb dieser großen Bandbreite.

- ✔ Lifestyle-Walker zielen auf einen Herzfrequenzbereich von 50 bis 60 Prozent der maximalen Herzfrequenz.
- ✔ Fitness-Walker zielen auf einen Herzfrequenzbereich von 60 bis 75 Prozent der maximalen Herzfrequenz.
- ✔ High-Energy-Walker zielen auf einen Herzfrequenzbereich von 75 bis 95 Prozent der maximalen Herzfrequenz.
- ✔ Walk-Läufer nutzen den gesamten Herzfrequenz-Zielbereich aus, je nachdem, ob sie gerade laufen oder sich walkend von einer Laufeinheit erholen.

Ohne eine kontinuierliche Pulsmessung beurteilen Sie Ihre momentane Belastung subjektiv. Dabei kann Ihre Einschätzung zutreffen oder auch nicht. Wenn Sie vermeiden wollen, sich zu unter- oder überfordern, messen Sie doch einfach Ihren Puls. Dann wissen Sie, ob Sie noch einen Zahn zulegen können oder zurückstecken sollten und können Ihre Trainingsbelastung jeweils besser anpassen.

Sie können Ihren Puls entweder am Handgelenk oder am Hals messen. Legen Sie dazu Ihren Zeige- und Mittelfinger auf die große Arterie des Unterarms unterhalb der Daumenwurzel oder auf die Halsschlagader in der Halsbeuge direkt unterhalb des Unterkiefers. Zählen Sie die Pulsschläge 15 Sekunden lang und multiplizieren Sie das Ergebnis mit vier.

Wenn Ihnen das alles zu viel Fummelei und Rechnerei ist, sollten Sie erwägen, einen Pulsmesser anzuschaffen. Die besten bestehen aus einem Brustgurt und einer Armbandanzeige: Sie legen den Brustgurt an, und der Sensor übermittelt die gemessene Frequenz über Funksignale an das Anzeigegerät am Handgelenk. Die Pulsmesser sind über die Jahre so weit entwickelt worden, dass sie Vergleiche mit den Geräten in den Arztpraxen nicht mehr scheuen müssen. Ich finde die Pulsmesser von Polar am besten: Sie sind zuverlässig und sind zu vernünftigen Preisen ab etwa € 50 im Fachhandel erhältlich.

Messen Sie Ihren Puls frühestens nach einer Belastung von fünf Minuten. Wenn Sie mehr als 30 Minuten trainieren, messen Sie den Puls alle 15 bis 20 Minuten. Messen Sie auch Ihren Erholungspuls. Das ist Ihre Herzfrequenz etwa eine Minute nach der Belastung. Je schneller Ihr Puls sich wieder beruhigt, desto besser sind Sie in Form.

Wenn Sie ein regelmäßiges Feedback brauchen, kann es motivierend sein, die ermittelten Pulsfrequenzen festzuhalten. Mit zunehmender Fitness muss Ihr Herz bei gleich bleibender Trainingsbelastung weniger arbeiten. Wenn Ihre Herzfrequenz also sinkt, wissen Sie, dass Sie auf dem aufsteigenden Ast sind. Auch ist es für die Trainingsplanung gut zu wissen, wie schnell Sie sich nach dem Training und nach Hochbelastungsphasen wieder erholen.

Das subjektive Belastungsempfinden

Wer den eigenen Körper ganz gut kennt und fühlt, kann die jeweilige Trainingsintensität auch anhand des eigenen Belastungsempfindens einschätzen. Mit Hilfe der RPE(= rating of perceived exertion)-Skala (siehe Tabelle 5.1) kann man den eigenen Eindrücken einen Wert zwischen 1 und 10 zuordnen. Der Wert 1 auf der RPE-Skala entspricht einer sehr, sehr geringen Belastung. Einer solchen Belastung kann man den ganzen Tag über standhalten, ohne sich in irgendeiner Weise erschöpft zu fühlen. Mir fällt da nur im Bett sitzen, fernsehen und Popcorn essen ein. 10 dagegen entspricht der Höchstbelastung, also eine Stunde lang volle Kanne bergauf laufen, bis man keinen Schritt weiter kann. Sie ahnen vielleicht schon, dass man ein Belastungsniveau irgendwo zwischen 1 und 10 anstreben sollte.

- ✔ Lifestyle-Walker sollten auf einen RPE-Wert zwischen 4 und 6 hinarbeiten.
- ✔ Fitness-Walker sollten einen RPE-Wert zwischen 6 und 8 anstreben.
- ✔ High-Energy-Walker sollten sich einen RPE-Wert zwischen 8 und 9,5 als Ziel setzen.
- ✔ Walk-Läufer sollten auf RPE-Werte zwischen 4 und 9,5 hin arbeiten, je nachdem, in welcher Trainingsphase sie sich befinden.

Maßzahl	Subjektive Einordnung der Belastung
0	keine
0,5	kaum messbar
1	sehr wenig
2	wenig
3	mäßig
4	etwas stärker
5	stark
6	
7	sehr stark
8	
9	
10	übermäßig stark

Tabelle 5.1: RPE-Skala

Der Sprechtest

Die einfachste Methode, den Grad der Trainingsintensität festzustellen, ist der Sprechtest. Sie müssen nur einfach laut zu sich selbst sprechen, dann merken Sie ganz schnell, wie viel Sie gerade leisten. (Jaja, die Walker, die Ihnen bisher zu sich selbst sprechend unterwegs begegnet sind, hatten nicht etwa ein Rad ab: Die wollten nur wissen, ob sie sich genug abverlangen.) Wenn Sie während des Walkens noch jodeln können, sind Sie unterfordert. Wenn Sie völlig außer Atem sind und an Sprechen nicht mal denken können, überfordern Sie sich. Hier sind einige Anhaltspunkte, nach denen Sie sich richten können:

- ✔ Lifestyle-Walker sollten sich bei hörbarem Atmen noch unterhalten können.
- ✔ Fitness-Walker sollten noch einige atemlose Sätze hin und her werfen können.
- ✔ High-Energy-Walker sollten in den hoch belastenden Trainingsphasen, abgesehen von einzelnen Wortfetzen, kaum ein Wort über die Lippen bringen können.
- ✔ Beim Walk-Lauf hängt die Sprechfähigkeit von der jeweiligen Belastungsphase ab.

Zeit

Die letzte Komponente der FIZ-Formel ist die Zeit, also die Dauer Ihrer Walkeinheiten. Wie lange Sie walken, hängt von vielen Faktoren ab:

- ✔ **Häufigkeit:** Sie können öfter walken oder dafür an drei oder vier Tagen in der Woche etwas länger. Gegen Variationen der FIZ-Formel je nach den persönlichen Bedürfnissen und Umständen ist nichts zu sagen, so lange Sie Ihren Zielen näher kommen und gesundheitlich davon profitieren.

- ✔ **Intensität:** Je intensiver Sie Ihre Trainingseinheiten gestalten, desto kürzer werden sie ausfallen. Niemand kann eine sehr hohe Trainingsleistung über lange Zeit aufrechterhalten. Wenn Sie allerdings eher gemächlich walken, sollte es Ihnen möglich sein, eine gute Stunde zu walken, ohne vor Erschöpfung aufgeben zu müssen.
- ✔ **Terminkalender:** Oft wird Ihnen vielleicht keine ganze Stunde für einen Walk zur Verfügung stehen. Wenn bei Ihnen Zeit der ausschlaggebende Faktor ist, wird sie die Länge Ihrer Trainingseinheiten bestimmen. Sie haben aber immer auch die Möglichkeit, die eine Stunde in drei kleine Portionen aufzuteilen und über den Tag zu verteilen.
- ✔ **Fitness:** Je fitter Sie sind, desto länger können Sie walken. Anfangs werden Sie vielleicht nach 20 Minuten schlapp machen. Wenn Sie aber erst mal eine Weile trainiert haben, werden Sie bald 45 Minuten schaffen, ohne müde zu werden.
- ✔ **Ziele:** Manchmal bestimmen auch Ihre Ziele, wie viel Zeit Sie in Walking investieren. Eine meiner Kundinnen trainiert für eine Trekking-Tour durch den Grand Canyon. Dafür walkt sie ein paar Mal in der Woche täglich mehrere Stunden. Andere Kunden beschränken sich auf schnelle 20-Minuten-Walks und machen dann mit Krafttraining oder Yoga weiter.

Aber sicher!

Jeder – Frauen, Männer, Junge und Ältere – muss bestimmte Vorsichtsmaßnahmen ergreifen, um sicher walken zu können, egal, ob er oder sie sich in einer verkehrsreichen Stadt, in Vororten oder in ländlichen Umgebungen bewegt. Zu einem gewissen Teil können Sicherheitsbelange von der Lebensart und dem Lebensumfeld des Einzelnen abhängen. Sind die Kinder erst mal in der Schule abgeliefert, kann eine viel beschäftigte Mutter schon mal einen Vormittagswalk dazwischen schieben, bevor sie weiter durch den Haushalt wuselt und Einkäufe macht. Ein Angestellter, der erst abends das Büro verlässt, kann vielleicht gerade noch nach dem Abendessen ein paar Mal um den Block walken. Beide sollten jedoch einige Vorsichtsmaßnahmen ergreifen, bevor sie die Nase aus der Tür stecken.

Eine meiner Freundinnen walkt an einigen Abenden in der Woche durch den Central Park. Obwohl die Zeitungen in den letzten Jahren immer wieder von Überfällen und Vergewaltigungen berichteten, zu denen es in diesem schönen, aber nicht ganz sicheren Park in New York City gekommen ist, besteht sie hartnäckig darauf, alleine loszuziehen. Wenn ich sie darauf anspreche, bekomme ich immer zu hören, dass Frauen jederzeit überall hin walken können sollten, denn sonst würde man den Kriminellen das Feld ja kampflos überlassen. Natürlich kann ich ihren Standpunkt durchaus verstehen, aber die traurige Wahrheit ist doch, dass Sport und Fitness nicht so wichtig sind, dass man sein Leben dafür riskieren müsste.

Wo und wann auch immer Sie walken, beachten Sie die folgenden Sicherheitsempfehlungen:

- **Walken Sie defensiv:** Legen Sie sich nicht mit Fahrzeugen an. Sie können nicht davon ausgehen, dass Autofahrer, Radfahrer, Skater oder andere Fußgänger Ihre Vorfahrtsrechte anerkennen. Gehen Sie nie davon aus, dass die anderen Sie schon sehen und vorlassen werden, auch dann nicht, wenn Sie mit dem Betreffenden Sichtkontakt hatten. Im Zweifelsfall sollten Sie immer Vorsicht walten lassen und auf eventuelle Vorrechte verzichten.
- **Walken Sie möglichst auf einem Fuß- oder Radweg oder in einem Bereich, der motorisierten Fahrzeugen versperrt ist.** Wenn Sie nicht in einer solch luxuriösen Umgebung leben, walken Sie immer am Straßenrand entgegen der Verkehrsrichtung. Ausnahmen sind unübersichtliche und enge Kurven. Dort sollten Sie vorsichtig auf die Seite wechseln, auf der Sie den Verkehr am besten übersehen können. Später wechseln Sie dann wieder auf die andere Seite.
- **Wenn Sie alleine walken, sollte immer jemand wissen, wo Sie unterwegs sind.** Ich sage immer jemandem, welche Strecke ich nehme und wie lange ich unterwegs sein werde. Nehmen Sie auch immer Ihren Ausweis und eventuelle Informationen für medizinische Notfälle mit. Das kann im Ernstfall lebenswichtig sein.
- **Walken Sie nicht alleine durch die Nacht, besonders nicht in abgelegenen Gegenden.** Wenn es sich dennoch nicht vermeiden lässt, treten Sie einer Walking-Gruppe bei. Es gibt keine in Ihrer Gegend? Gründen Sie einfach eine. Das gilt übrigens nicht nur für Frauen. Auch Männer, die nachts alleine durch die Gegend walken, sind gegen Überfälle nicht gefeit.
- **Wenn Sie im Dunkeln walken, tragen Sie möglichst helle Kleidung mit reflektierenden Streifen, damit Sie von anderen Verkehrsteilnehmern besser gesehen werden.** Dasselbe gilt bei nebligem oder regnerischem Wetter. Achten Sie möglichst darauf, dass Sie sich in gut beleuchteten Gegenden bewegen.
- **Walken Sie, wenn möglich, nicht jeden Tag zur selben Zeit dieselbe Strecke.**
- **Lassen Sie Ihren Walkman zu Hause.** So schön es auch sein kann, sich auf den Schwingen seiner Lieblingsmusik tragen zu lassen, so gefährlich ist es, auf das Ohr als Gefahrenmelder völlig zu verzichten. Darüber hinaus belegen Untersuchungen, dass man sich mit den kleinen Klangriesen, besonders bei hohen Lautstärken, Hörschäden zuziehen kann. Hören Sie Ihre Musik lieber im Fitness-Studio oder wenn Sie drinnen trainieren.

  Ich weiß natürlich, dass ich mit dieser Regel bei vielen auf taube Ohren stoßen werde. Wer also wirklich überhaupt nicht auf seinen Walk- oder Discman verzichten kann, der sollte die Lautstärke eher niedrig halten. Sehen Sie sich dafür öfter um und lassen Sie sich nicht so entrücken, dass Sie Ihre Umwelt nicht mehr wahrnehmen.

- **Seien Sie auf der Hut, wenn Sie an dichten Hecken, bewaldeten Gebieten, Eingängen und Höfen vorbei walken.** Vermeiden Sie möglichst solche Streckenabschnitte. (Natürlich kann man bei Wanderungen Waldgebieten kaum aus dem Weg gehen.) Es ist empfehlenswert, solche Strecken nur in Begleitung zu walken, egal, wie vertraut man mit der Strecke auch ist.
- **Tragen Sie keinen Schmuck und nehmen Sie auch keine größeren Geldsummen mit, wenn Sie walken.** Ein Euro in kleinen Münzen reicht immer, um im Notfall telefonieren zu können.

Experten empfehlen oft, Reizgassprays oder andere Selbstverteidigungs-Hilfsmittel mitzuführen. Das ist nur dann sinnvoll, wenn Sie die Anwendung solcher Hilfsmittel geübt haben. Ich habe einmal mit einem Selbstverteidigungsexperten zusammengearbeitet, der mir empfahl, ein großes Messer mitzunehmen, wenn ich alleine im Freien trainiere. Er hat mir sogar eins geschenkt und mir gezeigt, wie man damit umgeht. Ich konnte mich allerdings nie so richtig damit anfreunden, weil ich Bedenken habe, im Ernstfall die Nerven zu verlieren. Dann könnte ein Angreifer das Messer leicht in seine Hände bekommen und gegen mich verwenden. Und wer stellt schon gern selbst die Waffen zur Verfügung, mit denen er dann bedroht wird? Also habe ich das Messer sicher verstaut statt es zu benutzen. Ich kenne aber viele Walker, die immer etwas zur Selbstverteidigung dabei haben. Ein guter Kompromiss ist eine laute Trillerpfeife. Damit zieht man die Aufmerksamkeit auf sich und schreckt einen Angreifer möglicherweise ab, ohne die Situation durch Waffen noch zuzuspitzen.

- **Wenn Sie sich auf Grund Ihres Alters, Ihres Geschlechts oder der Umgebung, in der Sie sich bewegen, unsicher und gefährdet fühlen, und auch niemanden finden können, der Sie begleitet, ist vielleicht die Fußgängerzone, ein großes Einkaufszentrum oder ein Fitness-Studio eine Alternative.** Natürlich walken die meisten lieber in der freien Natur, aber wenn das immer mit Angst verbunden ist, macht es keinen Spaß.

Alle Wetter!

Der jeweilige Stand des Thermometers kann Ihre Befindlichkeit während des Walkens schon beeinflussen. Ich zum Beispiel sehe an heißen Sommertagen schnell aus wie ein verwelkter Blumenstrauß. Deshalb sieht man mich im Sommer eher in der Halle trainieren als draußen, wo die meisten anderen in der warmen Sonne schwitzen. Aber wenn die ersten Schneeflocken fallen, habe ich schon die Schuhe an und bin draußen, bevor die erste Flocke den Boden erreicht. Nur wenn sehr schnell sehr viel Schnee fällt, warte ich, bis der Schneepflug durch ist.

Den Elementen zu trotzen, kann ein befriedigendes Erlebnis sein, ein Beweis dafür, dass man sich von den Widrigkeiten der Natur nicht so leicht unterkriegen lässt. Schon oft war ich bei strömendem Regen auf der Piste und war stolz auf meine Leistung, auch wenn ich bis auf die

Knochen nass war. (Einmal war ich sogar bei einem Gewitter mit meinem Hund unterwegs, aber er hat mich später davon überzeugt, dass das eine Nummer zu verrückt war.)

Lassen Sie sich jedenfalls nicht von kleinen Wetterwidrigkeiten von Ihren geplanten Walkingeinheiten abbringen. Sie wissen ja: Es gibt kein schlechtes Wetter, es gibt nur unpassende Kleidung. Solange Sie sich dem Wetter entsprechend anziehen und verhalten, können Sie unter fast allen Umständen sicher und komfortabel trainieren.

Coole Tipps für heiße Tage

Von allen Wettern, denen Sie über den Weg laufen können, ist Hitze kombiniert mit hoher Luftfeuchtigkeit wohl am gefährlichsten. An einem solchen schwülheißen Tag ist man schnell überhitzt und dehydriert, besonders, wenn man erst auf dem Weg zu einer besseren Fitness ist.

Einen Rat sollten Sie in jedem Fall beherzigen, wenn Sie an heißen Tagen walken: Trinken Sie eimerweise Wasser! Ihr Körper kann nur halb so viel Wasser absorbieren, wie Sie beim Sport herausschwitzen. Trinken Sie also oft und hemmungslos. Sie haben sicher schon gehört, dass man etwa zwei Liter Wasser am Tag trinken soll. Wenn Sie bei heißem Wetter walken, sollten Sie eher 2½ Liter trinken. Vergessen Sie das mit den Salztabletten. Im Allgemeinen nehmen wir genug Salz über die Nahrung auf – auch diejenigen, die schwitzen wie die Schweine.

Nehmen Sie immer eine Wasserflasche oder einen anderen Flüssigkeitsbehälter mit. Trinken Sie, wann immer Sie Durst verspüren, besser noch, bevor Sie Durst verspüren. Trinken Sie nach dem Training weiter, auch wenn Sie keinen Durst haben, damit Ihr Körper seinen Wassergehalt aufrechterhalten kann. Ich fülle meine Wasserflasche gerne zur Hälfte mit Eiswürfeln und fülle dann mit Wasser oder einem isotonischen Getränk auf. So haben ich immer etwas Kaltes und Erfrischendes zu trinken.

Tragen Sie beim Walken Kleidung aus CoolMax- oder Supplex-Fasern, die die Feuchtigkeit vom Körper wegleiten. Der Schweiß kann so schneller verdunsten und Sie fühlen sich wohler in Ihrer Haut. Sportkleidung aus dieser Art finden Sie im Sport-Fachhandel und in großen Einkaufszentren. Helle Farben sind im Sommer besser, weil sie mehr Licht reflektieren und deshalb besser kühlen. Ich persönlich stehe auf Synthetik Mesh, weil zum einen die Feuchtigkeit durch die Löcher besser entweichen und die Luft von außen besser an die Haut gelangen kann. Mit einem solchen T-Shirt walkt es sich in der Tat kühler als mit nacktem Oberkörper.

Sonnenschutz ist absolute Pflicht, damit Sie keinen Sonnenbrand bekommen. Es gibt viele gut Sonnencremes auf dem Markt, auch solche, die speziell für schweißtreibende Sportarten entwickelt wurden. Ich verwende No-Name-Produkte aus der Drogerie, weil diese preiswert sind und mich genau so gut schützen wie die teureren Markenprodukte. Um auch Kopf und Augen zu schützen, sollten Sie auch auf eine Kappe und eine Sonnenbrille nicht verzichten.

Temperatur-Feuchtigkeits-Index (TFI)

Die gefühlte Temperatur zeigt an, wie warm die Kombination von Hitze und Luftfeuchtigkeit empfunden wird. Wenn Temperatur und Feuchtigkeit sich so zueinander verhalten, dass weniger Schweiß verdunsten kann, wird Sport im Freien gefährlich, selbst für gut trainierte Sportler. Die folgende Grafik zeigt den Temperatur-Feuchtigkeits-Index basierend auf der gefühlten Temperatur.

Höchste Gefahr | **Gefahr** | **Höchste Vorsicht** | **Vorsicht**

Gefühlte Temperatur

je nach Kombination von Temperatur und Luftfeuchtigkeit

Lufttemperatur in °Celsius / Relative Luftfeuchtigkeit in Prozent	0	5	10	15	20	25	30	35	40	45	50	55	60	65	70	75	80	85	90	95	100
60	52																				
57	49	53																			
54	47	50	55																		
52	44	47	51	55	61																
49	42	44	47	51	54	59	64														
46	39	42	44	47	49	53	57	62	66												
43	37	39	41	42	44	47	51	54	58	62	66										
41	35	36	38	39	41	43	45	48	51	54	57	61	65								
38	33	34	35	36	37	38	40	42	43	46	48	49	52	56	59						
35	31	31	32	33	34	34	36	37	38	40	42	43	46	48	51	54	62				
32	28	29	29	30	31	31	32	33	34	35	36	37	38	41	41	43	45	47	50		
29	26	26	27	27	28	28	29	29	30	30	31	32	32	33	34	35	36	37	39	41	42
27	23	23	24	24	25	25	26	26	26	27	27	27	28	28	29	30	30	31	31	32	33
24	21	21	21	22	22	22	23	23	23	23	24	24	24	24	25	25	26	26	26	26	27
21	18	18	18	18	19	19	19	19	20	20	21	21	21	21	21	21	22	22	22	22	22

Quelle: National Oceanic and Atmospheric Administration

Wenn die Hitze zuschlägt, sollten Sie sich beim Walktempo und der Streckenlänge ein wenig zurückhalten. Ihr Körper hat schon alle Hände voll mit der Abkühlung zu tun. Wenn Sie es dennoch übertreiben, kann das folgende ernste Konsequenzen haben:

- ✔ **Hitzekrämpfe:** Ein oder mehrere Muskeln, oft sind es die Waden, quittieren den Dienst und verkrampfen. Oft ist diese das erste Anzeichen dafür, dass Ihr Körper mit der Hitze Probleme hat. Nehmen Sie diese Warnung nicht ernst, lassen weitere Probleme nicht lange auf sich warten. Wenn Sie Hitzekrämpfe erleiden, halten Sie an und begeben Sie sich möglichst in den Schatten. Streichen Sie den betroffenen Muskel sanft aus, dehnen Sie ihn vorsichtig und kühlen Sie mit Eis, falls Sie etwas zur Hand haben.

- **Schwächeanfall:** Ein solcher Zustand ist gekennzeichnet durch Schweißausbrüche, kalte und feuchte Haut und einen fliegenden, schwachen Puls. Mögliche Symptome sind auch Blässe, Übelkeit und Schwindel. Im Extremfall kann man auch das Bewusstsein verlieren. Wenn Sie solche Symptome bei sich feststellen, begeben Sie sich unverzüglich in den Schatten. Legen Sie sich hin und legen Sie die Füße etwa 30 bis 40 Zentimeter hoch. Trinken Sie viel und überwachen Sie Ihren Puls. Suchen Sie sobald wie möglich einen Arzt auf.
- **Hitzschlag:** Das ist der Supergau unter den Hitzeproblemen. Man hört auf zu schwitzen und die Haut fühlt sich heiß und trocken an. Die Haut ist gerötet (bei dunkelhäutigen Menschen aschefarben). Der Puls ist kräftig und schnell und der Atem schwer. Wenn Sie diese Symptome zeigen, müssen Sie möglichst schnell zum Arzt. Ziehen Sie überflüssige Kleidungsstücke aus, ohne sich der direkten Sonneneinstrahlung auszusetzen, und kühlen Sie sich möglichst schnell ab. Nutzen Sie dazu jede sich bietende Möglichkeit – Wasser, einen Ventilator, eine Klimaanlage, Eis oder Kühlakkus. Wickeln Sie sich auf dem Weg zum Arzt oder ins Krankenhaus in nasse Tücher.

Solche schwerwiegenden Hitzeprobleme kann man vermeiden, wenn man sich nicht zu viel abverlangt. Lassen Sie Ihrem Körper die Chance, sich etwa eine Woche lang an die wärmere Witterung zu gewöhnen. Wenn die erste Hitzewelle über das Land schwappt, lassen Sie es langsam angehen und tasten Sie sich langsam an Ihre gewohnte Leistungsebene heran.

Heiße Tipps für coole Tage

Vor ein paar Jahren erschien ich im Februar zu einem Marathon hoch im Staate New York in einem T-Shirt und Nylon-Shorts. Am Start schien die Sonne. Das Thermometer zeigte 10° Celsius bei leichtem Wind. Nach etwa 25 Kilometern zogen dicke Wolken auf, und bei Kilometer 32 liefen wir durch einen ausgewachsenen Schneesturm. Weil man die Hand vor Augen nicht sah, übersah ich eine Streckenmarkierung und lief gut drei Kilometer in die Irre, bevor mich ein Helfer fand und wieder auf den rechten Weg brachte. Mit klappernden Zähnen und halberfroren rettete ich mich über die Ziellinie.

Das sind die Gefahren, die im Winter auf Läufer und Walker lauern. Trotzdem schlagen sich viele lieber mit ein bisschen Schnee und kaltem Wind herum, als sich bis zum Frühling in vollen Fitness-Studios oder schlecht belüfteten Kellern abzumühen. Wenn man sich darauf einstellt (was ich damals nicht getan habe), muss ein Walk durch die Winterlandschaft nicht zum qualvollen Erlebnis werden.

Wenn Sie auch im Winter draußen walken wollen, gebe ich Ihnen einen heißen Tipp: Ziehen Sie so wenig wie möglich an. Nein, nein, nicht nur Unterwäsche. Nur so viel wie nötig ist, um sich auch in voller Bewegung noch wohl zu fühlen. Die Kleidung sollte dabei möglichst viel Körperfläche bedecken und vor den drei Tücken des Winters schützen: Kälte, Wind und Niederschlag. Anstatt sich in ein oder *up ...*

zwei Teile aus dickem, gefüttertem Stoff zu hüllen, sollten Sie besser drei dünne Lagen tragen. Hier sind meine Vorschläge:

- ✔ Die innere Lage sollte aus Polypropylen oder Olefin bestehen. Diese Materialien leiten Feuchtigkeit besser von der Haut weg als Naturfasern, wie Baumwolle und Wolle, die durch den Schweiß eher feucht und klamm werden.
- ✔ Die zweite Lage ist die isolierende Schicht. Ein weiter, leichter Pullover, ein Sweatshirt oder ein langärmliges T-Shirt hält die Körperwärme in einem Luftpolster fest und lässt Ihnen Bewegungsfreiheit. Für diese Schicht ist Gore-Tex eine gute Wahl, aber auch gegen Naturfasern ist nichts einzuwenden.
- ✔ Gegen Wind, Regen und Schnee schützen Sie sich am besten mit einer leichten, leicht zu öffnenden Jacke. Achten Sie darauf, dass das Material wasserdicht und atmungsaktiv ist, damit der Winter nicht herein und der Schweiß heraus kann. Gore-Tex und andere Synthetiks schneiden hier am besten ab.
- ✔ Sobald Ihnen zu warm wird, öffnen Sie den Reißverschluss Ihrer Jacke oder ziehen Sie sie aus, damit überschüssige Wärme abfließen und die Luft zirkulieren kann.
- ✔ Halten Sie Ihre Beine bedeckt, ohne dabei zu übertreiben. Beim Walken werden die Beine äußerst großzügig mit Blut versorgt, und der Stoffwechsel wird dort immens angeregt. Thermounterwäsche und Tights reichen eigentlich immer aus.
- ✔ Die Hauptangriffsflächen für den Frost sind die Hände und der Kopf. Mütze und Fausthandschuhe (die halten meist wärmer als Fingerhandschuhe) sind daher immer angeraten. Wenn der Wind bläst, können Sie einen Gesichtsschutz oder ein Halstuch dazu nehmen. Und denken Sie nicht, nur weil es kalt ist, brauchen Sie keine Sonnencreme: Wind und die vom Schnee reflektierte Sonne verbrennen Ihre Haut genau so schnell wie ein Sonnenbad am Strand.

Die richtige Mischung haben Sie dann gefunden, wenn Sie beim ersten Schritt zur Tür hinaus noch ein wenig frösteln und sich nach zehn Minuten richtig wohl fühlen.

Es ist immer eine gute Idee, sich vor dem Gang durch die Natur noch einmal kurz den aktuellen Wetterbericht zu Gemüte zu führen. Im Winter kann sich das Wetter schnell dramatisch verändern. Aber wenn Sie diese Grundregeln beachten, werden Sie ohne Frostbeulen oder Unterkühlungen gut über den Winter kommen.

Eis und Schnee tun manchmal weh

Man kann nie wissen, was sich unter einer Schneedecke verbirgt. Auch wenn man die vor einem liegende Strecke aufmerksam beobachtet, kann man schon einmal von einem Schlagloch oder einer kleinen Eisplatte überrascht werden. Besonders vereiste Steigungen sind gefährlich. Ich kann mich an einen besonders heiklen Winter erinnern, als der harte Kern der Läufer und Walker bei eisglatten Straßen den Fußweg der Brooklyn Bridge auf allen Vieren hinaufkrabbelte, um am anderen Ende hinunterzuschlittern.

Die mangelnde Festigkeit des Untergrunds auf Schnee, Schneematsch und Eis erhöhen natürlich die Verletzungsgefahr. Da hat man sich bei dem Versuch, das Gleichgewicht zu halten, schnell mal den Fuß verstaucht oder das Knie verdreht. Schneeverwehungen und nicht geräumte Wege verlangen Ihnen zusätzliche Anstrengungen ab. Machen Sie am besten kürzere und schnellere Schritte und halten Sie die Arme zur Verbesserung der Balance ein wenig weiter vom Körper weg. Wo immer das möglich ist, sollten Sie viel benutzte Wege wählen, wo der Schnee schon plattgetreten ist und man sehen kann, wo man hintritt.

Wenn der Untergrund nicht der sicherste ist, sollten Sie nicht gerade einen neuen Streckenrekord anstreben. Legen Sie lieber die Walkdauer fest als die Streckenlänge. Sie werden mehr Kraft dafür aufwenden müssen, auf Eis und Schnee das Gleichgewicht zu halten, und deshalb schneller ermüden. Gehen Sie deshalb nicht davon aus, dass Sie Ihre gewohnte Strecke schaffen. Besondere Trainingseinheiten, wie Belastungsintervalle, Geschwindigkeit und Steigungen können Sie auch für das Fitness-Studio oder die Sporthalle aufheben.

Informieren Sie jemanden darüber, wann Sie loswalken und wie lange Sie unterwegs sein werden. Bleiben Sie auf vertrautem Terrain und wählen Sie die Strecke möglichst so, dass Sie ein paar sichere Anlaufpunkte haben, etwa ein Geschäft, eine Tankstelle oder das Haus von Bekannten. Manchmal ist es sicherer, mehrmals ein kleinere Schleife zu laufen, als bis zu einem bestimmten Punkt und dann wieder zurück. Bei Schleifen sind Sie praktisch immer auf dem Heimweg.

Wenn aber draußen ein einziges Schneegestöber oder eisige Temperaturen herrschen, sollte man seine Niederlage eingestehen und zu Hause bleiben. Wo da die Grenze liegt, bleibt jedem selbst überlassen. (Ich kenne Leute, die schon bei 10° Celsius das starke Bedürfnis nach einem Dach über dem Kopf haben. Andere dagegen würden auch bei Minustemperaturen im Freien schlafen, wenn ihre Partner sie ließen.) Walken Sie doch bei eisiger Kälte lieber im Fitness-Studio auf dem Laufband oder machen Sie andere Ausdauerübungen. Die Wind-Temperatur-Tabelle weiter hinten in diesem Kapitel kann Ihnen bei der Entscheidung eine Hilfe sein.

Singin' - and walkin' - in the rain

Ob und wie viel Regen Sie abkönnen, hängt von Ihren persönlichen Vorlieben ab. Ich trainiere gern im Regen, aber eine Freundin schwört Stein und Bein, dass sie sich schon bei einem einzigen Tropfen auf ihrer Haut auflöst wie die böse Hexe des Westens. Natürlich kommt es auch darauf an, wie warm oder kalt es ist. Im Sommer ist ein kleiner Schauer eine willkommene Abkühlung, während ein kalter Regen mitten im Winter einem schon jegliche Freude am Walken nehmen kann.

Gewöhnlich bieten eine wasserdichte Jacke und Hose ausreichenden Schutz vor Regen. Wasserdicht, wohlgemerkt, nicht nur wasserabweisend. Sie können mir glauben, das ist ein großer Unterschied. Am besten ist Regenkleidung, die Feuchtigkeit von innen entweichen lässt und Feuchtigkeit von außen abblockt. Ich persönlich bin in dieser Hinsicht ein großer Fan von Gore-Tex.

Regen ist an und für sich ungefährlich. Etwas anderes sind Gewitter. Walken Sie um Himmels willen nicht bei Gewitter, besonders nicht auf offener Straße oder freiem Feld, wo Sie der einzige Blitzableiter weit und breit sind. Ich bin einmal in einem Gewitter ein Rennen gelaufen. Ich kann Ihnen sagen, da ist mir das Herz in die Hose gerutscht. Obwohl ich nass war bis auf die Knochen, standen meine Haare zu Berge, als sich ganz in der Nähe die elektrische Spannung erhöhte und ein Blitz einschlug. Wenn ich heute daran denke, ärgere ich mich darüber, dass ich mein Leben dafür aufs Spiel gesetzt habe, ein blödes Rennen zu Ende zu bringen. Zum Glück ist keinem der Rennteilnehmer etwas passiert.

Das Beste, was man bei Gewitter tun kann, ist, zu Hause zu bleiben. Wenn Sie merken, dass ein Gewitter im Anzug ist, begeben Sie sich so schnell wie möglich nach drinnen. Suchen Sie sich einen Unterschlupf und bleiben Sie nicht auf offenen Flächen stehen, wo Sie das bevorzugte Ziel eines Blitzes wären. Wenn Sie querfeldein oder auf Wanderwegen walken, meiden Sie hoch gelegene Punkte wie Gipfel oder Grate. Hocken Sie sich hin und berühren Sie den Boden nur mit den Füßen, um die Kontaktflächen zu minimieren, durch die Elektrizität weitergeleitet werden kann. Wenn möglich, hocken Sie sich auf einen isolierenden Untergrund, etwa ein Seil oder Tuch; halten Sie Abstand von jeglichem Metall. Legen Sie alles ab, was Metallteile hat, wie Rucksäcke oder Gürtel.

Hier ist ein nützlicher Tipp für den Fall, dass Sie von einem Gewitter überrascht werden: Zählen Sie die Sekunden, die zwischen einem Blitz und dem nachfolgenden Donnerschlag verstreichen. Teilen Sie das Ergebnis durch drei, dann wissen Sie ungefähr, wie viele Kilometer das Gewitter von Ihnen entfernt ist. Sie können dann abschätzen, wie viel Zeit Ihnen bleibt, einen sicheren Unterschlupf zu finden.

Wenn Regen und Dreck zusammentreffen, entsteht Schlamm. Während einer längeren Regenperiode entsteht eine Menge Schlamm. Über Schlamm kann ich beim besten Willen nichts Positives sagen. Er verdreckt die Kleidung, versaut die Walkingschuhe und sorgt dafür, dass man herumrutscht wie einer, der zum ersten Mal auf Schlittschuhen steht. Da kann ich nur eins sagen: Gehen Sie dem Schlamm auf jeden Fall aus dem Weg.

Gegen den Wind

Von allen Tricks, die Mutter Natur in der Hinterhand hat, geht mir der Wind am meisten auf die Nerven. Er bremst, man fühlt sich lahm, man muss sich mehr anstrengen. Schon ein leichter Gegenwind von 12 bis 16 km/h kann das Fortkommen merklich behindern.

Gegen Wind kann man nicht allzu viel tun. Sie können eine Windjacke tragen und die Armbewegungen etwas intensivieren, aber das hilft auch nicht viel. Am besten betrachten Sie den Wind einfach als einen Wetterfaktor wie Schnee und trockenen Sand, der einfach immer bremst, es sei denn, er kommt von hinten. Ich empfehle Ihnen, Sonnencreme aufzutragen, um dem Windbrand entgegenzuwirken, und eine Sonnenbrille, um Ihre Augen vor aufwirbelndem Sand zu schützen.

Wenn der Wind über die Haut weht, wird die isolierende Schicht warmer Luftmoleküle weggefegt und durch kalte Luftmoleküle ersetzt. Je heftiger also der Wind bläst, desto mehr Wärme verliert der Körper und desto mehr Kälte fühlt man. Starker Wind und niedrige Temperaturen bewirken, dass die gefühlte Temperatur geringer als die gemessene Temperatur ist. Man nennt dies den *Windkältefaktor* oder auch *Windchillfaktor*.

Tabelle 5.2 zeigt, wie Windgeschwindigkeit und Temperatur den Wert des Windkältefaktors beeinflussen. Lesen Sie die Windgeschwindigkeit in der oberen Tabellenzeile und die Temperatur in der linken Spalte ab. Wo die beiden Linien sich treffen, finden Sie die entsprechende *gefühlte Temperatur*.

Temperatur in °C	Windgeschwindigkeit in km/h					
	8	**16**	**24**	**32**	**40**	**48**
4	3	-2	-5	-7	-9	-11
2	0	-6	-9	-11	-13	-14
-1	-3	-9	-13	-16	-17-	-19
-4	-6	-12	-17	-19	-22	-23
-7	-9	-16	-21	-23	-26	-28
-9	-12	-19	-24	-27	-30	-32
-12	-14	-23	-28	-31	-34	-36
-15	-18	-26	-32	-35	-38	-42
-18	-21	-30	-35	-39	-42	-45
-21	-23	-33	-39	-43	-46	-51
-23	-26	-37	-43	-46	-51	-53
-26	-29	-40	-46	-51	-54	-57
-29	-32	-43	-50	-55	-59	-62

Tabelle 5.2: Der Windkältefaktor

Anhand des Windkältefaktors können Sie feststellen, ob es gesund ist, die Nase aus der Tür zu stecken:

- ✔ Bei einem Windkältefaktor von -59 oder kälter sind die Außenbedingungen gefährlich, auch wenn Sie sich nur kurz nach draußen begeben.
- ✔ Bei einem Windkältefaktor von -32 oder kälter erfriert ungeschützte Haut innerhalb einer Minute.
- ✔ Bei einem Windkältefaktor von -31 oder wärmer können Sie trainieren, wenn Sie sich entsprechend kleiden.

Teil II

Grundtraining

In diesem Teil ...

erfahren Sie mehr über die verschiedenen Leistungsstufen beim Walking. Ich präsentiere auch einige Beispiele, was und wie man auf jeder der Stufen trainieren kann. Anfangen möchte ich mit einigen Bemerkungen zum Aufwärmen und zum Entspannen. Die darauf folgenden Kapitel widmen sich den einzelnen Leistungsstufen. Kapitel 7 beschäftigt sich mit dem Lifestyle-Walking, das Einsteigern nur ein geringes Maß an Technik und Energie abverlangt. In Kapitel 8 geht es um das Fitness-Walking, mit dem sich die meisten Walker in Form bringen. Hier steht die Kalorienverbrennung und die Verbesserung der Muskelspannung im Vordergrund. High-Energy-Walking ist eine sehr intensive Art zu walken und steht im Blickpunkt von Kapitel 9. Hier wird jeder Muskel in Anspruch genommen. Kapitel 10 schließlich beleuchtet den Walk-Lauf und sagt Ihnen, was daran so gut ist, wenn man mit der Kombination von Walken und Laufen bei geringem Verletzungsrisiko einen hohen Fitnessgrad erreichen will.

Aufwärmen und Entspannen

6

In diesem Kapitel

- Verstehen Sie, warum Sie sich vor dem Walken aufwärmen müssen
- Erfahren Sie, wie man sich am besten warm macht
- Vermeiden Sie Verletzungen, indem Sie entspannen
- Dehnen Sie sich, wann immer es nötig ist

Wahrscheinlich sind Sie, wie die meisten von uns, ein viel beschäftigter Mensch mit vollem Terminkalender. Walken macht Ihnen Spaß, aber es bedarf auch einiger Anstrengungen, sich die Zeit dafür freizuschaufeln. Vielleicht sind Sie deshalb immer versucht, das Aufwärmen vor und das Entspannen nach dem Walken wegzulassen. Ich mache Ihnen einen Vorschlag: Nennen Sie das Ganze einfach *Warm-up* und *Cool-down* – klingt doch gleich viel wichtiger. Da müssen all die anderen Dinge, die auch noch dringend erledigt werden müssen, eben hintenanstehen. »Machst du die Wäsche, Schatz, ich muss noch zum Cool-down« klingt doch überzeugend, oder?

In diesem Kapitel werde ich Ihnen klar machen, warum es so wichtig ist, langsam in eine Walkingeinheit ein- und ebenso langsam wieder auszusteigen. Sie werden auch erfahren, was zum guten Aufwärmen und Entspannen gehört.

Aufgewärmte Weisheiten

Haben Sie schon einmal an einem richtig kalten Wintermorgen versucht, Ihr Auto anzulassen? Unwillig dreht sich der Anlasser, bis der Motor unter Protest anspringt, der erste Gang lässt sich kaum einlegen, und am Lenkrad drehen – eine Zumutung für die Querlenker. Wenn Sie jetzt gleich losfahren, geht das nur mit Stottern und sehr träge. Genau so geht es Ihrem Körper, wenn Sie ohne Übergang aus einer Ruhephase gleich in die Vollen gehen wollen.

Beim Warm-up geht es buchstäblich darum, den ganzen Körper warm zu machen. Wenn die Körpertemperatur langsam steigt, nimmt auch die Blutzirkulation in den beanspruchten Muskeln zu. Die Muskulatur, die Gelenke, die Bänder und Sehnen werden elastischer, so dass Sie sich freier und leichter bewegen können. Wer seinen Körper gut aufwärmt, senkt sein Verletzungsrisiko erheblich. Darüber hinaus werden auch Körper und Geist in Einklang gebracht und können dann an einem Strang ziehen, wenn Sie in Ihre eigentliche Trainingseinheit einsteigen wollen.

Jeder, der Ahnung davon hat, betont, dass das Warm-up am Anfang jeder sportlichen Betätigung stehen sollte, auch bei Basissportarten wie Walking oder Laufen. Die Experten empfehlen, sich vor einer Trainingseinheit etwa fünf bis zehn Minuten aufzuwärmen, indem man die Bein-, Gesäß- und Rumpfmuskeln langsam und wiederholt bewegt.

Perfektes Warm-up

Ein Warm-up ist eigentlich eine ganz einfache Sache. Es reicht im Prinzip schon aus, wenn Sie fünf bis zehn Minuten langsam und gemächlich walken, bevor Sie auf Ihr eigentliches Walkingtempo beschleunigen. Ich rate meinen Kunden immer, zum Aufwärmen das Tempo so langsam zu wählen, dass sie fast über die eigenen Füße stolpern.

Wenn Ihnen das nicht behagt und Sie sich lieber auf andere Art aufwärmen wollen, können Sie auch fünf bis zehn Minuten gemütlich auf einem Heimtrainer radeln oder genauso lange auf der Stelle gehen. Was immer Sie auch machen, machen Sie es langsam, entspannt und rhythmisch und bewegen Sie dabei die Hüft-, Gesäß- und Oberschenkelmuskeln, denn das sind die Muskeln, die Sie beim Walking hauptsächlich beanspruchen.

Ich bereite mich während des Warm-ups auch mental auf die Trainingseinheit vor. Dabei versuche ich, die tausend kleinen Dinge des Alltags in den Hintergrund zu schieben und mich auf das zu konzentrieren, was unmittelbar vor mir liegt. Was will ich bei dieser Trainingseinheit erreichen? Was sagt mir mein Körper? Kann ich heute schaffen, was ich geplant habe, oder muss ich Änderungen vornehmen?

Anfänger sollten in den ersten Wochen die ganzen zehn Minuten für das Warm-up aufwenden. Herz, Lungen, Muskeln und Blutgefäße haben dann Zeit genug, Ihren Kreislauf in Schwung zu bringen. Meine neuen Walking-Kunden berichten mir immer, dass sie sich nach zehn Minuten Warm-up besser fühlen, weiter und schneller walken können und nach dem Training nicht so erschöpft sind.

Wenn Sie besser in Form sind, können Sie das Warm-up langsam bis auf fünf Minuten herunterfahren. Aber lassen Sie es nicht ganz weg. Sie haben sonst nicht die Chance, Ihr Verletzungsrisiko zu senken, Ihre Muskulatur auf das Walken vorzubereiten und sich auch mental auf das Training einzustimmen.

Stretching – jetzt bitte nicht!

Aus irgendeinem Grund denken viele Leute, mit Stretching könne man sich prima aufwärmen. Es ist schwer verständlich, warum dieser Mythos sich so hartnäckig hält, denn Stretching ist allenfalls *nach* dem Training angesagt, nicht vorher.

Es ist keine gute Idee, vor Trainingsbeginn Stretchingübungen zu machen. Denn vor dem Warm-up sind die Muskeln noch kalt und unflexibel. Die Wahrscheinlichkeit, dass Sie sich beim Stretchen eine Zerrung, Dehnung oder gar einen Muskelfaserriss zuziehen, ist deshalb relativ hoch.

Wenn Sie unbedingt vor dem Training ein Stretching haben müssen, dann machen Sie es nach dem Warm-up und legen dann erst richtig los. Oder aber Sie entscheiden sich für aktives Stretching, eine Technik, die Anspannung und Streckung kombiniert und den Körper aufwärmt, die Durchblutung fördert und die Muskeln lockert. Auf diese Technik gehe ich in Kapitel 12 genauer ein.

Ausklang

Genauso langsam, wie Sie sich auf das Training einstimmen, sollten Sie es auch ausklingen lassen. Die Entspannung – also das Cool-down – ist ebenso wichtig wie das Warm-up und bewirkt das Gegenteil: Der Körper hat Zeit, abzukühlen und die Blutzirkulation zu normalisieren. Darüber hinaus können Sie ein Resümee ziehen, sich Ziele für die nächste Einheit setzen und sich mental von dieser Einheit verabschieden.

Die Experten empfehlen, jede Trainingseinheit mit einem Cool-down von fünf bis zehn Minuten Dauer abzuschließen. Dem kann ich nur zustimmen.

Anfänger sollten die kompletten zehn Minuten für das Cool-down nutzen. Wenn Sie erst einmal besser in Form sind, kommen Sie wahrscheinlich mit fünf Minuten aus.

Perfektes Cool-down

Das Cool-down ist im Prinzip ein Spiegelbild der Aufwärmphase. Sie können also fünf bis zehn Minuten langsam walken oder sich anders gemächlich bewegen. Jetzt ist auch Zeit für ein wenig Stretching. Wenn Ihr Körper ein wenig abgekühlt ist und sich erholt hat, sind die Muskeln warm und sehr empfänglich für Dehnübungen. Das Risiko, sich zu zerren oder zu überdehnen, ist deshalb weitaus geringer als vor dem Training. Wenn Sie gewöhnlich sehr angespannt sind, ist es sicher besser, Stretchübungen an das Ende der Trainingseinheit zu verlegen.

Noch ein Wort zum Stretching

Komischerweise verschwinden oft dieselben Leute, die vor dem Training Stretchübungen machen, nach dem Training gleich unter der Dusche, ohne sich die Zeit für das Stretching nach der Belastung zu nehmen. Ich habe ja nicht gesagt, Stretching sei nicht zu empfehlen. Ich habe gesagt, Stretching sei *vor dem Training* nicht zu empfehlen.

Stretching hält den Körper beweglich und trägt dazu bei, dass Sie Ihre Gelenke leicht und in hohem Maße bewegen können. Ich werde darauf in Kapitel 12 näher eingehen. Wenn Sie Ihre Beweglichkeit vernachlässigen, werden Ihre Sehnen (die Bänder, die Muskeln und Knochen verbinden) kürzer und verlieren an Elastizität. Das kann dazu führen, dass Ihre Bewegungsabläufe nicht mehr so fließend vonstatten gehen. Sie können nicht mehr so gerade stehen, Ihr Gang wird steif und Ihre Schritte kürzer. Wenn Sie aber nach jeder Trainingseinheit den ganzen Körper strecken und dehnen, fördert das Ihre Beweglichkeit nachhaltig.

Beweglichkeit ist ein Schlüssel zu einer guten Walkinghaltung. Wenn Ihre Nackenmuskeln kurz und angespannt sind, wird Ihr Kopf nach vorne geschoben. Verkrampfte Schulter- und Brustmuskeln führen zu nach innen gerundeten Schultern, was wiederum die Atmung und die Armbewegung behindert. Sind die unteren Rücken-, die hinteren Oberschenkel- und die Hüftmuskeln zu fest, begünstigt das eine ungesunde Rückenhaltung, die, besonders bei schnellerer Gangart, zu Rückenschmerzen führen kann. Wenn Sie sich aber beweglich halten, können Sie sich eleganter, freier und flüssiger bewegen und damit viele Schmerzen und Wehwehchen vermeiden.

Stretching kann außerdem dazu beitragen, das muskuläre Gleichgewicht herzustellen. Viele Menschen haben beispielsweise starke vordere Oberschenkelmuskeln, während die hinteren schwach und verspannt sind. Die starken vorderen Oberschenkelmuskeln werden nun mehr in Anspruch genommen. Das wiederum führt zu Veränderungen im Bewegungsablauf, die zunächst wahrscheinlich gar nicht groß auffallen – Ihr Walkingschritt ist vielleicht nicht so lang oder Sie heben zu stark vom Boden ab. Ein solches Ungleichgewicht kann sehr wohl zu Verletzungen, etwa Muskelzerrungen führen. In jedem Fall begünstigt es einen unnatürlichen Bewegungsablauf, der unter Umständen auch zu Verletzungen führen kann.

Eignen Sie sich das Stretchingprogramm an, das ich in Kapitel 12 im Detail vorstelle, und führen Sie es regelmäßig durch. Es ist speziell für Walker konzipiert. Wenn Sie das Programm ein paar Mal durchlaufen haben, können Sie die Übungen auswendig und brauchen nur noch etwa fünf Minuten dafür. Fünf Minuten, die Ihnen ermöglichen, besser, schneller und angenehmer zu walken.

Lifestyle-Walking

7

In diesem Kapitel

- Lernen Sie den typischen Lifestyle-Walker kennen
- Erfahren Sie, wie man an das Lifestyle-Walking herangeht
- Arbeiten Sie an Ihrer Form
- Wählen Sie ein Lifestyle-Walkingprogramm
- Steigen Sie auf die nächste Walkingstufe
- Verbrennen Sie Kalorien

Wenn Sie es fertig bringen, einen Fuß vor den anderen zu setzen, haben Sie das Zeug zum Lifestyle-Walker. Lifestyle-Walking verlangt nicht allzu viel an Technik. Im Vergleich zum normalen Gehen sind nur minimale Änderungen nötig.

Ich finde die Bezeichnung Lifestyle-Walking für diese Anfangsstufe recht passend, weil dies eine der wenigen Trainingsformen ist, die sich fast nahtlos in den Alltag einpassen lässt, ohne dass größere Umstände damit verbunden sind. Sie können in Einkaufszentren, auf dem Weg zur Bahn oder durch die Supermarktregalreihen walken. Sie brauchen dazu keine besonderen Fertigkeiten oder Vorbereitungen. Sie können es einfach, weil Sie es schon Ihr ganzes Leben lang tun. Es ist wirklich so einfach, wie einen Fuß vor den anderen zu setzen.

Das mag den einen oder anderen dazu verleiten zu denken, Lifestyle-Walking wäre zu einfach, um seine wertvolle Zeit damit zu verplempern. Welchen Nutzen habe ich von einem etwas aufgemotzten Bummel? Sie werden es sehen, mehr als Sie denken.

In den vergangenen Jahren haben viele wissenschaftliche Untersuchungen direkte Zusammenhänge zwischen regelmäßiger körperlicher Aktivität und der Gesundheit belegt. Dabei hat sich herausgestellt, dass schon knapp zwei Kilometer Walking pro Tag in gemächlichem Tempo das Herz-Kreislauf-Risiko verringert und Ausdauer und Gesundheit stärkt. Darüber erwiesen sich die Probanden als weniger gestresst und müde und wiesen ein gestärktes Selbstwertgefühl sowie eine bessere Stimmungslage auf.

Gründe wie diese machen Lifestyle-Walking zum perfekten Einstieg in ein regelmäßiges Fitnesstraining. In diesem Kapitel erfahren Sie alles, was Sie für diesen Einstieg wissen müssen.

Sind Sie ein Lifestyle-Walker?

Fangen Sie mit dem Walken auf der Lifestyle-Stufe an, wenn die meisten der folgenden Aussagen auf Sie zutreffen:

- ✔ Sie haben in den letzten drei Monaten oder länger wenig oder gar keinen Sport getrieben.
- ✔ Sie haben zwei oder mehr Fragen im Abschnitt über Herzerkrankungen in Kapitel 1 mit Ja beantwortet. Wenn dies der Fall ist, sollten Sie erst Ihren Arzt konsultieren, bevor Sie mit dem Walken beginnen.
- ✔ Ihr Bodymass-Index (BMI) liegt bei 25 oder darüber und/oder Ihr Taillen-Hüft-Quotient ist größer als 1 (Männer) bzw. 0,85 (Frauen). Wie Sie diese Werte ermitteln können, finden Sie in Kapitel 1 erklärt.
- ✔ Ihr Körperfettanteil liegt über 20 Prozent (Männer) bzw. über 26 Prozent (Frauen). In Kapitel 1 finden Sie eine Anweisung, wie Sie diesen Wert über den Daumen anpeilen können.
- ✔ Sie brauchen für vier Stadionrunden (1.600 m) mehr als 16 Minuten und 40 Sekunden oder müssen vorher abbrechen.
- ✔ Ihre Ziele sind die allgemeine Verbesserung Ihrer Gesundheit, Ihrer Ausdauer und Ihrer Energie sowie eine mäßige Gewichtabnahme.

Was Sie über Lifestyle-Walking wissen müssen

Lifestyle-Walking ist die Walkingtechnik mit dem geringsten Anspruch. Die Trainingsintensität ist mäßig und die Geschwindigkeit relativ gering. Der durchschnittliche Lifestyle-Walker bringt es auf vier bis sechs Kilometer in der Stunde, was einer Zeit von 10 bis 15 Minuten pro Kilometer entspricht. Dabei werden hauptsächlich die Waden, Oberschenkel und Hüftmuskeln beansprucht, aber auch die Bauch- und unteren Rückenmuskeln für die aufrechte Haltung. Nach einem Lifestyle-Walk werden Sie sich warm und angeregt fühlen, aber nicht verschwitzt und erschöpft.

Lifestyle-Walking ist das ideale Mittel für Anfänger, ihre Ausdauer und Muskulatur aufzubauen. Wer hauptsächlich auf Gewichtsabnahme oder sportliches Training aus ist, wird ab einem gewissen Punkt auch intensivere Trainingseinheiten hinzuziehen oder sich wenigstens an einigen Tagen der Woche etwas mehr abverlangen müssen. Wer sich aber das Ziel gesetzt hat, Gesundheit und Ausdauer langfristig zu sichern, um im alltäglichen Leben gut zurecht zu kommen, für den ist Lifestyle-Walking auf Jahre hinaus die ideale Grundlage für die Fitness.

Sie sollten sich die weiteren Einzelheiten zum Lifestyle-Walking in diesem Kapitel auch dann ansehen, wenn Sie jetzt schon wissen, dass Sie sich hauptsächlich auf einer anderen Leistungsstufe tummeln wollen. Irgendeine Form von Lifestyle-Walking werden Sie wahrscheinlich immer ausüben, ob Sie das nun als Training verstehen wollen oder nicht. Je mehr Sie sich an einem Tag bewegen, desto besser. Darüber hinaus können Sie Lifestyle-Walking auch beim Warm-up und Cool-down einsetzen.

Wie viel ist genug?

Der Schlüssel zum erfolgreichen Lifestyle-Walken ist die Regelmäßigkeit, nicht so sehr die Intensität. Obwohl das zunächst nicht so unmittelbar einleuchtet, müssen Lifestyle-Walker öfter als andere Walker walken, um optimale Ergebnisse zu erzielen. Wenn Ihr Fitnessprogramm also hauptsächlich aus Lifestyle-Walking besteht, sollten Sie beinahe täglich 30 bis 60 Minuten walken.

Wenn man neuesten Untersuchungen glaubt, muss man schon mindestens 500 Kalorien pro Woche beim Walken verbrennen, um nennenswerte Fortschritte bei Gesundheit und Ausdauer zu erzielen. Noch gesünder und ausdauernder wird man allerdings, wenn man durch Lifestyle-Walking 1.500 Kalorien pro Woche verbrennt. Für die meisten von uns bedeutet das eine wöchentliche Kilometerleistung von 16 bis 32 Kilometern. Man gewinnt nur unwesentlich mehr, wenn man über diese Kilometerleistung hinauswalkt.

Es ist aber nicht so, wie man verbreitet annimmt, dass man seine gesamte tägliche Walkingstrecke an einem Stück abreißen muss. Man kann sie auch in Teilstrecken stückeln und über den Tag verteilen. Die meisten Experten sind der Überzeugung, dass mehrere Mini-Walks genau so effizient sind wie ein langer Walk. Im Folgenden habe ich einige Ideen gesammelt, wie Sie Ihre Walkingziele erreichen können:

- ✔ Walken Sie einmal morgens, einmal mittags und einmal nach dem Abendessen jeweils 10 bis 20 Minuten lang.
- ✔ Falls Sie Golf spielen, walken Sie den gesamten Golfkurs ab. Verbrennen Sie dabei zusätzlich Kalorien, indem Sie Ihren Golfwagen selber ziehen. So läppern sich während einer Runde Golf gut zwei Stunden Walking zusammen.
- ✔ Walken Sie zu einem Laden, in dem Sie einkaufen, oder zum Haus von Freunden und wieder zurück und haken Sie damit zwei 20- bis 30-minütige Walks ab.
- ✔ Machen Sie einen Schaufensterbummel oder machen Sie alle Besorgungen zu Fuß und sammeln Sie dabei eine Stunde Walkzeit.
- ✔ Walken Sie zur Arbeit, zur Bahn oder zur Bushaltestelle. Wenn noch ein paar Minuten fehlen, steigen Sie ein oder zwei Stationen früher aus und kriegen so peu à peu vier 10- bis 14-minütige Walks zusammen.
- ✔ Tragen Sie täglich 30 bis 60 Minuten für einen Walk auf dem Laufband oder im Freien in Ihren Terminkalender ein.

Am besten verfolgen Sie beim Lifestyle-Walking eine Doppelstrategie: Setzen Sie zum einen drei bis sechs »richtige« Lifestyle-Walks pro Woche auf den Plan und gönnen Sie sich zusätzlich so viel Lifestyle-Walkings »zwischendurch«, wie Sie nur können. Hauptsache, Sie kriegen so gut wie jeden Tag Ihre 30 bis 60 Minuten Walking zusammen. Wenn Sie auf einen bestimmten Kalorienverbrauch zielen, nehmen Sie sich vor, 500 bis 2.000 Kalorien durch Walken zu verbrennen. Orientieren Sie sich eher an der Kilometerleistung, dann sollten Sie sich 10 bis 20 Kilometer vornehmen.

Auf dieser Leistungsstufe können Sie mit Erfolg etwas für Ihre Gesundheit tun. Viele werden jedoch noch etwas mehr tun müssen (und zwar ihre sportlichen Bemühungen durch eine fettarme und kontrollierte Ernährung unterstützen), um einen wirklichen Durchbruch bei der Gewichtsabnahme erzielen zu können. Wenn Sie wissen möchten, wie viele Kalorien Sie ungefähr beim Lifestyle-Walking in der Minute verbrennen, sehen Sie sich den Abschnitt *Kalorienzähler* weiter hinten in diesem Kapitel an.

Meine Mutter ist ein Lifestyle-Walker. An einigen Tagen in der Woche geht sie ins Fitness-Studio und walkt drei Kilometer auf Zeit auf einem Laufband. Den Rest der Woche konzentriert sie sich darauf, in ihren Alltag so viel Walking hineinzupacken wie möglich. Auf Platz eins steht bei ihr das »Supermarkt-Walken«. Dabei geht sie zügig durch die Regalreihen und greift, ohne stehen zu bleiben, nach Tüten, Dosen, Schachteln und Flaschen. Damit das funktioniert, muss man alles minutiös auf der Einkaufsliste stehen haben und sie muss die Produktanordnung des jeweiligen Supermarkts genau kennen – ansonsten landet man früher oder später in einer der liebevoll arrangierten Verkaufsarrangements, mit dem sich ein Dekorateur mühevoll abgeplagt hat.

Wie intensiv soll's denn sein?

Die Summe der Kilometer, Minuten und Kalorien ist beim Lifestyle-Walking wichtiger als die Intensität der körperlichen Belastung. Dennoch ist es nicht ganz unwichtig, die Trainingsbelastung im Auge zu behalten, damit Sie es nicht übertreiben.

Am besten halten Sie die Trainingsbelastung einer jeden Walkingeinheit in einer Art Logbuch fest. (Ein Muster eines solchen *Logbuchs für Walker* finden Sie am Ende von Kapitel 2.) Anhand Ihrer Eintragungen können Sie im Laufe der Zeit Ihre Fortschritte abschätzen. Sie werden feststellen, dass die Anfangsschwierigkeiten allmählich nachlassen und schließlich ganz verschwinden. Die Trainingsintensität kann man auf drei Arten messen: über den Puls, über das subjektive Belastungsempfinden oder über den Sprechtest. Diese verschiedenen Techniken werden in Kapitel 5 eingehend beschrieben, deshalb sei hier ein nur kurzer Abriss erlaubt.

Puls

Wie schnell Ihr Herz schlägt, hängt unmittelbar davon ab, wie schwer Sie schuften müssen. Ihr Herzfrequenz-Zielbereich ist der Bereich, in dem sich Ihre Herzfrequenz während einer Belastungsphase bewegen soll. Er definiert sich danach, wie schnell Ihr Herz maximal schlagen kann. Lifestyle-Walker zielen auf einen Herzfrequenzbereich von 50 bis 60 Prozent ihrer maximalen Herzfrequenz. Das wird allgemein als die niedrigste Trainingsbelastung eingeordnet.

Über den Daumen gepeilt ermitteln Sie Ihre maximale Herzfrequenz dadurch, dass Sie Ihr Alter von 220 abziehen. Multiplizieren Sie das Ergebnis einmal mit 0,5 und einmal mit 0,6 und schon haben Sie Ihren Herzfrequenz-Zielbereich für das Lifestyle-Walking. Wenn Sie also 35 Jahre alt sind, ziehen Sie 35 von 220 ab und erhalten einen Maximalpuls von 185. Multiplizieren Sie nun 185 mit 0,5 und 0,6, erhalten Sie einen Bereich von 93 bis 110. Das heißt, Ihr Puls sollte beim Walken zwischen 93 und 110 Schlägen pro Minute liegen.

Sie können Ihren Puls entweder am Handgelenk oder am Hals messen. Nehmen Sie dazu Ihren Zeige- und Mittelfinger – nicht den Daumen, denn der hat einen eigenen Puls. Zählen Sie die Pulsschläge 15 Sekunden lang und multiplizieren Sie das Ergebnis mit vier. Viele Leute verwenden mittlerweile einen Pulsmesser, um der ganzen Rechnerei aus dem Weg zu gehen und stets genaue Ergebnisse zu erhalten.

Messen Sie Ihren Puls frühestens nach einer Belastung von fünf Minuten. Wenn Sie mehr als 30 Minuten trainieren, messen Sie den Puls alle 15 bis 20 Minuten. Messen Sie auch Ihren Erholungspuls. Das ist Ihre Herzfrequenz etwa eine Minute nach der Belastung. Je schneller Ihr Puls sich wieder beruhigt, desto besser sind Sie in Form.

Das subjektive Belastungsempfinden (RPE)

In den 60er Jahren kam ein einfallsreicher Physiologe auf die Idee, festzuhalten, wie man sich beim Trainieren fühlt. Auf der Basis seiner Ergebnisse entwickelte er die so genannte RPE-Skala (rating of perceived exertion), bei der man die Trainingsbelastung auf einer Skala von 1 bis 10 einordnen kann. (Siehe die *RPE-Skala* in Kapitel 5.)

Der Wert 1 auf der RPE-Skala entspricht einer sehr, sehr geringen Belastung. Einer solche Belastung kann man den ganzen Tag über standhalten, ohne sich in irgendeiner Weise erschöpft zu fühlen. Mir fällt da nur im Bett sitzen, fernsehen und Popcorn essen ein. 10 dagegen entspricht der Höchstbelastung, also eine Stunde lang volle Kanne bergauf laufen, bis man keinen Schritt weiter kann. Für Lifestyle-Walker ist ein RPE-Wert von 4 bis 6 ideal.

Der Sprechtest

Die einfachste Methode, den Grad der Trainingsintensität festzustellen, ist der Sprechtest. Sie müssen nur einfach laut zu sich selbst sprechen, dann merken Sie ganz schnell, wie viel Sie gerade leisten. Wenn Sie lauthals den neusten Hit von Anastasia singen können, sind Sie unterfordert. Wenn Sie völlig außer Atem sind, überfordern Sie sich. Lifestyle-Walker sollten sich bei hörbarem Atmen noch unterhalten können.

Bewahren Sie Haltung

Dass es beim Lifestyle-Walking etwas leichter und lockerer zugeht, heißt aber nicht, dass man überhaupt nicht auf Form, Technik und Haltung achten müsste. Immerhin vermindert die richtige Haltung das Verletzungs- und Schmerzrisiko. Abgesehen davon wird Ihre Körperhaltung generell davon profitieren, wenn Sie beim Walking darauf achten.

Ich habe mir angewöhnt, während des Walkens meine Haltung mit einer Art Checkliste abzufragen. Vom Kopf aus arbeite ich mich bis zu den Füßen vor und korrigiere mich, wenn nötig. Ich empfehle Ihnen, die folgende Checkliste etwa alle zehn Minuten durchzugehen, wenn Sie unterwegs sind. Ich will damit nicht andeuten, dass die Form das Allerwichtigste wäre. Es geht nur darum, einen Punkt zu erreichen, an dem eine gute Walkinghaltung so selbstverständlich ist wie Schuhe zubinden. Abbildung 7.1 zeigt die richtige Haltung beim Lifestyle-Walken.

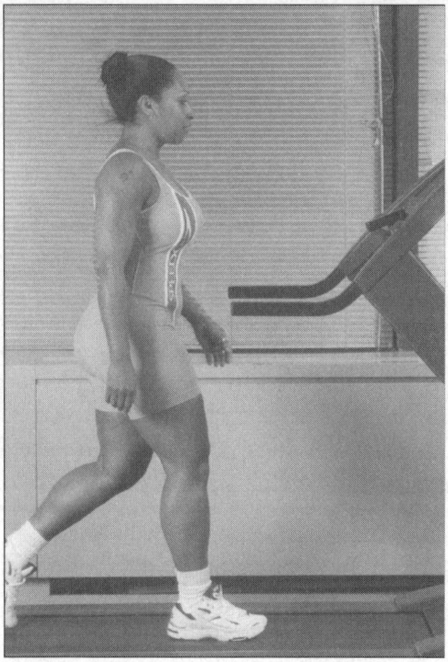

Abbildung 7.1: Die richtige Walkinghaltung

Gehen Sie die folgende Haltungs-Checkliste durch, damit Sie immer eine gute Figur machen:

- ✔ **Kopf:** Halten Sie den Kopf hoch und mittig zwischen den Schultern. Das Kinn hoch und die Augen geradeaus. Kopf und Hals sollten leicht und entspannt über den Schultern »schweben«.
- ✔ **Schultern:** Halten Sie die Schultern unten und leicht nach hinten. Achten Sie darauf, dass sie nicht nach vorne oder in Richtung Ohren wandern.
- ✔ **Brust:** Brust raus, aber nicht übertreiben. Stellen Sie sich vor, Sie wären eine Marionette und Ihre Brust würde von einer Schnur in der Mitte leicht nach oben gezogen.
- ✔ **Arme:** Halten Sie die Arme unten und nur leicht angewinkelt. Machen Sie leichte und natürlich schwingende Armbewegungen.

✔ **Hände:** Lassen Sie die Hände relativ entspannt hängen. Die Finger bleiben dabei ganz von selbst leicht gekrümmt.

✔ **Bauchmuskeln:** Ziehen Sie den Bauchnabel leicht in Richtung Wirbelsäule ein und schieben Sie das Becken ganz leicht nach vorne, so dass Sie sich groß, gestreckt und stabilisiert fühlen. So schützen Sie auch Ihren Rücken.

✔ **Hüften:** Ihre Hüften sollten eine natürliche und entspannte Haltung einnehmen. Bewegen Sie die Hüften nach vorne und hinten, nicht etwa seitlich.

✔ **Oberschenkel:** Ihr Lifestyle-Walkingschritt sollte locker und entspannt sein, weder zu lang, noch zu kurz. Stellen Sie sich vor, Ihre Oberschenkel verbinden Hüften und Unterschenkel miteinander, damit diese ihre Aufgabe erfüllen können.

✔ **Füße:** Die Fersen sollten zuerst den Boden berühren, wobei die Zehen leicht nach oben zeigen. Die Abrollbewegung läuft über Ferse, Fußgewölbe, Ballen und Zehen, bevor der Schritt zu Ende ist und in den nächsten übergeht.

✔ **Atmung und Puls:** Achten Sie darauf, dass Sie weich, tief und regelmäßig atmen. So lange Ihre Atmung entspannt ist, wird Ihr Herz rhythmisch und gleichmäßig schlagen.

Lifestyle-Walkingprogramme

Obwohl man Lifestyle-Walking jederzeit und überall praktizieren kann, ist es für manchen von uns eine Hilfe, eine Art Programm zu haben, an das man sich halten kann. Ich biete Ihnen drei verschiedene Wochenprogramme für den Einstieg ins Lifestyle-Walking an (siehe die Tabellen 7.1, 7.2 und 7.3), mit denen ich Ihnen eine Vorstellung davon vermitteln möchte, wie einfach sich Lifestyle-Walking in den Alltag integrieren lässt, auch wenn man noch so beschäftigt ist. Alle drei Programme bringen Sie an dasselbe Ziel: Sie verbrennen die gleiche Menge an Kalorien, verbringen die gleiche Zeit auf der Piste und können dasselbe Kilometergeld geltend machen.

Wenn Sie herausfinden wollen, wie schnell Sie walken, werfen Sie einen Blick auf den Kasten mit dem *Walktacho* weiter hinten in diesem Kapitel.

1. Tag	Walken Sie 30 bis 60 Minuten	Intensität: 50 bis 60 % des Maximums Geschätzter Kalorienverbrauch: 120 bis 240 Geschätzte Distanz: 2,5 bis 5 Kilometer
2. Tag	Walken Sie 30 bis 60 Minuten	Intensität: 50 bis 60 % des Maximums Geschätzter Kalorienverbrauch: 120 bis 240 Geschätzte Distanz: 2,5 bis 5 Kilometer
3. Tag	Walken Sie 30 bis 60 Minuten	Intensität: 50 bis 60 % des Maximums Geschätzter Kalorienverbrauch: 120 bis 240 Geschätzte Distanz: 2,5 bis 5 Kilometer
4. Tag	Pause	

5. Tag	Walken Sie 30 bis 60 Minuten	Intensität: 50 bis 60 % des Maximums Geschätzter Kalorienverbrauch: 120 bis 240 Geschätzte Distanz: 2,5 bis 5 Kilometer
6. Tag	Walken Sie 30 bis 60 Minuten	Intensität: 50 bis 60 % des Maximums Geschätzter Kalorienverbrauch: 120 bis 240 Geschätzte Distanz: 2,5 bis 5 Kilometer
7. Tag	Pause	
Wochenwerte	Walkingzeit: 150 bis 300 Minuten Kalorienverbrauch: 600 bis 1.200 Distanz: 12,5 bis 25 Kilometer	

Tabelle 7.1: Lifestyle-Walkingprogramm I – alles auf einmal

Walkingtacho

Woher wissen Sie, wie schnell Sie walken? Es gibt eine einfache Methode, wie man seine Geschwindigkeit über den Daumen peilen kann. Zählen Sie die Anzahl Ihrer Schritte pro Minute (jedes Mal, wenn Sie den rechten Fuß nach vorne setzen).

- ✔ 60 Schritte pro Minute = 3,2 Kilometer pro Stunde
- ✔ 90 Schritte pro Minute = 4,8 Kilometer pro Stunde
- ✔ 100 Schritte pro Minute = 5,6 Kilometer pro Stunde
- ✔ 120 Schritte pro Minute = 6,4 Kilometer pro Stunde

1. Tag	Walken Sie 10 bis 20 Minuten morgens. Walken Sie 10 bis 20 Minuten mittags. Walken Sie 10 bis 20 Minuten abends.	Intensität: 50 bis 60 % des Maximums. Geschätzter Kalorienverbrauch: jeweils 40 bis 80; täglich 120 bis 240. Geschätzte Distanz: jeweils 0,8 bis 1,6 Kilometer; täglich etwa 2,5 bis 5 Kilometer
2. Tag	Walken Sie 10 bis 20 Minuten morgens. Walken Sie 10 bis 20 Minuten mittags. Walken Sie 10 bis 20 Minuten abends.	Intensität: 50 bis 60 % des Maximums. Geschätzter Kalorienverbrauch: jeweils 40 bis 80; täglich 120 bis 240. Geschätzte Distanz: jeweils 0,8 bis 1,6 Kilometer; täglich etwa 2,5 bis 5 Kilometer
3. Tag	Walken Sie 10 bis 20 Minuten morgens. Walken Sie 10 bis 20 Minuten mittags. Walken Sie 10 bis 20 Minuten abends.	Intensität: 50 bis 60 % des Maximums. Geschätzter Kalorienverbrauch: jeweils 40 bis 80; täglich 120 bis 240. Geschätzte Distanz: jeweils 0,8 bis 1,6 Kilometer; täglich etwa 2,5 bis 5 Kilometer

4. Tag	Walken Sie 10 bis 20 Minuten morgens. Walken Sie 10 bis 20 Minuten mittags. Walken Sie 10 bis 20 Minuten abends.	Intensität: 50 bis 60 % des Maximums. Geschätzter Kalorienverbrauch: jeweils 40 bis 80; täglich 120 bis 240. Geschätzte Distanz: jeweils 0,8 bis 1,6 Kilometer; täglich etwa 2,5 bis 5 Kilometer
5. Tag	Pause	
6. Tag	Walken Sie 10 bis 20 Minuten morgens. Walken Sie 10 bis 20 Minuten mittags. Walken Sie 10 bis 20 Minuten abends.	Intensität: 50 bis 60 % des Maximums. Geschätzter Kalorienverbrauch: jeweils 40 bis 80; täglich 120 bis 240. Geschätzte Distanz: jeweils 0,8 bis 1,6 Kilometer; täglich etwa 2,5 bis 5 Kilometer
7. Tag	Walken Sie 10 bis 20 Minuten morgens. Walken Sie 10 bis 20 Minuten mittags. Walken Sie 10 bis 20 Minuten abends.	Intensität: 50 bis 60 % des Maximums. Geschätzter Kalorienverbrauch: jeweils 40 bis 80; täglich 120 bis 240. Geschätzte Distanz: jeweils 0,8 bis 1,6 Kilometer; täglich etwa 2,5 bis 5 Kilometer
Wochenwerte	Walkingzeit: 150 bis 300 Minuten Kalorienverbrauch: 600 bis 1.200 Distanz: 12,5 bis 25 Kilometer	

Tabelle 7.2: Lifestyle-Walkingprogramm II – drei Portionen

1. Tag	Walken Sie 30 bis 60 Minuten	Intensität: 50 bis 60 % des Maximums Geschätzter Kalorienverbrauch: 120 bis 240 Geschätzte Distanz: 2,5 bis 5 Kilometer
2. Tag	Walken Sie 10 bis 20 Minuten morgens. Walken Sie 10 bis 20 Minuten mittags. Walken Sie 10 bis 20 Minuten abends.	Intensität: 50 bis 60 % des Maximums. Geschätzter Kalorienverbrauch: jeweils 40 bis 80; täglich 120 bis 240. Geschätzte Distanz: jeweils 0,8 bis 1,6 Kilometer; täglich etwa 2,5 bis 5 Kilometer
3. Tag	Walken Sie 15 bis 30 Minuten morgens. Walken Sie 15 bis 30 Minuten nachmittags oder abends.	Intensität: 50 bis 60 % des Maximums. Geschätzter Kalorienverbrauch: jeweils 60 bis 120; täglich 120 bis 240. Geschätzte Distanz: jeweils 1,25 bis 2,5 Kilometer; täglich etwa 2,5 bis 5 Kilometer
4. Tag	Pause	
5. Tag	Walken Sie 30 bis 60 Minuten	Intensität: 50 bis 60 % des Maximums. Geschätzter Kalorienverbrauch: 120 bis 240 Geschätzte Distanz: 2,5 bis 5 Kilometer
6. Tag	Walken Sie 15 bis 30 Minuten morgens. Walken Sie 15 bis 30 Minuten nachmittags oder abends.	Intensität: 50 bis 60 % des Maximums. Geschätzter Kalorienverbrauch: jeweils 60 bis 120; täglich 120 bis 240. Geschätzte Distanz: jeweils 1,25 bis 2,5 Kilometer; täglich etwa 2,5 bis 5 Kilometer

7. Tag	Pause
Wochenwerte	Walkingzeit: 150 bis 300 Minuten Kalorienverbrauch: 600 bis 1.200 Distanz: 12,5 bis 25 Kilometer

Tabelle 7.3: Lifestyle-Walkingprogramm III – bunte Mischung

Mit der Zeit wird's besser

Je nachdem, wie es um Ihre Fitness bestellt ist, werden Sie nicht schon gleich fünf Mal die Woche eine Stunde am Stück walken können. Es ist sogar gut möglich, dass Ihnen schon nach zehn Minuten die Puste ausgeht. Das ist schon in Ordnung. Geben Sie einfach Ihr Bestes: Walken Sie so schnell und so lange, wie Sie sich wohl fühlen und so oft Sie können.

Arbeiten Sie darauf hin, mindesten fünf 30-minütige Lifestyle-Walks in der Woche unterzubringen. Wenn Sie das erst geschafft haben und dieses Trainingspensum ein oder zwei Wochen lang aufrechterhalten können, können Sie langsam etwas an Zeit zugeben, bis Sie wenigstens an ein oder zwei Tagen in der Woche eine ganze Stunde walken können.

Wenn Sie sich zum Ziel gesetzt haben, Ihre Gesundheit zu fördern, länger zu leben und sich wohler in Ihrer Haut zu fühlen, dann werden Sie mit Lifestyle-Walking wahrscheinlich vollkommen zufrieden sein. Die meisten Walker allerdings werden vermutlich langfristig nicht nur Lifestyle-Walking betreiben, sondern ein oder zwei Schritte weiter gehen wollen.

Wenn Sie abnehmen, Muskeln aufbauen, Ihren Körper formen oder für einen Wettkampf trainieren wollen, werden Sie irgendwann auf die Leistungsstufen 2 (Fitness-Walking), 3 (High-Energy-Walking) oder 4 (Walk-Lauf) umsteigen müssen. Aber lassen Sie's langsam angehen. Man kann nicht schon nach ein paar Tagen die Ebenen wechseln. Wenn man untrainiert anfängt, braucht man in der Regel vier bis zwölf Wochen, bis man seine Fitness und Kondition so weit mit Lifestyle-Walking aufgebaut hat, dass man daran denken kann, eine Stufe höher zu gehen. Sobald Sie das Gefühl haben, so weit zu sein, machen Sie die Fitnesstests in Kapitel 1 und sehen Sie sich Ihre Werte an. Sehen Sie sich dann die Werte in Kapitel 8 an und entscheiden Sie, ob Sie mit dem Fitness-Walking beginnen können.

Kalorienzähler

Mit Hilfe von Tabelle 7.4 können Sie bestimmen, wie viele Kalorien Sie bei jeder Lifestyle-Walking-Trainingseinheit verbrauchen. Dazu müssen Sie nur nachsehen, wie viele Kalorien Sie auf der Grundlage Ihres Körpergewichts pro Minute verbrennen, und das Ergebnis mit Ihren Walkminuten multiplizieren.

Körpergewicht (in kg)	Geschätzter Kalorienverbrauch (bei einer Durchschnittsgeschwindigkeit von 4,8 km/h)	Geschätzter Kalorienverbrauch (bei einer Durchschnittsgeschwindigkeit von 4,8 km/h und leichten Steigungen)
52–56	3,0 Kalorien pro Minute	4,5 Kalorien pro Minute
58–63	3,5 Kalorien pro Minute	5,0 Kalorien pro Minute
65–69	4,0 Kalorien pro Minute	5,5 Kalorien pro Minute
72–76	4,5 Kalorien pro Minute	6,0 Kalorien pro Minute
78–83	5,0 Kalorien pro Minute	6,5 Kalorien pro Minute
85–90	5,5 Kalorien pro Minute	7,0 Kalorien pro Minute
92–96	6,0 Kalorien pro Minute	8,0 Kalorien pro Minute
99–103	6,5 Kalorien pro Minute	8,5 Kalorien pro Minute
105–110	7,0 Kalorien pro Minute	9,0 Kalorien pro Minute

Tabelle 7.4: Kalorienverbrennung beim Lifestyle-Walking

Fitness-Walking

8

In diesem Kapitel

- Finden Sie heraus, ob Sie ein Fitness-Walker sind
- Erfahren Sie, was Fitness-Walking ist
- Achten Sie auf Form und Haltung
- Umreißen Sie Ihr Fitness-Walkingprogramm
- Intensivieren Sie Ihre Walkingeinheiten
- Zählen Sie Kalorien

Die meisten Leute, die Sie auf einem Laufband, auf der Laufbahn oder auf den gängigen Joggingstrecken walken sehen, betreiben Fitness-Walking. Fitness-Walking ist die populärste Form des Walkens, denn es ist einerseits kinderleicht und andererseits ein guter Weg, gut in Form zu kommen und abzunehmen. Das ist sicher auch der Grund dafür, dass 70 Millionen Amerikaner von sich sagen, dass sie regelmäßige Fitness-Walker sind. (Ob das allerdings auch der Grund dafür war, dass George Walker Bush zum Präsidenten gewählt wurde, kann ich nicht mit Sicherheit sagen.)

Die Steigerung der Geschwindigkeit kräftigt Ihr Herz und steigert Ihre aerobe Ausdauer. Ihre Knochen und Muskeln werden ebenfalls stärker. Sie können Ihren Stress abschütteln und Ihre Stimmung verbessern. Sie verbrennen jede Menge Kalorien. Und nicht zuletzt erreichen Sie all das mit einem minimalen Verletzungsrisiko.

Ist das nichts? Fitness-Walking ist einfach das perfekte Fitnesstraining. Und in diesem Kapitel erfahren Sie alles, was Sie als angehender Fitness-Walker wissen müssen.

Sind Sie ein Fitness-Walker?

Fitness-Walking ist genau das Richtige für Sie, wenn die meisten der folgenden Aussagen auf Sie zutreffen:

- ✔ Sie haben in den letzten sechs Wochen oder länger regelmäßig trainiert, vorzugsweise als Lifestyle-Walker.
- ✔ Sie haben höchstens eine der Fragen zum Herz-Kreislauf-Risiko in Kapitel 1 mit Ja beantwortet. Wenn Sie mehr als eine der Fragen mit Ja beantwortet haben, fragen Sie Ihren Arzt, ob diese mäßig anstrengende Form des Trainings für Sie in Frage kommt.

- ✔ Ihr Bodymass-Index (BMI) liegt unter 25 und/oder Ihr Taillen-Hüft-Quotient ist kleiner als 1 (Männer) bzw. kleiner als 0,85 (Frauen). Wie Sie diese Werte ermitteln können, finden Sie in Kapitel 1 erklärt.
- ✔ Ihr Körperfettanteil liegt zwischen 12 und 20 Prozent (Männer) bzw. zwischen 16 und 26 Prozent (Frauen). In Kapitel 1 finden Sie eine Anweisung, wie Sie diesen Wert über den Daumen anpeilen können.
- ✔ Sie brauchen für vier Stadionrunden (1.600 m) weniger als 15 Minuten und 37 Sekunden (Männer) bzw. weniger als 16 Minuten 39 Sekunden (Frauen).
- ✔ Ihre Ziele sind die allgemeine Verbesserung Ihrer Gesundheit, eine bessere Muskelspannung sowie eine merkliche Gewichtsabnahme.

Ihre Antworten auf die obigen Aussagen sollen als Richtlinie dienen, sie sind nicht in Stein gemeißelt. Auch wenn Ihr BMI über 25 liegt oder Sie ein paar Sekunden über der angegebenen Zeit liegen, können Sie kürzeren Fitness-Walkingeinheiten schaffen. Ein wenig Fitness-Walking kann Ihnen nur helfen, Ihre Fitness aufzubauen und schneller ein paar Pfunde loszuwerden.

Was Sie über Fitness-Walking wissen müssen

Fitness-Walking ist eine hervorragende Möglichkeit, das Herz-Kreislaufsystem zu stärken und abzunehmen. Die Walk-Geschwindigkeit liegt in der Regel zwischen zügigen fünf und sieben Kilometern in der Stunde. Das entspricht einer Zeit von 14 bis 17 Minuten für 1.600 Meter bzw. 8,6 bis 12 Minuten für einen Kilometer. Die höhere Geschwindigkeit und Intensität bedingt natürlich auch, dass Sie ordentlich ins Schwitzen kommen und mehr Kalorien verbrennen.

Die zusätzliche Anstrengung und der höhere Kalorienverbrauch hängen zum Teil mit dem höheren Tempo zusammen. Wenn Sie schneller walken, schaffen Sie eine längere Strecke in kürzerer Zeit. Je weiter und schneller Sie walken, desto mehr Kalorien verbrennen Sie. So einfach ist das. Es kommt aber noch ein weiterer Effekt hinzu: Sie bewegen mehr Muskeln. Die Hüft- und Gesäßmuskeln werden mehr beansprucht. Das gilt auch für den gesamten Oberkörper, der Ihnen mit kraftvollen Armbewegungen zusätzlichen Schwung verleiht. Nach sechs bis acht Wochen regelmäßigem Fitness-Walking werden Sie feststellen, dass Ihre gesamte Körperspannung zugenommen hat.

Fitness-Walking ist ein sicheres und wirkungsvolles Fitnesstraining für ein ganzes Leben, was sich auch darin ausdrückt, dass die meisten Walker darauf schwören. Wenn Sie lange und gesund leben, Ihre Muskelkraft und -spannung aufbauen und langsam Ihr Gewicht senken wollen, ist Fitness-Walking ideal für Sie. Wenn Sie mindesten so viele Kalorien verbrennen wollen wie beim Laufen, können Sie ein oder zwei Einheiten High-Energy-Walking oder Walk-Lauf in Ihr Programm einstreuen. Das Gleiche gilt, wenn Sie Ihre Geschwindigkeit steigern oder wettkampfmäßig walken wollen. (Die Kapitel 9 und 10 widmen sich diesen beiden Leistungsstufen.)

Wie viel ist genug?

Die Stellschrauben für die Stärkung von Kreislauf und Ausdauer und die Kalorienverbrennung sind die Intensität und die Dauer der jeweiligen Walkingeinheiten. Dabei kommt es darauf an, dass die Belastung groß genug ist, um einen Trainingseffekt zu erzielen. Wann eine Belastung groß genug ist, erläutere ich im Abschnitt *Die Belastungsintensität festlegen* weiter hinten.

Sie sollten drei bis fünf Fitness-Walkingeinheiten pro Woche mit jeweils 20 bis 60 Minuten anstreben. Auch hier gilt: Sie müssen nicht alles am Stück machen, sondern können sich eine Einheit auch in zwei oder drei kleine Portionen aufteilen.

Gehen Sie nicht gleich bis ans Limit und versuchen, fünf volle Stunden in der Woche aus dem Stand zu schaffen. Wenn Sie vom Lifestyle-Walking herkommen, bauen Sie am besten zunächst eine oder zwei Fitness-Walkingeinheiten in Ihren Trainingsplan ein. Wenn Sie die ohne große Überforderungen bewältigen, können Sie nach und nach auf drei bis fünf Fitness-Walks ausbauen.

Wer ins Lager der Fitness-Walker wechselt, muss sich deswegen nicht jegliches Lifestyle-Walking verkneifen. Auch wenn Lifestyle-Walking nicht mehr auf Ihrem Trainingsplan steht, sollten Sie Möglichkeiten für einen Lifestyle-Walk zwischendurch (wenn der kleine Walker kommt) nicht ungenutzt lassen, besonders wenn Sie abnehmen wollen. Denn Sie wissen ja: Je mehr Sie sich bewegen, desto mehr Kalorien werden verbrannt.

Wie intensiv soll's denn sein?

Die Intensität der körperlichen Belastung ist beim Fitness-Walking der entscheidende Faktor. Beim Fitness-Walking soll man ins Schwitzen kommen, Herz und Lunge spürbar beanspruchen und Kalorien verbrennen. Behalten Sie Ihre Belastung im Auge, indem Sie Ihren Puls messen, Ihr subjektives Belastungsempfinden einordnen oder den Sprechtest machen. Obwohl diese verschiedenen Techniken in Kapitel 5 eingehend beschrieben werden, möchte ich sie hier noch einmal kurz in Verbindung mit dem Fitness-Walking darstellen. Am besten machen Sie sich in Ihrem Trainingslogbuch ein paar Notizen zur gesamten Trainingsbelastung, damit Sie Ihre Fortschritte abschätzen können.

Puls

Wie schnell Ihr Herz schlägt, hängt unmittelbar davon ab, wie schwer Sie schuften müssen. Ihr Herzfrequenz-Zielbereich ist der Bereich, in dem sich Ihre Herzfrequenz während einer Belastungsphase bewegen soll. Er definiert sich danach, wie schnell Ihr Herz maximal schlagen kann. Fitness-Walker zielen auf einen Herzfrequenzbereich von 60 bis 75 Prozent ihrer maximalen Herzfrequenz.

Über den Daumen gepeilt, ermitteln Sie Ihre maximale Herzfrequenz dadurch, dass Sie Ihr Alter von 220 abziehen. Multiplizieren Sie das Ergebnis einmal mit 0,6 und einmal mit 0,75 und schon haben Sie Ihren Herzfrequenz-Zielbereich für das Fitness-Walking. Wenn Sie also 35 Jahre alt sind, ziehen Sie 35 von 220 ab und erhalten einen Maximalpuls von 185. Multiplizieren Sie nun 185 mit 0,6 und 0,75, dann erhalten Sie einen Bereich von 110 bis 140. Das heißt, Ihr Puls sollte beim Walken zwischen 110 und 140 Schlägen pro Minute liegen.

Sie können Ihren Puls entweder am Handgelenk oder am Hals messen. Nehmen Sie dazu Ihren Zeige- und Mittelfinger – nicht den Daumen, denn der hat einen eigenen Puls. Zählen Sie die Pulsschläge 15 Sekunden lang und multiplizieren Sie das Ergebnis mit vier. Sie können natürlich auch einen Pulsmesser verwenden, um jederzeit und ohne große Rechnerei über Ihre Herzfrequenz auf dem Laufenden zu sein.

Messen Sie Ihren Puls auf dem Höhepunkt der Trainingsbelastung, meist also, wenn Sie mitten in der Trainingseinheit stecken und Ihr höchstes Tempo erreicht haben. Empfehlenswert ist auch, den Puls eine Minute nach Beginn der Entspannungsphase zu messen, damit Sie sehen können, wie schnell er sinkt. Allgemein gilt: Je schneller sich Ihr Puls normalisiert, desto fitter sind Sie.

Einer meiner Kunden lief im Rahmen eines Fitness-Walkingprogramms regelmäßig sechs bis sieben Kilometer auf dem Laufband ohne Steigung. Die Messungen nach dem Ende der Trainingseinheit ergaben anfangs ein Sinken der Herzfrequenz um 20 Schläge pro Minute während der ersten Minute der Entspannungsphase. Sechs Wochen später war er schon bei 40 Schlägen pro Minute angelangt. Wie gesagt: Je schneller Ihr Herz wieder normal schlägt, desto fitter sind Sie.

Das subjektive Belastungsempfinden (RPE)

Die RPE-Skala habe ich in Kapitel 5 ausführlich vorgestellt. Kurz gesagt, ordnet man auf Grund der Beobachtung bestimmter Faktoren seine Trainingsbelastung auf einer Skala von 1 bis 10 ein. Der Wert 1 entspricht dabei einer sehr geringen, der Wert 10 einer sehr hohen Belastung. Achten Sie während der Trainingseinheit darauf, wie sich Ihre Muskeln anfühlen, wie schwer Ihnen das Atmen fällt, wie stark Sie schwitzen, und beziehen Sie alles mit ein, was Sie als belastungsrelevant betrachten. Ordnen Sie dann Ihren Beobachtungen einen Wert auf der Skala zu. Fitness-Walker sollten sich in einem Bereich zwischen 6 und 8 auf der RPE-Skala bewegen.

Der Sprechtest

Durch lautes Sprechen – dazu müssen Sie keine Gesprächspartner haben – können Sie feststellen, wie intensiv Sie trainieren. Während eines Fitness-Walks sollten Sie in der Lage sein, einige atemlose Sätze hin und her zu werfen. Wenn Sie problemlos den neuesten Bürotratsch kolportieren können, können Sie getrost ein wenig Gas geben. Wenn Sie nur noch nach Luft schnappen können, machen Sie besser halblang.

Bewahren Sie Haltung

Wenn Sie schon etwa sechs Wochen Erfahrungen mit dem Lifestyle-Walking gemacht und dabei auf Form und Haltung geachtet haben, dürften Sie mit der Fitness-Walkingtechnik keine Probleme haben. Bei Kopf, Schultern, Brust und Bauchmuskeln bleibt alles beim Alten. Nennenswerte Veränderungen gibt es nur bei den Armbewegungen und der Schrittlänge, um besser auf Touren zu kommen. Im Prinzip ist Fitness-Walking eine gesteigerte und schnellere Version des Lifestyle-Walkings.

Wenn Sie die folgende Haltungs-Checkliste verinnerlichen, machen Sie auch beim Fitness-Walking unterwegs immer eine gute Figur:

- ✔ **Kopf:** Halten Sie den Kopf hoch und mittig zwischen den Schultern. Das Kinn hoch und die Augen geradeaus. Kopf und Hals sollten leicht und entspannt über den Schultern »schweben«.
- ✔ **Schultern:** Halten Sie die Schultern unten und leicht nach hinten. Achten Sie darauf, dass sie nicht nach vorne oder in Richtung Ohren wandern.
- ✔ **Brust:** Brust raus, aber nicht übertreiben. Stellen Sie sich vor, Sie wären eine Marionette und Ihre Brust würde von einer Schnur in der Mitte leicht nach oben gezogen.
- ✔ **Arme:** Winkeln Sie den Unterarm rechtwinklig an. Schwingen Sie mit den Armen nach vorne und hinten – nicht nach den Seiten – und halten Sie sie nahe am Körper. Auf dem höchsten Punkt der Armbewegung befindet sich Ihre Hand etwa in Höhe des Brustbeins, auf dem niedrigsten Punkt in Höhe der Hüfte.
- ✔ **Hände:** Lassen Sie die Hände relativ entspannt hängen. Die Finger bleiben dabei ganz von selbst leicht gekrümmt.
- ✔ **Bauchmuskeln:** Ziehen Sie den Bauchnabel leicht in Richtung Wirbelsäule ein und schieben Sie das Becken ganz leicht nach vorne, so dass Sie sich groß, gestreckt und stabilisiert fühlen. So schützen Sie auch Ihren Rücken.
- ✔ **Hüften:** Die Kraft für Ihre Bewegungen sollte mehr aus den Hüften als aus den Oberschenkeln kommen. Dennoch sollten die Hüften locker und die Bewegung natürlich sein (von vorne nach hinten – nicht seitlich).
- ✔ **Oberschenkel:** Machen Sie kurze, schnelle, aber natürliche Schritte. Sollten Sie sich dabei unwohl fühlen, stimmt wahrscheinlich etwas nicht.
- ✔ **Füße:** Berühren Sie mit den Fersen fest den Boden (aber nicht hacken), rollen Sie den Fuß weich ab und stoßen Sie sich über die Zehen nach vorne ab.
- ✔ **Atmung und Puls:** Sie sollten Ihren Atem gut hören können, aber gleich- und regelmäßig atmen. Ihr Herzschlag wird stärker spürbar schlagen. Achten Sie darauf, dass der Herzschlag gleichmäßig und regelmäßig bleibt.

Ich möchte Sie auf ein paar verbreitete Fehlhaltungen aufmerksam machen, auf die Sie besonders achten sollten, wenn Sie Ihre Checkliste durchgehen. Oft handelt es sich dabei um

Angewohnheiten, die noch aus Ihrer Kinderzeit stammen. Es kostet deshalb meist Zeit und Mühe, solche Fehlhaltungen zu korrigieren. Aber geben Sie nicht auf, die Mühe lohnt sich! Sie werden ein besseres Bild abgeben, weniger Schmerzen haben und mehr Kalorien verbrennen, weil Sie dann weiter und schneller walken können.

Abbildung 8.1: Die richtige Haltung beim Fitness-Walking

- ✔ **Die Babywiege:** Wenn Sie die Arme zu hoch halten und seitlich hin und her schwingen, wie in Abbildung 8.2 zu sehen ist, dann nennt man das die »Babywiege«, weil es so aussieht, als wollten Sie ein Kind in den Schlaf wiegen. Achten Sie darauf, dass Ihre Schultern entspannt sind, und nehmen Sie die Arme etwas weiter herunter. Der Winkel zwischen Ober- und Unterarm sollte nicht weniger als 90° betragen.
- ✔ **Der »prominente« Hintern:** Ihr Gesäß steht überproportional im Licht der Öffentlichkeit, wenn Sie den unteren Rückenbereich zu stark krümmen. Diese Haltung belastet die untere Wirbelsäule und sogar die Knie. Um dem entgegenzuwirken, sollten Sie darauf achten, dass Ihre Bauchmuskeln angespannt und Ihr Becken ganz leicht nach vorne geschoben ist.
- ✔ **Der Klatschfuß:** Wenn Ihr Fuß ein lautes Klatschgeräusch macht, wenn er auf den Boden aufkommt, rollen Sie nicht richtig ab. Achten Sie darauf, dass die Zehen leicht nach oben zeigen, wenn Sie Ihr Bein nach vorne strecken. Setzen Sie dann die Ferse zuerst auf den Boden und rollen Sie über die ganze Länge des Fußes ab, bevor Sie zum nächsten Schritt ansetzen.

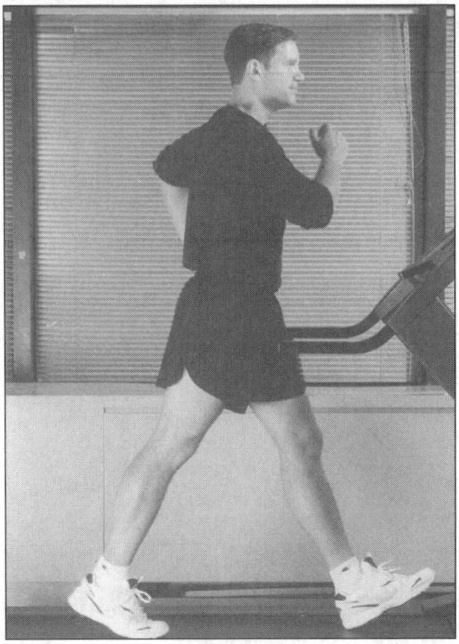

Abbildung 8.2: Lassen Sie die Babywiege zu Hause, wenn Sie walken.

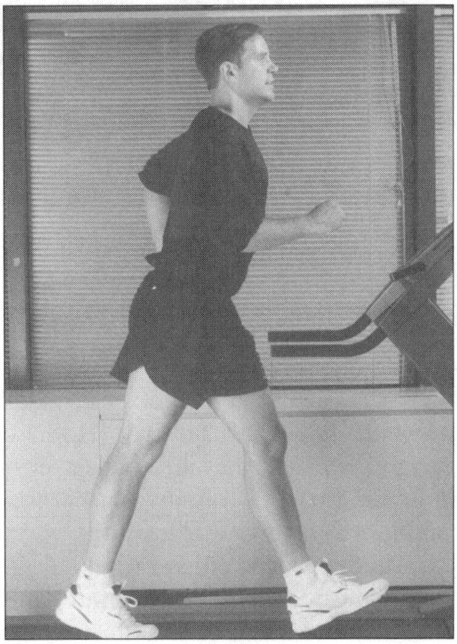

Abbildung 8.3: Der »prominente« Hintern belastet Wirbelsäule und Knie.

- **Der Stolperfuß:** Wenn Sie öfter mal über Ihre eigenen Füße stolpern, heben Sie die Füße nicht genug an und haben zu lange Bodenkontakt mit Ballen und Zehen. Die Korrektur ist die gleiche wie beim Klatschfuß.
- **Der Truthahn:** Wenn Sie den Kopf weit nach vorne und das Kinn heraus strecken, sehen Sie aus wie ein Truthahn (siehe Abbildung 8.4). Achten Sie darauf, dass Ihr Kopf zentriert über den Schultern ruht, Ihre Brust leicht gehoben ist und die Schultern breit und entspannt sind.

Abbildung 8.4: Wer will beim Walken schon wie ein Truthahn aussehen?

Fitness-Walkingprogramme

Die Fitness Walkingprogramme, die ich in den Tabellen 8.1, 8.2 und 8.3 präsentiere, sind so angelegt, dass man sich über neun Wochen langsam auf die nächste Leistungsebene vorarbeiten kann. Das erste Programm ergänzt Ihr Trainingsprogramm durch zwei Fitness-Walks, beim zweiten Programm kommt ein weiterer Fitness-Walk hinzu und beim dritten schließlich machen Sie an fünf Tagen in der Woche einen Fitness-Walk. Arbeiten Sie zwei bis drei Wochen mit dem ersten Programm, und wenn Sie sich gut dabei fühlen, probieren Sie das zweite und nach etwa sechs Wochen das dritte Programm aus.

Durch das langsame Herantasten können Sie Ihr Trainingsprogramm ausbauen, ohne Verletzungen zu riskieren. Ich weiß, es ist schwer, geduldig zu sein, wenn man darauf brennt, zu trainieren und Kalorien zu verbrennen. Aber betrachten Sie das Ganze einmal langfristig: Sie können mit diesem Programm den Rest Ihres Lebens arbeiten.

Sie können den Ausbau des Programms in Kalorien, Kilometern oder Minuten ausdrücken. Wie Sie sehen können, verbrennen Sie bei einem Fitness-Walk mehr Kalorien und brauchen dafür weniger Zeit. Kein schlechter Handel, oder?

1. Tag	Lifestyle-Walk: 30 bis 60 Minuten	Intensität: 50 bis 60 % des Maximums Geschätzter Kalorienverbrauch: 120 bis 240 Geschätzte Distanz: 2,5 bis 5 Kilometer
2. Tag	Fitness-Walk: 30 bis 45 Minuten	Intensität: 60 bis 75 % des Maximums Geschätzter Kalorienverbrauch: 180 bis 270 Geschätzte Distanz: 3 bis 5 Kilometer
3. Tag	Lifestyle-Walk: 30 bis 60 Minuten	Intensität: 50 bis 60 % des Maximums Geschätzter Kalorienverbrauch: 120 bis 240 Geschätzte Distanz: 2,5 bis 5 Kilometer
4. Tag	Pause	
5. Tag	Fitness-Walk: 30 bis 45 Minuten	Intensität: 60 bis 75 % des Maximums Geschätzter Kalorienverbrauch: 180 bis 270 Geschätzte Distanz: 3 bis 5 Kilometer
6. Tag	Lifestyle-Walk: 30 bis 60 Minuten	Intensität: 50 bis 60 % des Maximums Geschätzter Kalorienverbrauch: 120 bis 240 Geschätzte Distanz: 2,5 bis 5 Kilometer
7. Tag	Pause	
Wochenwerte	Walkingzeit: 150 bis 270 Minuten Kalorienverbrauch: 720 bis 1.260 Distanz: 13,5 bis 25 Kilometer	

Tabelle 8.1: Fitness-Walkingprogramm I – 1. bis 3. Woche

1. Tag	Lifestyle-Walk: 30 bis 60 Minuten	Intensität: 50 bis 60 % des Maximums Geschätzter Kalorienverbrauch: 120 bis 240 Geschätzte Distanz: 2,5 bis 5 Kilometer
2. Tag	Fitness-Walk: 30 bis 45 Minuten	Intensität: 60 bis 75 % des Maximums Geschätzter Kalorienverbrauch: 180 bis 270 Geschätzte Distanz: 3 bis 5 Kilometer
3. Tag	Fitness-Walk: 30 bis 45 Minuten	Intensität: 60 bis 75 % des Maximums Geschätzter Kalorienverbrauch: 180 bis 270 Geschätzte Distanz: 3 bis 5 Kilometer

4. Tag	Lifestyle-Walk: 30 bis 60 Minuten	Intensität: 50 bis 60 % des Maximums Geschätzter Kalorienverbrauch: 120 bis 240 Geschätzte Distanz: 2,5 bis 5 Kilometer
5. Tag	Pause	
6. Tag	Fitness-Walk: 30 bis 45 Minuten	Intensität: 60 bis 75 % des Maximums Geschätzter Kalorienverbrauch: 180 bis 270 Geschätzte Distanz: 3 bis 5 Kilometer
7. Tag	Pause	
Wochenwerte	Walkingzeit: 150 bis 255 Minuten Kalorienverbrauch: 780 bis 1.290 Distanz: 14 bis 25 Kilometer	

Tabelle 8.2: Fitness-Walkingprogramm II – 4. bis 6. Woche

1. Tag	Fitness-Walk: 30 bis 45 Minuten	Intensität: 60 bis 75 % des Maximums Geschätzter Kalorienverbrauch: 180 bis 270 Geschätzte Distanz: 3 bis 5 Kilometer
2. Tag	Fitness-Walk: 30 bis 45 Minuten	Intensität: 60 bis 75 % des Maximums Geschätzter Kalorienverbrauch: 180 bis 270 Geschätzte Distanz: 3 bis 5 Kilometer
3. Tag	Fitness-Walk: 30 bis 45 Minuten	Intensität: 60 bis 75 % des Maximums Geschätzter Kalorienverbrauch: 180 bis 270 Geschätzte Distanz: 3 bis 5 Kilometer
4. Tag	Pause	
5. Tag	Fitness-Walk: 30 bis 45 Minuten	Intensität: 60 bis 75 % des Maximums Geschätzter Kalorienverbrauch: 180 bis 270 Geschätzte Distanz: 3 bis 5 Kilometer
6. Tag	Fitness-Walk: 30 bis 45 Minuten	Intensität: 60 bis 75 % des Maximums Geschätzter Kalorienverbrauch: 180 bis 270 Geschätzte Distanz: 3 bis 5 Kilometer
7. Tag	Pause	
Wochenwerte	Walkingzeit: 150 bis 225 Minuten Kalorienverbrauch: 900 bis 1.350 Distanz: 15 bis 25 Kilometer	

Tabelle 8.3: Fitness-Walkingprogramm III – 7. bis 9. Woche

Höher, schneller, weiter

Für die meisten Leute wird das Fitness-Walking Hauptbestandteil des Trainingsplans sein. Dennoch kann auch das Lifestyle-Walking für eine gesunde Lebensführung immer noch eine wichtige Rolle spielen. Sie wissen ja, je mehr Sie sich bewegen, desto mehr Kalorien verbrauchen Sie! Wenn Sie mit der Kombination von Fitness-Walking und Lifestyle-Walking Ihre Ziele erreichen und sich gut dabei fühlen, müssen Sie gar nicht mehr tun. Vielleicht wollen Sie aber auch noch intensiver walken.

Durch intensivere Walkingeinheiten können Sie die Gewichtsabnahme beschleunigen, Muskeln aufbauen oder sich auf wettkampfmäßige Walks vorbereiten. Vielleicht finden Sie es aber auch einfach nur schön, wenn Ihnen der Wind durch die Haare bläst. Sollte einer der Gründe – oder ein anderer (vielleicht wollen Sie einfach nur schneller sein als Ihre Frau und die Kinder) – auf Sie zutreffen, dann können Sie jederzeit weitere Walkingleistungsstufen oder eine andere Form des Kreislauftrainings mit einbeziehen. Hier sind einige Vorschläge, wie Sie Ihr Programm aufmotzen können.

- ✔ Bauen Sie ein bis zwei Einheiten High-Energy-Walking in Ihr Programm ein (Kapitel 9).
- ✔ Bauen Sie ein bis zwei Einheiten Walk-Lauf in Ihr Programm ein (Kapitel 10).
- ✔ Machen Sie an ein oder zwei Tagen ein Intervalltraining (Kapitel 13).
- ✔ Wählen Sie bei zwei Fitness-Walks in der Woche eine Strecke mit Steigungen (Kapitel 17).

Übertreiben Sie es nicht mit der Intensität, besonders, wenn Sie mit Geschwindigkeit bis jetzt noch nicht so viel am Hut hatten. Wenn Sie sich zu viel abverlangen, wird das meist mit Muskelkater oder Verletzungen quittiert. Halten Sie sich mindestens neun Wochen an die Fitness-Walkingprogramme, die ich in diesem Kapitel präsentiere. Die Kilometer, die Sie dabei zurücklegen, verschaffen Ihnen die nötige Puste, um weiter darauf aufzubauen. Wenn Sie das Gefühl haben, reif zu sein für die nächste Ebene, dann machen Sie die Fitnesstests aus Kapitel 1 und notieren Sie sich die Ergebnisse. Sehen Sie sich dann Kapitel 10 an und entscheiden Sie, ob Sie mit dem High-Energy-Walking beginnen können. Ich möchte Sie auch ermutigen, einige der anderen fortgeschritteneren Walkingtechniken auszuprobieren, die ich in diesem Buch vorstelle.

Kalorienzähler

Mit Hilfe von Tabelle 8.4 können Sie bestimmen, wie viele Kalorien Sie bei jeder Fitness-Walkingeinheit verbrauchen. Dazu müssen Sie nur nachsehen, wie viele Kalorien Sie auf der Grundlage Ihres Körpergewichts pro Minute verbrennen, und das Ergebnis mit Ihren Walkminuten multiplizieren.

Körpergewicht (in kg)	Geschätzter Kalorienverbrauch (bei einer Durchschnitts-geschwindigkeit von 6 km/h)	Geschätzter Kalorienverbrauch (bei einer Durchschnitts-geschwindigkeit von 6 km/h und leichten Steigungen)
52–56	4,0 Kalorien pro Minute	6,0 Kalorien pro Minute
58–63	4,5 Kalorien pro Minute	6,5 Kalorien pro Minute
65–69	5,0 Kalorien pro Minute	7,0 Kalorien pro Minute
72–76	5,5 Kalorien pro Minute	8,0 Kalorien pro Minute
78–83	6,0 Kalorien pro Minute	8,5 Kalorien pro Minute
85–90	7,0 Kalorien pro Minute	9,0 Kalorien pro Minute
92–96	7,5 Kalorien pro Minute	9,5 Kalorien pro Minute
99–103	8,0 Kalorien pro Minute	10,0 Kalorien pro Minute
105–110	8,5 Kalorien pro Minute	10,5 Kalorien pro Minute

Tabelle 8.4: Kalorienverbrennung beim Fitness-Walking

High-Energy-Walking

9

In diesem Kapitel

- Entscheiden Sie, ob Sie reif sind für High-Energy
- Erfahren Sie, was High-Energy-Walking ist
- Arbeiten Sie an Ihrer Walkingform
- Suchen Sie sich ein High-Energy-Walkingprogramm aus
- Walken Sie sich Kalorien aus dem Leib
- Betreten Sie die »graue Zone«

Ein Mädchen im Leichtathletikteam meiner Highschool war Geherin. Sie war gut – so gut, dass sie an nationalen Wettkämpfen teilnehmen konnte. Nichtsdestotrotz hat der Rest des Teams sie nie richtig ernst genommen. Damals war es schon ein wenig extravagant, wenn jemand mit wackelnden Hüften und weit schwingenden Armen auf gerader Linie, fast wie auf einem Hochseil, seine Bahnen walkte. Ja, wir machten uns über sie lustig, aber sie musste sich in der ganzen Zeit nicht mit einer einzigen Verletzung herumplagen wie die meisten Läufer im Team, und war dabei fast genauso schnell wie viele ihrer Teamkollegen. Erst als Jahre später das Gehen als Sportart populär wurde, erkannte ich, dass dieses Mädchen ihrer Zeit voraus gewesen war.

Ich bezeichne das schnelle Walken in diesem Buch als High-Energy-Walking. Wenn Sie sich austoben, den Rausch der Geschwindigkeit erleben, noch mehr Kalorien verbrennen, noch mehr Muskeln bewegen und dabei Spaß haben wollen, ist High-Energy-Walking genau das Richtige für Sie. Bei der Kalorienverbrennung ist es sogar dem Laufen ebenbürtig – manchmal sogar überlegen! Und weil es sich immer noch um eine Form des Walkens handelt, die Ihren Körper bei maximalen Ergebnissen nur minimal belastet, ist auch das Verletzungsrisiko gering.

High-Energy-Walking ist eine intensive aerobe Trainingsform, die den ganzen Körper fordert und fördert. In diesem Kapitel erfahren Sie alles, was Sie über High-Energy-Walking wissen müssen, von der Technik bis zur Verletzungsvorsorge.

Sind Sie reif für High-Energy?

Einem Versuch mit High-Energy-Walking steht nichts im Wege, wenn die meisten der folgenden Aussagen auf Sie zutreffen:

- ✔ Sie trainieren regelmäßig und haben in den letzten sechs Wochen oder länger mindestens einen Fitness-Walk oder einen Walk-Lauf pro Woche gemacht.

- Sie haben höchstens eine der Fragen zum Herz-Kreislauf-Risiko in Kapitel 1 mit Ja beantwortet. Wenn Sie mehr als eine der Fragen mit Ja beantwortet haben, fragen Sie Ihren Arzt, ob diese mäßig bis stark anstrengende Form des Training für Sie in Frage kommt.
- Ihr Bodymass-Index (BMI) liegt zwischen 18,5 uns 25 und/oder Ihr Taillen-Hüft-Quotient ist kleiner als 1 (Männer) bzw. kleiner als 0,85 (Frauen). Wie Sie diese Werte ermitteln können, finden Sie in Kapitel 1 erklärt.
- Ihr Körperfettanteil liegt zwischen 12 und 20 Prozent (Männer) bzw. zwischen 16 und 26 Prozent (Frauen). In Kapitel 1 finden Sie eine Anweisung, wie Sie diesen Wert über den Daumen anpeilen können.
- Sie brauchen für vier Stadionrunden (1.600 m) weniger als 15 Minuten und 37 Sekunden (Männer) bzw. weniger als 16 Minuten 39 Sekunden (Frauen).
- Sie haben keine oder nur geringe chronische Gelenkbeschwerden, die die Belastbarkeit der Knie, Knöchel, Hüfte oder des Rückens einschränken.
- Ihre Ziele sind eine höhere Geschwindigkeit, eine verbesserte Ausdauer, eine maximale Muskelbeteiligung, eine sehr gute Gewichtsabnahme oder die Teilnahme an einem Wettkampf.
- Sie sind ein Läufer, der sein Laufprogramm ausbauen oder ergänzen möchte oder nach einem Trainingsprogramm sucht, das ähnliche Früchte trägt wie das Laufen.

Ihre Antworten auf die obigen Aussagen sollen als Richtlinie dienen, sie sind nicht in Stein gemeißelt. Auch wenn Sie nicht so schnell walken können, wie oben angegeben, können Sie es mit dem High-Energy-Walking versuchen. Schließlich dient es ja dazu, Geschwindigkeit und Ausdauer zu verbessern. Wenn Sie schon einmal erwogen hatten, ein Laufprogramm auszuprobieren, aber Bedenken wegen möglicher Gelenkprobleme hatten, kann High-Energy-Walking eine gute Alternative sein, die auch hartgesottene Geschwindigkeitsfetischisten zufrieden stellt.

Was ist High-Energy-Walking?

High-Energy-Walking ist im Prinzip eine Abart der Sportart Gehen. Der Unterschied besteht darin, dass ein High-Energy-Walker nicht so schnell ist und nicht so extrem mit den Hüften wackelt wie ein Geher. Als aerobe Trainingsform sucht das High-Energy-Walking seinesgleichen. Der Kalorienverbrauch und die Möglichkeiten der Gewichtsabnahme sind ähnlich wie beim Laufen, jedoch wird der Körper weit weniger belastet. Beim High-Energy-Walken erreicht man Geschwindigkeiten zwischen 7 und 9,5 km/h, was einer Zeit von 10 bis 13,6 Minuten für vier Stadionrunden (1.600 m) oder 6,3 bis 8,6 Minuten für einen Kilometer entspricht.

Wenn man einem High-Energy-Walker auf der Strecke begegnet, sieht man gleich, dass da mehr Muskeln im Spiel sind als bei jeder anderen Walkingstufe. Zum einen rühren daher die höhere Belastungsintensität und der höhere Kalorienverbrauch, zum anderen sind sie auch durch das höhere Tempo bedingt. Wer schneller walkt, legt in kürzerer Zeit eine größere Strecke zurück und verbraucht mehr Kalorien.

Einige Wissenschaftler mutmaßen, dass High-Energy-Walking auf Grund der Beteiligung weiterer Muskelgruppen und der höheren Intensität bei gleicher Strecke 1½ bis 2 Mal so viel Kalorien verbraucht wie die anderen Walkingstufen. Das entspricht etwa dem Verbrauch beim Laufen bei gleicher Trainingsdauer. Darüber hinaus wird auch der Muskeltonus verbessert und der Körper gestrafft, weil Gesäß-, Oberschenkel-, Hüft-, Schulter-, Rücken- und Bauchmuskeln trainiert werden. Wenn Sie ein bis drei High-Energy-Walkingeinheiten in Ihr Walkingprogrammn einbauen, werden Sie wahrscheinlich schon nach sechs bis acht Wochen einen merklichen Zuwachs an Muskelspannung und eine merkliche Absenkung des Körperfettanteils feststellen können.

Die meisten Walker bauen High-Energy-Komponenten in ihr Programm ein, wenn sie sich mal etwas mehr abverlangen wollen. Wenn man das ein, zwei Mal die Woche macht, kann man auf der Fitnessleiter schon mal eine Stufe höher steigen. Manche Walker finden auch Gefallen an der Geschwindigkeit und machen High-Energy-Walking zu ihrem Haupt-Kreislauftraining. Solange man gut in Form ist und nicht von Erschöpfungszuständen oder Verletzungen heimgesucht wird, ist dagegen nichts einzuwenden.

Es gibt natürlich auch ganz Ehrgeizige, die noch eine Stufe weiter gehen und an Wettkämpfen der Geher teilnehmen. Ich musste vor längerer Zeit lernen, dass man Geher nicht unterschätzen darf. Damals nahm ich an einem 10-Kilometer-Wettlauf teil und wurde kurz vor Schluss von einem Geher locker überholt. Von einem Geher abgehängt zu werden, war schon eine sehr ernüchternde Erfahrung.

Wenn Sie sich für das Gehen als Sportart interessieren, sollten Sie mal bei der Leichtathletikabteilung Ihres örtliche Sportvereins nachfragen, ob es dort Trainingsmöglichkeiten gibt. Weil es beim Gehen sehr auf einen präzisen Bewegungsablauf ankommt (Sie haben vielleicht bei einem Wettbewerb die Herren mit den roten Täfelchen gesehen, die darauf achten, dass die Geher nicht ins Laufen verfallen), ist eine fachmännische Anleitung sehr ratsam und nützlich. Informationen über Vereine, die eine Abteilung für Geher haben, erhalten Sie auch beim Deutschen Leichtathletikverband. Die Adresse finden Sie im Anhang.

Wie viel ist genug?

Beim High-Energy-Walking sind Haltung und Geschwindigkeit die Hauptfaktoren. Je besser Ihre Haltung ist, desto schneller können Sie sich bewegen. Je schneller Sie sich bewegen, desto mehr Nutzen werden Sie aus Ihren High-Energy-Walkingeinheiten ziehen können.

Wenn Sie Ihre Geschwindigkeit verbessern und mehr Kalorien verbrennen wollen, sollten Sie ein bis drei High-Energy-Walkingeinheiten in Ihr Programm einbauen, von denen jede, einschließlich Warm-up und Cool-down bei geringem Tempo, 20 bis 60 Minuten dauern sollte. Um für Wettkämpfe gerüstet zu sein, sollten es schon vier bis fünf Einheiten sein.

Man braucht schon etwas Zeit, bis man mit dem High-Energy-Walking zurecht kommt. Sehen Sie sich deshalb den Abschnitt *Bewahren Sie Haltung* und die Haltungs-Checkliste weiter hinten in diesem Kapitel genau an, bevor Sie sich in ein volles High-Energy-Programm stürzen. Drücken Sie anfangs nicht so auf die Tube, weil sich dann die Haltung leichter korrigieren lässt als bei Lichtgeschwindigkeit. Wenn Sie mit Lifestyle- und Fitness-Walking angefangen haben, versuchen Sie es erst einmal mit einer High-Energy-Walkingeinheit pro Woche. Wenn Sie damit gut zurecht kommen, können Sie die Dosis nach Bedarf erhöhen, wenn Sie wollen.

Wie intensiv soll's denn sein?

High-Energy-Walking verlangt von allen Leistungsstufen die meiste Energie von Ihnen. Achten Sie deshalb besonders darauf, dass Sie sich immer im grünen Bereich bewegen und sich nicht überlasten. Kontrollieren Sie die Belastungsintensität, indem Sie Ihren Puls messen, Ihr subjektives Belastungsempfinden einordnen oder den Sprechtest machen. Obwohl diese verschiedenen Techniken in Kapitel 5 eingehend beschrieben werden, möchte ich sie hier noch einmal kurz in Verbindung mit dem High-Energy-Walking darstellen. Am besten machen Sie sich in Ihrem Trainingslogbuch ein paar Notizen zur gesamten Trainingsbelastung, damit Sie Ihre Fortschritte abschätzen können.

Puls

Wie schnell Ihr Herz schlägt, hängt unmittelbar davon ab, wie schwer Sie schuften müssen. Ihr Herzfrequenz-Zielbereich ist der Bereich, in dem sich Ihre Herzfrequenz während einer Belastungsphase bewegen soll. Er definiert sich danach, wie schnell Ihr Herz maximal schlagen kann. High-Energy-Walker zielen auf einen Herzfrequenzbereich von 75 bis 95 Prozent ihrer maximalen Herzfrequenz.

Die Belastungsintensität ist beim High-Energy-Walking sehr hoch. Sie sollten sich deshalb langsam an eine solche Belastung herantasten, bevor Sie High-Energy-Einheiten regelmäßig in Ihr Programm einbauen. Ansonsten riskieren Sie, sich zu verletzen oder sich zumindest tagelang mit Muskelkater über die Runden zu quälen.

Über den Daumen gepeilt, ermitteln Sie Ihre maximale Herzfrequenz dadurch, dass Sie Ihr Alter von 220 abziehen. Multiplizieren Sie das Ergebnis einmal mit 0,75 und einmal mit 0,95 und schon haben Sie Ihren Herzfrequenz-Zielbereich für das High-Energy-Walking. Wenn Sie also 35 Jahre alt sind, ziehen Sie 35 von 220 ab und erhalten einen Maximalpuls von 185. Multiplizieren Sie nun 185 mit 0,75 und 0,95, dann erhalten Sie einen Bereich von 140 bis 175. Das heißt, Ihr Puls sollte beim Walken zwischen 140 und 175 Schlägen pro Minute liegen.

Sie können Ihren Puls entweder am Handgelenk oder am Hals messen. Nehmen Sie dazu Ihren Zeige- und Mittelfinger – nicht den Daumen, denn der hat einen eigenen Puls. Zählen

Sie die Pulsschläge 15 Sekunden lang und multiplizieren Sie das Ergebnis mit vier. Sie können natürlich auch einen Pulsmesser verwenden, um jederzeit und ohne große Rechnerei über Ihre Herzfrequenz auf dem Laufenden zu sein.

Messen Sie Ihren Puls auf dem Höhepunkt der Trainingsbelastung, meist also, wenn Sie mitten in der Trainingseinheit stecken und Ihr höchstes Tempo erreicht haben. Empfehlenswert ist auch, den Puls eine Minute nach Beginn der Entspannungsphase zu messen, damit Sie sehen können, wie schnell er sinkt. Allgemein gilt: Je schneller sich Ihr Puls normalisiert, desto fitter sind Sie.

Wenn Sie High-Energy-Walking ernsthaft und langfristig betreiben wollen, ist es empfehlenswert, Ihre maximale Herzfrequenz von einem Arzt oder einem qualifizierten Trainer objektiv messen zu lassen. Die Faustformel mit dem Alter, die ich Ihnen in diesem Buch an die Hand gebe, ist nur ein grober Schätzwert, der auf Hochrechnungen beruht, die sich über die Jahre aus vielen Untersuchungen ergeben haben. Dieser Schätzwert kann aber bis zu 30 Schläge pro Minute vom tatsächlichen Wert abweichen. In den unteren Bereichen ist das nicht so schlimm. Wenn Sie sich aber länger an der oberen Grenze Ihres Ziel-Herzfrequenzbereiches aufhalten wollen, sollten Sie Ihr Maximum möglichst genau kennen.

Ihre maximale Herzfrequenz ist der Wert, den Ihr Herz auf keinen Fall überschreiten kann, auch wenn Sie sich noch so viel anstrengen wollen. Man kann diesen Wert durch ein Belastungs-EKG messen, das in der Regel auf einem Heimtrainer oder einem Laufband gemacht wird. Dabei radeln, walken oder laufen Sie so lange mit zunehmender Geschwindigkeit, bis Sie nicht mehr können. Währenddessen misst der Arzt oder Trainer Ihre Herzfrequenz und einige andere Werte. Je nach dem technischen Umfang des Messgeräts werden Sie mit Elektroden beklebt und müssen eine Atemmaske tragen.

Das subjektive Belastungsempfinden (RPE)

Die RPE-Skala habe ich in Kapitel 5 ausführlich vorgestellt. Kurz gesagt, ordnet man auf Grund der Beobachtung bestimmter Faktoren seine Trainingsbelastung auf einer Skala von 1 bis 10 ein. Der Wert 1 entspricht dabei einer sehr geringen, der Wert 10 einer sehr hohen Belastung. Achten Sie während der Trainingseinheit darauf, wie sich Ihre Muskeln anfühlen, wie schwer Ihnen das Atmen fällt, wie stark Sie schwitzen, und beziehen Sie alles mit ein, was Sie als belastungsrelevant betrachten. Ordnen Sie dann Ihren Beobachtungen einen Wert auf der Skala zu. High-Energy-Walker sollten sich in einem Bereich zwischen 8 und 10 auf der RPE-Skala bewegen.

Der Sprechtest

Durch lautes Sprechen – dazu müssen Sie keine Gesprächspartner haben – können Sie feststellen, wie intensiv Sie trainieren. Während eines High-Energy-Walks sollten Sie auf dem Höhepunkt der Belastung gerade noch in der Lage sein, gelegentlich einzelne Worte atemlos auszustoßen. Wenn Sie problemlos Einzelheiten Ihrer letzten Steuererklärung erläutern können, legen Sie einen Zahn zu. Wenn Sie nur noch nach Luft schnappen können, schalten Sie einen Gang zurück.

Bewahren Sie Haltung

Es ist ein weit verbreiteter Irrtum anzunehmen, man könne ein schnelleres Walkingtempo dadurch erreichen, dass man einfach längere Schritte machte. Das Geheimnis beim High-Energy-Walking ist vielmehr die Erhöhung der Schrittfrequenz bei normaler oder leicht verkürzter Schrittlänge. Stellen Sie sich einfach vor, Sie laufen auf einem Hochseil und setzen Ihre Schritte schnurgerade voreinander. Schwingen Sie nicht, wie bei anderen Walkingformen, nach der Seite. Diese Technik führt zu dem bekannten High-Energy-Walking-Hüftwackeln, das ein wenig an die Geher erinnert.

Beim High-Energy-Walken folgen Ihre Füße Ihren Armen. Anders ausgedrückt: Die Arme sorgen für den nötigen Vortrieb. Wenn Sie mit den Armen kräftig und gerade nach vorne ausholen und sich darauf konzentrieren, Ihren Schritt mit dem Armschwung zu koordinieren, werden Sie schneller und gerader walken.

Bei Ihren ersten High-Energy-Versuchen sollten Sie vor allem auf die richtige Technik achten. Die Hüftbewegung wird Ihnen zunächst übertrieben und Ihr Schritt etwas gezwungen erscheinen. Meist braucht man zwei bis drei Trainingseinheiten, bis man sich einigermaßen damit wohl fühlt. Konzentrieren Sie sich anfangs mehr auf Ihre Haltung als auf das Tempo. Erst wenn Sie die Technik sicher beherrschen, können Sie Gas geben. Gehen Sie auch hier beim Walken immer wieder die Haltungs-Checkliste durch, damit sich keine Fehler einschleichen. Wenn Sie diesen Walkstil verinnerlicht haben, werden Sie glauben, über den Boden zu gleiten. Abbildung 9.1 zeigt die richtige High-Energy-Walkinghaltung.

Mit der folgenden Haltungs-Checkliste haben Sie Ihre Haltung bei High-Energy-Walking jederzeit im Blick:

- ✔ **Kopf:** Halten Sie den Kopf hoch und mittig zwischen den Schultern. Das Kinn hoch und die Augen geradeaus. Kopf und Hals sollten leicht und entspannt über den Schultern »schweben«.
- ✔ **Schultern:** Halten Sie die Schultern unten und leicht nach hinten. Achten Sie darauf, dass sie nicht nach vorne oder in Richtung Ohren wandern.
- ✔ **Brust:** Brust raus, aber nicht übertreiben. Stellen Sie sich vor, Sie wären eine Marionette und Ihre Brust würde von einer Schnur in der Mitte leicht nach oben gezogen.
- ✔ **Arme:** Winkeln Sie den Unterarm etwas weniger als 90° an. Schwingen Sie mit den Armen pendelartig nach vorne und hinten – nicht nach den Seiten – und halten Sie sie nahe am Körper. Auf dem höchsten Punkt der Armbewegung befindet sich Ihr Ellenbogen etwa in Höhe des Brustbeins, auf dem niedrigsten Punkt streift Ihr Arm Ihre Hüfte.

Abbildung 9.1: Die richtige High-Energy-Walkinghaltung

- ✔ **Hände:** Lassen Sie die Hände relativ entspannt hängen. Die Finger bleiben dabei ganz von selbst leicht gekrümmt.
- ✔ **Bauchmuskeln:** Legen Sie sich ganz leicht nach vorne, bis Sie das Gefühl haben, eher kontrolliert zu fallen als zu walken. Ziehen Sie den Bauchnabel leicht in Richtung Wirbelsäule ein und schützen Sie damit Ihren Rücken.
- ✔ **Hüften:** Auch wenn Sie schnelle Schritte in gerader Linie machen, müssen Sie etwas mit den Hüften wackeln. So können Sie mit den Hüften den nötigen Vortrieb für eine höhere Geschwindigkeit erzeugen.
- ✔ **Oberschenkel:** Machen Sie normale oder etwas kürzere Schritte, dafür aber mehr pro Minute als sonst. Strecken Sie das nach vorne ausholende Bein so, dass Ihr Knie im Moment des Bodenkontakts fast durchgedrückt ist, und zwar so lange, bis das andere Bein nach vorne ausholt.
- ✔ **Füße:** Stellen Sie sich vor, Sie laufen auf einem Seil. Setzen Sie jeweils einen Fuß in gerader Linie vor den anderen und halten Sie diese Linie. Unterstützen Sie das Anheben der Zehen durch die Fußgelenke. Sie sollten zuerst mit der Ferse aufkommen, dann über den ganzen Fuß abrollen und sich energisch nach vorne abstoßen. Achten Sie darauf, dass Schrittrhythmus und Armbewegung harmonieren.

- **Atmung und Puls:** Sie werden tief und kräftig atmen, sollten aber darauf achten, dass Ihr Atem gleich- und regelmäßig bleibt. Bleiben Sie auch dann möglichst entspannt, wenn Ihr Herz etwas kräftiger wummert.

Ein wenig Übung braucht man schon, bis man die High-Energy-Walkingtechnik drauf hat. Ich möchte Ihnen deshalb ein paar Übungen an die Hand geben, mit deren Hilfe Sie ein besseres Gefühl für den richtigen Bewegungsablauf entwickeln können.

- **Nach vorne legen:** Walken Sie ein paar Minuten langsam und lehnen Sie sich dabei mal übertrieben nach hinten und mal übertrieben nach vorne. Erkunden Sie Ihr Körpergefühl in beiden Lagen. Versuchen Sie dann, sich nur ganz leicht beim Walken nach vorne zu lehnen. Wenn Sie den richtigen Punkt erreicht haben, sollten Sie einen wirklichen Vortrieb spüren, wenn Sie mit Ihrem Führungsbein nach vorne ausholen. Erhöhen Sie dann das Tempo, bis Sie diesen Vortrieb auch bei voller High-Energy-Gangart spüren.

- **Rücken und Bauchmuskeln:** So mancher walkt ein wenig gesäßbetont, wenn es ans High-Energy-Walken geht. Eine solche Haltung kann Rückenschmerzen verursachen. Die Ursache für diese Fehlhaltung liegt oft bei verspannten Rücken- und schwachen Bauchmuskeln, denen die Kraft für die richtige Haltung fehlt. Um dem entgegenzuwirken, sollten Sie die Übungen *Asymmetrische Streckungen* und *Teilweises Aufrollen* in Kapitel 11 machen. Verspannungen begegnen Sie am besten mit Stretch-Übungen wie *Katze und Kuh*, *Brezel* und *Ach, du liebes Knie*.

- **Schulter und Armschwung:** Damit es Ihnen leichter fällt, die richtige Schulterhaltung und Armbewegung beizubehalten, stellen Sie sich vor, Sie seien eins dieser kleinen Legomännchen (keine Angst, es gibt auch weibliche Modelle), die ihre Arme nur von vorne nach hinten bewegen können. Es ist Ihnen einfach nicht möglich, die Arme seitlich nach innen oder außen zu bewegen. Üben Sie die richtige und die falsche Armbewegung vor dem Spiegel, damit Sie den Unterschied sehen können. Wenn Sie Zugang zu einem Laufband mit einem Spiegel davor haben, können Sie diese Übung auch beim Walken machen.

- **Hüftwackeln:** Wenn es bei Ihnen nicht so richtig wackeln will, liegt das meist an der mangelnden Flexibilität der Hüften. Machen Sie die Stretchübungen *Brezel* und *Ach, du liebes Knie* in Kapitel 12, um die Hüftflexibilität zu verbessern. Stellen Sie sich vor, Sie hätten vorne auf Ihren Beinen zwei Streifen, die bis zum Boden laufen. Bei richtigem Hüfteinsatz bewegen sich diese Streifen im Vergleich zu Ihrer vertikalen Körperachse nach vorne und hinten und nicht etwa seitlich.

- **Oberschenkel:** Versuchen Sie, einen Fuß ziemlich nah vor den anderen zu setzen, damit Ihr Schritt nicht zu lang wird. Betonen Sie das Anheben der Zehen. Wärmen Sie sich vor einem High-Energy-Walk gut auf, damit Knie und Hüften beweglicher sind.

- **Füße und Knöchel:** Achten Sie darauf, dass Ihre Zehen gerade nach vorne zeigen und nicht nach innen oder außen. Walken Sie ruhig ein paar Minuten auf den Fersen, ohne den Boden mit den Zehen zu berühren. Bauen Sie diese Übung in Ihr Aufwärmprogramm ein. Dehnen Sie Ihre Waden- und Schienbeinmuskeln unmittelbar nach jedem High-Energy-Walk. (Die entsprechenden Übungen finden Sie in Kapitel 12.)

High-Energy-Walkingprogramme

In diesem Abschnitt finden Sie drei einfache High-Energy-Walkingprogramme, die auf Walker zugeschnitten sind, die ein oder zwei High-Energy-Walks in ihr Walkingprogramm einbauen wollen.

Das erste Programm (Tabelle 9.1) arbeitet mit Intervallen: Dabei wechselt man zwischen Fitness-Walking und High-Energy-Walking hin und her. Auf diese Weise kann man den Körper gut an die doch etwas andere und anstrengendere Walkingart heranführen. Nach ein paar Wochen können Sie das zweite, volle High-Energy-Programm versuchen.

Intervall	Walkingstufe	Dauer
Warm-up	Lifestyle-Walking	5 Minuten
1	Fitness-Walking	3 Minuten
2	High-Energy-Walking	2 Minuten
3	Fitness-Walking	3 Minuten
4	High-Energy-Walking	2 Minuten
5	Fitness-Walking	3 Minuten
6	High-Energy-Walking	2 Minuten
7	Fitness-Walking	3 Minuten
8	High-Energy-Walking	2 Minuten
9	Fitness-Walking	3 Minuten
Cool-down	Lifestyle-Walking	5 Minuten
Gesamtdauer		32 Minuten

Tabelle 9.1: High-Energy-Walkingprogramm I

Mit dem zweiten High-Energy-Trainingsprogramm (Tabelle 9.2) können Sie aufs Ganze gehen. Damit Sie nicht so sehr auf eventuelle Unebenheiten der Strecke achten müssen, können Sie Ihre ersten Versuche auch auf einem Laufband oder einer Laufbahn wagen. Auf einem Laufband können Sie meist auch auf einem Display Laufzeit und zurückgelegte Entfernung ablesen.

Intervall	Walkingstufe	Dauer
Warm-up	Lifestyle-Walking	5 Minuten
1	Fitness-Walking	3 Minuten
2	High-Energy-Walking	15 bis 44 Minuten
3	Fitness-Walking	3 Minuten
Cool-down	Lifestyle-Walking	5 Minuten
Gesamtdauer		31 bis 60 Minuten

Tabelle 9.2: High-Energy-Walkingprogramm II

Das dritte High-Energy-Trainingsprogramm (Tabelle 9.3) verfolgt einen anderen Ansatz als die anderen Programme in diesem Buch. Es basiert nämlich nicht auf Zeitintervallen, sondern auf Teildistanzen der Gesamtstrecke. Dieses Konzept ist besonders für Walker interessant, die an Wettkämpfen teilnehmen möchten, denn Wettkämpfer orientieren sich eher an der zurückgelegten Distanz als an der Gesamtdauer des Trainings. Auch dieses Trainingsprogramm sollte man vielleicht erst auf der Laufbahn oder dem Laufband ausprobieren, weil die Streckenlängen dort leichter mitzuverfolgen sind.

Intervall	Walkingstufe	Distanz
Warm-up	Lifestyle-Walking	400 m
1	Fitness-Walking	400 m
2	High-Energy-Walking	800 m
3	Fitness-Walking	400 m
4	High-Energy-Walking	800 m
5	Fitness-Walking	400 m
6	High-Energy-Walking	1.600 m
7	Fitness-Walking	400 m
8	High-Energy-Walking	1.200 m
9	Fitness-Walking	400 m
Cool-down	Lifestyle-Walking	400 m
Gesamtdistanz		7.200 m

Tabelle 9.3: High-Energy-Walkingprogramm III

Kalorienzähler

Mit Hilfe von Tabelle 9.4 können Sie bestimmen, wie viele Kalorien Sie bei jeder High-Energy-Walkingeinheit verbrauchen. Dazu müssen Sie nur nachsehen, wie viele Kalorien Sie auf der Grundlage Ihres Körpergewichts pro Minute verbrennen, und das Ergebnis mit Ihren Walkminuten multiplizieren.

Körpergewicht (in kg)	Geschätzter Kalorienverbrauch (bei einer Durchschnittsgeschwindigkeit von 7,6 km/h)	Geschätzter Kalorienverbrauch (bei einer Durchschnittsgeschwindigkeit von 7,6 km/h und leichten Steigungen)
52–56	7,0 Kalorien pro Minute	8,0 Kalorien pro Minute
58–63	8,0 Kalorien pro Minute	9,0 Kalorien pro Minute
65–69	8,5 Kalorien pro Minute	10,0 Kalorien pro Minute
72–76	9,5 Kalorien pro Minute	11,0 Kalorien pro Minute
78–83	10,0 Kalorien pro Minute	12,0 Kalorien pro Minute

Körpergewicht (in kg)	Geschätzter Kalorienverbrauch (bei einer Durchschnittsgeschwindigkeit von 7,6 km/h)	Geschätzter Kalorienverbrauch (bei einer Durchschnittsgeschwindigkeit von 7,6 km/h und leichten Steigungen)
85–90	11,0 Kalorien pro Minute	13,0 Kalorien pro Minute
92–96	12,0 Kalorien pro Minute	14,0 Kalorien pro Minute
99–103	13,0 Kalorien pro Minute	14,5 Kalorien pro Minute
105–110	13,5 Kalorien pro Minute	15,5 Kalorien pro Minute

Tabelle 9.4: Kalorienverbrennung beim High-Energy-Walking

Willkommen in der grauen Zone

Nein, nein, die graue Zone ist nicht der Bereich für Rentner und Pensionäre. Es handelt sich dabei vielmehr um einen Geschwindigkeitsbereich, in dem die Kalorienverbrennung exponentiell zunimmt. Dieser Bereich beginnt dort, wo es für den Walker einfacher wäre, ins Laufen überzugehen. Je nach Beinlänge, Körpermechanik und Fitness reden wir hier immerhin von acht bis zehn km/h. Untersuchungen haben ergeben, dass man bei einem Körpergewicht von ca. 60 kg in 30 Minuten bis zu 400 Kalorien verbrennen kann, wenn man bei dieser Geschwindigkeit walkt statt läuft. Das ist etwa so viel wie bei schnellem Laufen.

Wenn Sie also megamäßig viele Kalorien verbrennen wollen, sollten Sie mal 20 Minuten in der grauen Zone walken. Grauzonen-Walking ist eine Art aufgemotztes High-Energy-Walking. Man macht kurze, schnelle und kräftige Schritte und steigert die Geschwindigkeit so weit, dass man aufpassen muss, nicht ins Laufen zu verfallen. Die Haltung ist aufrecht, die Schultern entspannt und die etwas höher als parallel zum Boden angewinkelten Arme schwingen gegengleich zur Beinbewegung. Wenn Sie die Arme quer pendeln lassen, werden Sie nicht den nötigen Vortrieb für diese Geschwindigkeit erreichen. Die Kraft für die Schritte kommt aus den Hüften, was natürlich nicht ohne das charakteristische Hüftwackeln abgeht. Wenn Sie das Grauzonen-Walking mit fünf Minuten Warm-up und fünf Minuten Cool-down verbinden, verbrennen Sie etwa 330 Kalorien. (Je nach Ihrem Gewicht können es auch mehr oder weniger sein.)

Walk-Lauf

10

In diesem Kapitel

- Entscheiden Sie, ob der Walk-Lauf etwas für Sie ist
- Lernen Sie die Vorzüge des Walk-Laufs kennen
- Finden Sie heraus, wie viel Sie sich abverlangen können
- Arbeiten Sie an Ihrer Laufhaltung
- Wählen Sie ein Walk-Lauf-Programm
- Verbrennen Sie Kalorien
- Messen Sie Ihre Geschwindigkeit

Dem Laufen wird seit jeher eine herausragende Bedeutung zugeschrieben. Viele, die neu zu mir kommen, erzählen mir, Laufen sei die einzige Trainingsform, mit der sie sich in Form bringen können. Wenn ich ihnen dann empfehle, erst mal mit dem Walking anzufangen, ziehen die meisten skeptisch die Augenbrauen in die Höhe (das verbraucht allerdings weniger Kalorien als zustimmendes Kopfnicken). Wenn ich dann noch behaupte, mit Walking könne man die höchsten Fitness-Stufen erklimmen, ohne auch nur einen einzigen Schritt zu laufen, halten sie mich für völlig übergeschnappt. Sie können einfach nicht glauben, dass sie mit Walking irgendetwas bewirken können.

Weil es manchen Walkern ab und zu in den Füßen juckt, auch mal zu laufen, möchte ich in diesem Kapitel eine Möglichkeit vorstellen, wie man Walken und Laufen verbinden kann: den Walk-Lauf. Wie das Wort schon sagt, wechselt man beim Walk-Lauf zwischen Walken und Laufen hin und her. Diese Zwitterform wird sogar immer populärer und gewinnt zunehmend an Eigenständigkeit. Einige Sportartikelhersteller, besonders Nike und Side1, bieten schon spezielle Schuhe für den Walk-Lauf an.

Wer sich für den Walk-Lauf interessiert, findet in diesem Kapitel alles, was man wissen muss, um Walk-Lauf-Elemente in ein Trainingsprogramm mit einbeziehen zu können. Wie dem auch sei, der Walk-Lauf ist nur eine zusätzliche Trainingsoption. Wenn Sie sagen, es juckt Sie aber gar nicht in den Füßen, dann können Sie ohne Frage auch mit den anderen Walkingstufen und Trainingsprogrammen topfit werden. Andererseits kann ein Versuch nichts schaden: Vielleicht finden Sie ja Spaß daran und es bringt etwas Abwechslung in Ihren Trainingsplan.

Sind Sie reif für den Walk-Lauf?

Sie können getrost einen Walk-Lauf wagen, wenn die meisten der folgenden Aussagen auf Sie zutreffen:

- ✔ Sie trainieren regelmäßig und haben in den letzten sechs Wochen oder länger mindestens einen High-Energy-Walk pro Woche gemacht.
- ✔ Sie haben höchstens eine der Fragen zum Herz-Kreislauf-Risiko in Kapitel 1 mit Ja beantwortet. Wenn Sie mehr als eine der Fragen mit Ja beantwortet haben, fragen Sie Ihren Arzt, ob diese mäßig bis stark anstrengende Form des Training für Sie in Frage kommt.
- ✔ Ihr Bodymass-Index (BMI) liegt zwischen 18,5 uns 25 und/oder Ihr Taillen-Hüft-Quotient ist kleiner als 1 (Männer) bzw. kleiner als 0,85 (Frauen). Wie Sie diese Werte ermitteln können, finden Sie in Kapitel 1 erklärt.
- ✔ Ihr Körperfettanteil liegt zwischen 12 und 20 Prozent (Männer) bzw. zwischen 16 und 26 Prozent (Frauen). In Kapitel 1 finden Sie eine Anweisung, wie Sie diesen Wert über den Daumen anpeilen können.
- ✔ Sie brauchen für vier Stadionrunden (1.600 m) weniger als 15 Minuten und 37 Sekunden (Männer) bzw. weniger als 16 Minuten 39 Sekunden (Frauen).
- ✔ Sie haben keine oder allenfalls geringe chronische Gelenkbeschwerden, die die Belastbarkeit der Knie, Knöchel, Hüfte oder des Rückens einschränken.
- ✔ Ihre Ziele sind eine höhere Geschwindigkeit, eine verbesserte Ausdauer, eine maximale Muskelbeteiligung, eine sehr gute Gewichtsabnahme oder die Teilnahme an einem Wettkampf.
- ✔ Ihr Ziel ist es, mit einem Laufprogramm anzufangen oder Laufeinheiten in Ihr Trainingsprogramm einzubauen.

Ihre Antworten auf die obigen Aussagen sollen als Richtlinie dienen, sie sind nicht in Stein gemeißelt. Auch wenn Sie nicht so schnell walken können wie oben angegeben, können Sie immer mal wieder ein paar Minuten in leichten Trab verfallen. Verlassen Sie sich auf Ihre Selbsteinschätzung. Nur Sie selbst können entscheiden, ob Sie so weit sind, Laufintervalle in Ihr Trainingsprogramm aufzunehmen. Möglicherweise werden Sie es als angenehm empfinden, ab und zu eine andere Gangart wählen zu können, solange Sie sich dabei nicht überanstrengen oder verletzen. (Mehr zum Laufen erfahren Sie in *Laufen für Dummies* von Florence Griffith Joyner und John Hanc (mitp-Verlag, 2002.)

Walk-Lauf, warum?

Wenn man immer wieder Laufintervalle in einen Walk einstreut, erhöht man die Trainingsintensität und verbrennt mehr Kalorien. Ich möchte aber hier nicht den Eindruck erwecken, Walking sei eine Trainingsform zweiter Klasse. Im Gegenteil! Jede der vier Walkingstufen kann helfen, lästige Pfunde abzubauen und Herz und Kreislauf zu stärken. Das haben zahlreiche Untersuchungen eindeutig erwiesen. Sogar Lifestyle-Walker, die weniger als fünf Kilometer in der Woche zurücklegten, konnten gesundheitlich profitieren, sofern sie nur lange und oft genug walkten.

Wer regelmäßig läuft, um sich fit zu halten, der kann Verletzungen kaum aus dem Wege gehen. Walker belasten ihre Füße, unabhängig von ihrer Geschwindigkeit, bei jedem Schritt mit dem ein- bis eineinhalbfachen Körpergewicht. Läufer dagegen muten ihren Füßen das drei- bis vierfache Körpergewicht zu. Diese zusätzliche Last geht nicht spurlos an Ihrem Körper vorüber, wenn Sie ausschließlich laufen.

Wenn Sie Ihre Geschwindigkeit verbessern und möglichst viele Kalorien verbrennen wollen, sollten Sie ab und zu mal einen Walk-Lauf in Ihr Programm einfließen lassen. Da Sie immer nur kurzzeitig laufen, können Sie bei größerer Intensität die Belastung der Gelenke relativ gering halten. Der Walk-Lauf ist einfach eine Möglichkeit, noch ein wenig mehr Fitness aus Ihrer Trainingszeit herauszukitzeln. Und für alle, die laufen wollen, ohne ihre Knie, Knöchel, Hüften und Rücken zu ruinieren, bietet sich mit dem Walk-Lauf die perfekte Mischung an.

Sollten Ihre Knie allerdings schon nach ein paar Metern Jogging schmerzen, bleiben Sie lieber beim Walking. Wenn Sie die Laufintervalle durch High-Energy-Intervalle ersetzen, ist das genauso intensiv und Erfolg versprechend.

Wie viel ist genug?

Sie können bis zu drei Walk-Lauf-Einheiten in Ihr Wochenprogramm einbauen. Ideal sind dafür die Tage, an denen Sie sich etwas mehr abverlangen möchten. Wenn Sie ansonsten laufen, planen Sie ein bis zwei Walk-Läufe in Ihr Laufprogramm ein, damit Ihr Körper es auch mal etwas leichter hat. Aber ich kann es gar nicht oft genug sagen: Sie müssen den Walk-Lauf nicht ausprobieren, wenn Sie nicht das Bedürfnis danach haben. Es ist wirklich nur eine Möglichkeit, die Trainingsintensität zu steigern. Wenn Sie's mögen, nur zu. Wenn nicht, ist das kein Grund, sich irgendwie minderwertig zu fühlen!

Es gilt auch zu überlegen, wie groß der Anteil des Laufens an Ihrem Trainingsprogramm sein soll. Für den Anfang sollten Sie ein paar einminütige Laufintervalle einstreuen, um zu sehen, wie sich das anfühlt. Mit der Zeit können Sie den Anteil steigern, bis Sie zur Hälfte walken und zur anderen Hälfte laufen. Da es aber keine festen Vorgaben für den Walk-Lauf gibt, können Sie ruhig mit den Anteilen experimentieren. Wichtig ist nur, dass Sie durch langsames Herantasten herausfinden, wie viel Laufen Ihr Körper verträgt, ohne Schaden zu nehmen.

Wie intensiv soll's denn sein?

Machen Sie die Entscheidung über die Trainingsintensität beim Walk-Lauf davon abhängig, wie fit Sie sind und wie gut Sie sich in einer Trainingseinheit gerade fühlen. Abgesehen davon variiert die Intensität natürlich bedingt durch den Wechsel zwischen Lauf- und Walkeinheiten.

Beginnen Sie eine Walk-Lauf-Trainingseinheit mit fünf bis zehn Minuten leichtem Walken zum Aufwärmen. Gehen Sie dann zu 20 bis 45 Minuten mäßig schnellem bis forciertem Walk-Lauf über. Den Abschluss bilden dann wieder fünf bis zehn Minuten entspanntes Walken. Sie finden weiter hinten im Kapitel einige Beispiele für Walk-Lauf-Programme, an denen Sie sich orientieren können.

Bei Ihren ersten Walk-Lauf-Versuchen sollten Sie sich sowohl in den Walk- als auch in den Laufintervallen mit der Intensität noch ein wenig zurückhalten, bis Sie sehen, wie Sie klarkommen. In der Regel beginnt man mit einem Laufanteil von etwa zehn Prozent der für die gesamte Trainingseinheit vorgesehenen Zeit und steigert diesen Anteil dann nach und nach auf 50 Prozent. Wenn Sie erst einmal ein alter Walk-Lauf-Hase sind, können Sie mit den Anteilen nach Herzenslust herumexperimentieren.

Bewahren Sie Haltung

Während jeder Walk-Lauf-Trainingseinheit werden Sie sich auf verschiedenen Walkingstufen tummeln, meist jedoch werden Sie Fitness-walken. Einzelheiten zur jeweils richtigen Walkinghaltung finden Sie in den Kapiteln 7, 8 und 9.

Laufen ist etwas ganz anderes als Walken. Beim Walken hat immer ein Fuß Bodenkontakt, während man beim Laufen doch immer für einen kurzen Moment vom Boden abhebt. Darüber hinaus setzt man den Körper beim Laufen mehr und anders ein. Dennoch zeigt die Haltungscheckliste im folgenden Abschnitt Ähnlichkeiten der Laufhaltung (siehe Abbildung 10.1) mit der Walkinghaltung.

Überprüfen Sie Ihre Laufhaltung

- ✔ **Kopf:** Halten Sie den Kopf hoch und mittig zwischen den Schultern. Das Kinn hoch und die Augen geradeaus. Kopf und Hals sollten leicht und entspannt über den Schultern »schweben«.
- ✔ **Schultern:** Halten Sie die Schultern unten und leicht nach hinten. Achten Sie darauf, dass sie nicht nach vorne oder in Richtung Ohren wandern.
- ✔ **Brust:** Laufen Sie aufrecht mit natürlich gehobener Brust. Die Brust soll bei der Armbewegung nicht seitlich mit verschoben werden, wenn Sie laufen.

Abbildung 10.1: Das ist eine gute Laufhaltung.

- ✔ **Arme:** Winkeln Sie den Unterarm etwas weniger als 90° an. Schwingen Sie mit den Armen pendelartig nach vorne und hinten – nicht nach den Seiten – und halten Sie sie nahe am Körper. Auf dem höchsten Punkt der Armbewegung befindet sich Ihr Ellenbogen etwa in Höhe des Brustbeins, auf dem niedrigsten Punkt streift Ihr Arm Ihre Hüfte.
- ✔ **Hände:** Lassen Sie die Hände relativ entspannt hängen. Die Finger bleiben dabei ganz von selbst leicht gekrümmt.
- ✔ **Bauchmuskeln:** Ziehen Sie den Bauchnabel leicht in Richtung Wirbelsäule ein und schieben Sie das Becken ganz leicht nach vorne, so dass Sie sich groß, gestreckt und stabilisiert fühlen. Diese Haltung schützt auch Ihren Rücken.
- ✔ **Hüften:** Die Kraft für Ihre Bewegungen sollte mehr aus den Hüften als aus den Oberschenkeln kommen. Dennoch sollten die Hüften locker und die Bewegung natürlich sein (von vorne nach hinten – nicht seitlich). Richten Sie sie nach Ihren Schultern aus, um die maximale Energie für Ihren Schritt zu mobilisieren.
- ✔ **Oberschenkel:** Heben Sie die Knie an und strecken Sie Ihr Bein nach hinten, um die Schrittlänge zu vergrößern.
- ✔ **Füße:** Berühren Sie mit den Fersen fest den Boden (aber nicht hacken), rollen Sie den Fuß weich ab und stoßen Sie sich über die Zehen nach vorne ab.
- ✔ **Atmung und Puls:** Atmen Sie möglichst tief und kräftig, aber achten Sie darauf, dass Ihr Atem gleich- und regelmäßig bleibt. Passen Sie Ihren Atemrhythmus an Ihren Laufrhythmus an.

Die Übergänge

Die Übergänge zwischen Walking- und Laufeinheiten sind die Punkte, an denen sich am häufigsten Haltungsfehler einschleichen. Achten Sie deshalb an diesen Knackpunkten besonders auf Ihre Haltung. Fehler, die immer wieder gerne genommen werden, sind die folgenden:

- ✔ Der Oberkörper verliert die Haltung. Die Schultern sacken nach vorne weg und die Brust wird nach innen gezogen.
- ✔ Die Arme schwingen quer zur Laufrichtung anstatt von vorne nach hinten und die Schultern werden nach oben gezogen.
- ✔ Der untere Rücken beugt sich und die Bauchmuskeln lassen nach. Das kann auch dazu führen, dass die Knie einige Schritte lang fixiert sind.
- ✔ Man fällt nach vorne, läuft fast nur noch auf den Zehenspitzen und hat kaum noch Bodenkontakt mit den Fersen.

Denken Sie an diese Haltungsfehler, wenn Sie zwischen den verschiedenen Schrittarten hin und her wechseln, und versuchen Sie, sie zu vermeiden. Am schwierigsten ist das wahrscheinlich nach besonders anstrengenden Intervallen. Wenn man gerade alles gegeben hat und ganz dringend eine Pause braucht, ist Haltung nicht gerade das Erste, woran man denkt. Am besten beschleunigen und verlangsamen Sie Ihr Tempo allmählich, anstatt Gas und Bremse immer gleich bis zum Anschlag durchzutreten – nehmen Sie sich ruhig ein paar Schritte Zeit für die Übergänge.

Walk-Lauf-Programme

Die Walk-Lauf-Programme in diesem Abschnitt sind so angelegt, dass sie die Laufanteile, die gesamte Trainingszeit, die Trainingsintensität und den Kalorienverbrauch stetig steigern. Fangen Sie mit den Programmen für Anfänger an. Da diese nur einen kleinen Laufanteil haben, können Sie erst einmal erkunden, wie Ihr Körper mit dem Laufen fertig wird.

Das erste Anfängerprogramm (siehe Tabelle 10.1) sieht beispielsweise nur drei Minuten Laufen vor. Das hört sich nicht nach viel an, aber Sie werden sich wundern. Es kann schon sein, dass Sie Ihren ersten Walk-Lauf ein paar Tage in den Knochen spüren. Das ist normal. Wenn allerdings Ihre Gelenke schmerzen, ist das mit dem Laufen nichts für Sie. Sie sollten dann besser eine andere Möglichkeit wählen, Ihr Walkingprogramm zu intensivieren.

Das zweite Programmbündel für Fortgeschrittene (siehe Tabelle 10.2) steigert sowohl den Laufanteil als auch die Trainingsintensität. Sie sollten aber erst einmal etwa einen Monat die Anfängerprogramme durchlaufen haben, bevor Sie weiter fortschreiten. Das dritte Programmbündel (siehe Tabelle 10.3) für weiter Fortgeschrittene steigert den Laufanteil noch weiter und verlangt eine hohe Trainingsintensität über längere Intervalle. Sie sollten nicht damit anfangen, bevor Sie nicht etwa einen Monat mit dem Fortgeschrittenenprogramm gute

Erfahrungen gemacht haben. Sie müssen aber auch nicht über das Anfängerprogramm hinausgehen, wenn Sie nicht wollen. Auf ein Walk-Lauf-Programm für Fortgelaufene habe ich hier bewusst verzichtet.

Wenn Sie den Laufanteil allmählich steigern, können Sie Ihr Trainingsprogramm intensivieren, ohne ein größeres Verletzungsrisiko eingehen zu müssen. Laufen belastet Ihren Körper wesentlich mehr als Walken. Wenn Sie zu schnell zu viel laufen, laufen Sie Gefahr, sich zu verletzen.

Programm 1	Programm 2	Programm 3
5 Minuten leichtes Walken	5 Minuten leichtes Walken	5 Minuten leichtes Walken
5 Minuten mäßiges Walken	5 Minuten mäßiges Walken	5 Minuten mäßiges Walken
1 Minute leichtes Laufen	2 Minuten leichtes Laufen	3 Minuten leichtes Laufen
5 Minuten mäßiges Walken	5 Minuten mäßiges Walken	5 Minuten mäßiges Walken
1 Minute leichtes Laufen	2 Minuten leichtes Laufen	3 Minuten leichtes Laufen
5 Minuten mäßiges Walken	5 Minuten mäßiges Walken	5 Minuten mäßiges Walken
1 Minute leichtes Laufen	2 Minuten leichtes Laufen	3 Minuten leichtes Laufen
3 Minuten mäßiges Walken	3 Minuten mäßiges Walken	3 Minuten mäßiges Walken
3 Minuten leichtes Walken	3 Minuten leichtes Walken	3 Minuten leichtes Walken
Gesamte Walkzeit: 26 Minuten	Gesamte Walkzeit: 26 Minuten	Gesamte Walkzeit: 26 Minuten
Gesamte Laufzeit: 3 Minuten	Gesamte Laufzeit: 6 Minuten	Gesamte Laufzeit: 9 Minuten
Trainingszeit: 29 Minuten	Trainingszeit: 32 Minuten	Trainingszeit: 35 Minuten
Kalorienverbrauch: etwa 175	Kalorienverbrauch: etwa 205	Kalorienverbrauch: etwa 240

Tabelle 10.1: Walk-Lauf-Programme für Anfänger

Programm 1	Programm 2	Programm 3
5 Minuten leichtes Walken	5 Minuten leichtes Walken	5 Minuten leichtes Walken
3 Minuten mäßiges Walken	3 Minuten intensives Walken	4 Minuten intensives Walken
3 Minuten leichtes Laufen	3 Minuten mäßiges Laufen	4 Minuten mäßiges Laufen
3 Minuten mäßiges Walken	3 Minuten intensives Walken	4 Minuten intensives Walken
3 Minuten leichtes Laufen	3 Minuten mäßiges Laufen	4 Minuten mäßiges Laufen
3 Minuten mäßiges Walken	3 Minuten intensives Walken	4 Minuten intensives Walken
3 Minuten leichtes Laufen	3 Minuten mäßiges Laufen	4 Minuten mäßiges Laufen
3 Minuten mäßiges Walken	3 Minuten mäßiges Walken	3 Minuten mäßiges Walken
3 Minuten leichtes Laufen	3 Minuten leichtes Laufen	3 Minuten leichtes Laufen
3 Minuten mäßiges Walken	3 Minuten mäßiges Walken	3 Minuten mäßiges Walken
3 Minuten leichtes Walken	3 Minuten leichtes Walken	3 Minuten leichtes Walken

Programm 1	Programm 2	Programm 3
Gesamte Walkzeit: 23 Minuten	Gesamte Walkzeit: 23 Minuten	Gesamte Walkzeit: 27 Minuten
Gesamte Laufzeit: 12 Minuten	Gesamte Laufzeit: 12 Minuten	Gesamte Laufzeit: 15 Minuten
Trainingszeit: 35 Minuten	Trainingszeit: 35 Minuten	Trainingszeit: 42 Minuten
Kalorienverbrauch: etwa 255	Kalorienverbrauch: etwa 290	Kalorienverbrauch: etwa 361

Tabelle 10.2: Walk-Lauf-Programm für Fortgeschrittene

Programm 1	Programm 2	Programm 3
5 Minuten leichtes Walken	5 Minuten leichtes Walken	5 Minuten leichtes Walken
3 Minuten mäßiges Walken	3 Minuten intensives Walken	4 Minuten intensives Walken
3 Minuten mäßiges Laufen	4 Minuten mäßiges Laufen	4 Minuten intensives Laufen
3 Minuten mäßiges Walken	4 Minuten intensives Walken	4 Minuten intensives Walken
3 Minuten mäßiges Laufen	4 Minuten mäßiges Laufen	4 Minuten intensives Laufen
3 Minuten mäßiges Walken	4 Minuten intensives Walken	5 Minuten intensives Walken
3 Minuten mäßiges Laufen	4 Minuten mäßiges Laufen	4 Minuten intensives Laufen
3 Minuten mäßiges Walken	4 Minuten intensives Walken	3 Minuten intensives Walken
3 Minuten mäßiges Laufen	4 Minuten mäßiges Laufen	3 Minuten intensives Laufen
3 Minuten mäßiges Walken	4 Minuten intensives Walken	3 Minuten intensives Walken
3 Minuten leichtes Walken	3 Minuten leichtes Walken	3 Minuten leichtes Walken
Gesamte Walkzeit: 23 Minuten	Gesamte Walkzeit: 27 Minuten	Gesamte Walkzeit: 27 Minuten
Gesamte Laufzeit: 12 Minuten	Gesamte Laufzeit: 16 Minuten	Gesamte Laufzeit: 15 Minuten
Trainingszeit: 35 Minuten	Trainingszeit: 43 Minuten	Trainingszeit: 42 Minuten
Kalorienverbrauch: etwa 302	Kalorienverbrauch: etwa 386	Kalorienverbrauch: etwa 409

Tabelle 10.3: Walk-Lauf-Programm für weiter Fortgeschrittene

Die hier verwendeten Begriffe »leicht«, »mäßig« und »intensiv« beschreiben die Intensität der jeweiligen Einheit. Damit Sie wissen, was ich damit meine, will ich sie im Folgenden näher erläutern.

Leicht

Leichte Intensität entspricht einer Geschwindigkeit, die Sie sowohl beim Walken als auch beim Laufen ohne größere Mühe eine ganze Weile beibehalten können. In Zahlen drückt sich das folgendermaßen aus:

✔ Ihr Herzfrequenz-Zielbereich liegt bei 50 bis 60 Prozent der altersbasierten maximalen Herzfrequenz. Wie Sie beide Werte errechnen, finden Sie in Kapitel 5 erklärt.

- Der RPE-Wert liegt zwischen 4 und 6. Die RPE-Skala wird ebenfalls in Kapitel 5 behandelt.
- Sie atmen gleichmäßig und können sich bei gut hörbarem Atmen normal unterhalten.
- Die meisten Menschen belasten sich leicht, wenn sie mit einer Geschwindigkeit von vier bis sechs km/h walken. Das entspricht der Intensität des Lifestyle-Walkings.
- Die meisten Menschen belasten sich leicht, wenn sie mit einer Geschwindigkeit von sechs bis neun km/h laufen. Das entspricht in etwa leichtem Jogging.

Mäßig

Mäßige Intensität verlangt schon ein wenig mehr Einsatz, bewegt sich aber immer noch im angenehmen Bereich. Ob Sie sich mäßig belasten, erkennen Sie an folgenden Faktoren:

- Ihr Herzfrequenz-Zielbereich liegt bei 60 bis 75 Prozent der altersbasierten maximalen Herzfrequenz. Wie Sie beide Werte errechnen, finden Sie in Kapitel 5.
- Der RPE-Wert liegt zwischen 6 und 8. Die RPE-Skala wird ebenfalls in Kapitel 5 behandelt.
- Sie atmen tief, aber gleichmäßig. Sie können sich zwar noch unterhalten, aber nicht mehr so gut wie bei leichter Belastung.
- Die meisten Menschen belasten sich mäßig, wenn sie mit einer Geschwindigkeit von sechs bis sieben km/h walken. Das entspricht der Intensität des Fitness-Walking.
- Die meisten Menschen belasten sich mäßig, wenn sie mit einer Geschwindigkeit von neun bis zehn km/h laufen. Das entspricht etwas schnellerem Jogging.

Intensiv

Jetzt müssen Sie richtig ran! Ob Sie sich intensiv belasten, erkennen Sie daran:

- Ihr Herzfrequenz-Zielbereich liegt bei 75 bis 95 Prozent der altersbasierten maximalen Herzfrequenz. Wie Sie beide Werte errechnen, finden Sie in Kapitel 5.
- Der RPE-Wert liegt zwischen 8 und 10. Die RPE-Skala wird ebenfalls in Kapitel 5 behandelt.
- Sie atmen tief und laut. Sie können nur noch gelegentlich ein paar Wortfetzen von sich geben, aber es kostet Sie Mühe. Sie fühlen deutlich, wie das Blut durch Ihren Körper gepumpt wird, wie Ihr Herz schlägt und wie schwer es Ihre Muskeln haben.
- Die meisten Menschen belasten sich intensiv, wenn sie mit einer Geschwindigkeit von sieben bis zehn km/h walken. Das entspricht der Intensität des High-Energy-Walking.
- Die meisten Menschen belasten sich intensiv, wenn sie mit einer Geschwindigkeit von zehn bis 13 km/h laufen. Das entspricht schnellem Laufen. Wenn Sie wollen, können Sie auch einen richtigen Spurt anziehen.

Kalorienzähler

Mit Hilfe von Tabelle 10.4 können Sie bestimmen, wie viele Kalorien Sie bei jeder Laufeinheit verbrauchen. Dazu müssen Sie nur nachsehen, wie viele Kalorien Sie auf der Grundlage Ihres Körpergewichts pro Minute verbrennen, und das Ergebnis mit Ihren Laufminuten multiplizieren. Den Kalorienverbrauch für die gesamte Walk-Lauf-Einheit können Sie dann ermitteln, indem Sie den Verbrauch der Laufzeiten und den Verbrauch der Walkzeiten addieren. Die Kalorienzähler für die verschiedenen Walkingstufen finden Sie in den Kapiteln 7 bis 9.

Körpergewicht (in kg)	Leichtes Laufen	Mäßiges Laufen	Intensives Laufen
	Geschätzter Kalorienverbrauch bei einer Durchschnittesgeschwindigkeit von:		
	8 km/h	10 km/h	11 km/h
52–56	8,5 Kalorien / Minute	10,0 Kalorien / Minute	11,5 Kalorien / Minute
58–63	9,5 Kalorien / Minute	11,0 Kalorien / Minute	13,0 Kalorien / Minute
65–69	10,5 Kalorien / Minute	12,5 Kalorien / Minute	14,0 Kalorien / Minute
72–76	11,5 Kalorien / Minute	14,0 Kalorien / Minute	15,5 Kalorien / Minute
78–83	13,0 Kalorien / Minute	15,0 Kalorien / Minute	17,0 Kalorien / Minute
85–90	14,0 Kalorien / Minute	16,0 Kalorien / Minute	18,5 Kalorien / Minute
92–96	15,0 Kalorien / Minute	17,0 Kalorien / Minute	20,0 Kalorien / Minute
99–103	16,0 Kalorien / Minute	18,5 Kalorien / Minute	21,0 Kalorien / Minute
105–110	17,0 Kalorien / Minute	20,0 Kalorien / Minute	23,0 Kalorien / Minute

Tabelle 10.4: Kalorienverbrennung beim Laufen

Jetzt aber Tempo

In diesem Kapitel geht es oft darum, wie schnell man walkt oder läuft. Wollen Sie Ihr Tempo und Ihre Geschwindigkeit genau ermitteln? Dazu brauchen Sie eine Uhr oder Stoppuhr und eine 400-m-Laufbahn. Jetzt müssen Sie nur noch jeweils 400 m leichtes, mäßiges und intensives Walken und das gleiche Programm für das Laufen hinlegen. Wenn Sie die Zeiten für diese 400 m jeweils mit 2,5 multiplizieren, erhalten Sie Ihre Kilometerzeit oder Ihr Tempo. Das *Tempo* bezieht sich auf die Zeit, die Sie für einen Kilometer benötigen, während die *Geschwindigkeit* sich auf die Anzahl der Kilometer bezieht, die Sie in einer Stunde zurücklegen. Tabelle 10.5 stellt Ihnen eine Umrechnungstabelle zur Verfügung, in der Sie die Beziehungen von Tempo und Geschwindigkeit ablesen können.

Wenn Sie alle sechs Zeiten am selben Tag nehmen, sind das sechs Runden auf der Laufbahn – kein schlechtes Training. Aber Sie können sich das auch in kleinere Portionen aufteilen. Achten Sie darauf, dass Sie sich vor den mäßigen und intensiven Belastungen etwa fünf Minuten aufwärmen und hinterher etwa fünf Minuten entspannen.

Walking Tempo (Minuten pro Kilometer)	Geschwindigkeit (km/h)
20,0	3,0
15,0	4,0
12,0	5,0
10,9	5,5
Walking oder Laufen Tempo (Minuten pro Kilometer)	**Geschwindigkeit (km/h)**
9,2	6,5
8,6	7,0
7,5	8,0
6,6	9,0
Laufen Tempo (Minuten pro Kilometer)	**Geschwindigkeit (km/h)**
6,3	9,5
6,0	10,0
5,5	11,0
5,0	12,0
4,6	13,0
4,4	13,5
4,1	14,5
4,0	15,0
3,8	16,0

Tabelle 10.5: Tempo/Geschwindigkeits-Umrechnungstabelle

Teil III

Aufbautraining

In diesem Teil ...

Dieser Teil verrät Ihnen, wie Sie aus Ihren Walking- und Trainingseinheiten das Beste für sich herausholen. In Kapitel 11 stehen die besten Krafttrainingsübungen für Walker auf dem Programm. In Kapitel 12 geht es dann um die besten Stretchingübungen. Kapitel 13 widmet sich fortgeschrittenen Trainingstechniken wie Intervalltraining und Tempoarbeit. Obwohl Walker im Allgemeinen kaum von Verletzungen geplagt werden, erklärt Ihnen Kapitel 14, wie Sie Verletzungen vermeiden können und wie Sie mit Schmerzen und Beschwerden umgehen, wenn es Sie dennoch erwischt. Kapitel 15 schließlich lenkt Ihre Wege in den Wald, durch Einkaufszentren, an den Strand und ins Schwimmbecken.

Krafttraining für Walker

11

In diesem Kapitel

- Erfahren Sie, warum Krafttraining auch für Walker wichtig ist
- Stemmen Sie auch die schwersten Fachbegriffe
- Besorgen Sie sich die richtige Ausrüstung
- Trainieren Sie mit Gewichten

Jetzt, wo Sie schon einiges an Zeit und Energie – oder zumindest Gedanken – in ein Walkingprogramm investiert haben, spricht eigentlich nichts dagegen, Ihr Trainingsrepertoire noch ein wenig zu erweitern.

Ich weiß natürlich, dass Sie intelligent, kritisch und viel beschäftigt sind, und sage deshalb nicht einfach »Tun Sie das, weil ich es Ihnen sage« oder »Tun Sie das, weil es gut für Sie ist«, sondern gebe Ihnen eine einleuchtende Begründung für meinen Vorschlag. Ein komplettes Fitnessprogramm setzt an drei gleichermaßen wichtigen Punkten an: Herz und Kreislauf (Walking), Beweglichkeit (Stretching, siehe Kapitel 6) und Kraft (Krafttraining). Jede dieser drei Komponenten ergänzt und unterstützt die anderen. Wenn Sie in einem dieser Bereiche Schwächen haben, können Sie aus den anderen nicht den vollen Nutzen ziehen. Klar? Nein? Dann tun Sie's einfach, es ist gut für Sie.

Ich werde Ihnen in diesem Kapitel das Wer, Was, Wann, Warum und Wie des Krafttrainings näher bringen.

Vier Gründe, warum Walker ihre Kraft trainieren sollten

Sie brauchen nicht mehr als zweimal in der Woche 20 Minuten für ein paar Kraftübungen aufzuwenden, aber von diesen insgesamt 40 Minuten werden Sie enorm profitieren. Bei einem derart großen Nutzeffekt lohnt dieser vergleichsweise geringe Einsatz allemal. Sie sind noch nicht überzeugt? Dann muss ich eben vier weitere zwingende Gründe auffahren, warum Krafttraining das Richtige für Sie ist.

Krafttraining beugt Verletzungen vor

Obwohl Walking zu den sicheren und kaum belastenden Sportarten gehört, haben auch Walker irgendwann einmal Knöchel-, Knie-, Hüft- oder Rückenbeschwerden. Manchmal rühren diese Beschwerden vom Walking her, manchmal auch von anderen sportlichen Aktivitäten –

etwa Fenster putzen, Gardinen aufhängen oder Staub saugen (die meisten Unfälle passieren bekanntlich im Haushalt). Verletzungen kann man sich natürlich auch durch Stürze oder unerwartete Fehltritte zuziehen. Kräftige Muskeln unterstützen und schützen die Gelenke und verringern so die Verletzungswahrscheinlichkeit. Auch bei Stürzen können sie zur Schadensbegrenzung beitragen. Wenn Sie schon verletzt sind, kann eine Kombination von Krafttraining und Stretching den Heilungsprozess beschleunigen und chronische Beschwerden lindern.

Krafttraining steigert die Leistungsfähigkeit

Kräftige Bein- und Gesäßmuskeln sorgen für einen kräftigen und energischen Walkingschritt. Steigungen verlieren ihren Schrecken und Sie können ungebremst nach Hause fliegen. Ein kräftiger Oberkörper sorgt für einen energischen Armschwung. Eine kräftige Rumpfmuskulatur begünstigt eine gute Walkinghaltung. Eine gute Haltung wiederum lässt Sie nicht so schnell ermüden und ermöglicht eine tiefe, regelmäßige Atmung. Kurz gesagt: Kräftige Muskeln erlauben Ihnen, weiter, schneller und länger zu walken.

Krafttraining beugt der Osteoporose vor

Osteoporose verringert die Knochendichte, bis die Knochen schließlich brüchig, schwach und porös sind, leicht brechen und den Körper nicht mehr richtig stützen können. Besonders ältere Frauen sind durch Osteoporose und Arthritis gefährdet. Im Schnitt verringert sich die Knochendichte einer Frau ab dem 35. Lebensjahr pro Jahr um etwa ein Prozent.

Wenn ein ohnehin geschwächter Knochen bricht oder Risse bekommt, kann sich der Heilungsprozess über Wochen und Monate hinziehen. Lange Zeit hat man das als eine unabänderliche Folge des Alterns hingenommen. Aufgrund neuer Erkenntnisse geht man heute davon aus, dass der Verlust der Knochendichte durch eine Kombination aus Diät (im Sinne gesunder Ernährung) und Training verlangsamt werden kann. Viele angesehene und professionell arbeitende Organisationen empfehlen heute eine Kombination aus aerobem Training (an Land), einer Diät mit hohen Anteilen an Kalzium, Vitamin D und Eiweißen und regelmäßigem Krafttraining (einschließlich Übungen mit Gewichten) als optimale Vorbeugung gegen Osteoporose für Frauen und Männer.

Ein Walkingprogramm sorgt schon einmal für das aerobe Training an Land. Walking stimuliert den Körper ausreichend, um die Knochendichte im unteren Skelettbereich zu erhalten. Aber es reicht nicht aus, um den Knochenverfall insgesamt zu verhindern.

Osteoporose ist gelenkspezifisch. Nur Knochen, die belastet werden, bleiben auch stabil. Knochen, die nicht in irgendeiner Weise stimuliert werden, sind in ständiger Gefahr, wertvolles Kalzium und andere Mineralien zu verlieren. An dieser Stelle setzt das Training mit Gewichten an.

Wenn Sie mit Gewichten arbeiten, üben die beteiligten Muskeln einen Zug auf die Knochen aus, mit denen sie verbunden sind. Dieser Reiz wird von den Knochen und Gelenken als Aufforderung interpretiert, Knochenmaterial zu stimulieren und für weitere Belastungen bereitzuhalten. Wenn Sie zum Beispiel einen Arm nach vorne strecken und heben, um ihn Ihrem Partner bedeutungsschwanger auf die Schulter zu legen, ziehen die Schultermuskeln am Oberarmknochen und am Schulterblatt, die das Schultergelenk bilden. Man kann das Gewichtstraining auf ganz bestimmte Körperpartien konzentrieren, insbesondere auf Hüften, Oberschenkel und Schultern – damit sind drei der am häufigsten von Brüchen betroffenen Körperpartien bei älteren Menschen abgedeckt.

Krafttraining hilft, abzunehmen und das Gewicht zu halten

Die Theorie besagt Folgendes: Muskelgewebe benötigt mehr Energie als Fettgewebe. Wenn Sie also Ihr Muskelgewebe vermehren, verbrennen Sie mehr Kalorien pro Tag, selbst, wenn Sie nicht trainieren. Jedes Pfund Muskeln mehr verbraucht 150 zusätzliche Kalorien am Tag. Auf ein Jahr hochgerechnet, können Sie auf diese Weise zehn Pfund abnehmen oder, anders herum betrachtet, zehn Pfund Gewichtszunahme verhindern. Das hängt natürlich davon ab, wie viel Sie essen, wie viele Kalorien Sie zusätzlich verbrennen und wie Ihr Stoffwechsel funktioniert.

Viele Menschen schrecken vor Krafttraining zurück, weil der Gedanke an riesige Muskelpakete sie zweifeln lässt, dass sie dabei auch abnehmen können. Es kann schon sein, dass die Anzeige auf der Waage nicht so schnell sinkt, wie Sie das gerne hätten, wenn Sie mit dem Krafttraining anfangen. Aber wenn Sie einigen Körperstellen mit dem Maßband zu Leibe rücken, werden Sie feststellen, dass Sie einige Zentimeter verlieren. Wie kommt das? Ganz einfach: Muskelgewebe ist dichter als Fettgewebe, es braucht also weniger Platz. Je muskulöser Sie werden, desto gestraffter und schlanker erscheinen Sie – auch wenn Sie nicht ein Pfund weniger auf die Waage bringen.

Wenn man nur berücksichtigen würde, was die Waage über manchen Bodybuilder oder Sportler sagt, hätten die meisten sicher Übergewicht. Aber wer würde die Kugelstoßerin Astrid Kumbernuss oder die Spitzenschwimmerin Sandra Völker schon als zu dick bezeichnen? Deren Gewicht besteht zum größten Teil aus Muskeln und die Körperzusammensetzung – das Verhältnis von Fett- und Muskelgewebe – bewegt sich im gesunden Bereich.

Das Muskelwörterbuch

Der menschliche Körper hat über 600 Muskeln. Glücklicherweise müssen wir uns hier nur mit etwa einem Dutzend davon beschäftigen. Das liegt daran, dass sich das Krafttraining für Walker – wie die meisten Krafttrainingsprogramme – hauptsächlich auf die größeren, häufig eingesetzten Muskeln konzentriert, die man auch gemeinhin die größeren Muskelgruppen nennt.

Wenn Sie mindestens eine Übung für jede größere Muskelgruppe regelmäßig in Ihr Trainingsprogramm einbeziehen, schlagen Sie drei Fliegen mit einer Klappe: Sie entwickeln gleichmäßig starke Muskeln, beugen Verletzungen vor und steigern Ihre Walkingleistung.

Sie werden vielleicht überrascht sein, dass ein Walker außer den Oberschenkeln auch noch andere Muskeln kräftigen sollte. Aber wenn man genauer hinschaut, stellt man fest, dass beim Walking alle größeren Muskelgruppen in unterschiedlichem Umfang eingesetzt werden. Oberschenkel- und Gesäßmuskeln bringen den Hauptvortrieb, Bauch- und andere Rumpfmuskeln halten Sie aufrecht und aus den Oberkörpermuskeln kommt die Kraft für den Armschwung.

In den folgenden Abschnitten möchte ich Sie ein wenig mit der Anatomie dieser größeren Muskelgruppen vertraut machen und Ihnen zeigen, was jede der Gruppen zum Gelingen Ihres Walkingprogramms beiträgt. Ich war schon immer der Überzeugung, dass man so viel wie möglich darüber wissen sollte, was man macht, damit man es richtig macht. Ich beginne im unteren, oberen und mittleren Teil des Körpers jeweils mit den größeren Muskeln hin zu den kleineren, was auch dem Aufbau eines guten Krafttrainings entspricht.

Die Muskeln des Unterkörpers

Die größten Muskeln des menschlichen Körpers befinden sich alle unterhalb der Gürtellinie. Dennoch möchte ich nicht darüber schweigen, denn schließlich leisten diese Muskeln die Hauptarbeit beim Walken. Es ist wichtig, diese Muskeln regelmäßig zu trainieren, damit Sie besser walken und Probleme mit der Hüfte, den Knien und den Knöcheln vermeiden können.

- **Gesäßmuskeln:** Sie wissen wahrscheinlich schon, dass Ihr Gesäßmuskel, der *Gluteus maximus*, der größte Muskel ist, den Sie haben. Er umfasst die gesamte Breite Ihres Körpers und ist dafür zuständig, dass Sie ein Bein heben können, um einen Schritt zu machen (was dachten Sie denn, wofür?). Der Gluteus muss sich noch etwas mehr ins Zeug legen, wenn Sie schnell oder bergauf walken, denn dann müssen Sie die Beine etwas höher heben.
- **Oberschenkel:** Die vorderen Oberschenkelmuskeln heißen *Quadrizeps*, die hinteren einfach *hintere Oberschenkelmuskeln*. Zusammen sind sie dafür zuständig, dass Sie Ihre Knie beugen und strecken können, was man ja beim Walking hin und wieder tun muss. (Die hinteren Oberschenkelmuskeln sorgen auch dafür, dass Sie das Bein beim Abschluss des Schritts senken können.) Beide Muskelgruppen müssen gleichmäßig stark ausgebildet sein, um Knieprobleme zu vermeiden.
- **Unterschenkel:** Der *Gastrognemius* und der *Soleus* sind die beiden größten Muskeln des hinteren Unterschenkels. Zusammen firmieren sie unter dem Namen Wadenmuskeln und sind zuständig für das Aufsetzen des Fußes auf den Boden und das Anheben der Zehen. Sie gehören zu den am meisten beanspruchten Muskeln des Körpers und sind deswegen mit einem besonderen Ermüdungsschutz ausgestattet (natürlich serienmäßig). Kräftige Wadenmuskeln spielen deshalb für die Ausdauer eine wichtige Rolle.

Die Muskeln des Oberkörpers

Warum sollten sich Walker überhaupt Gedanken über ihre Oberkörpermuskulatur machen? Nun, beim Walking hängen Vortrieb und Rhythmus nicht unwesentlich vom Armschwung ab. Ausgeprägte und starke Oberkörpermuskeln machen deshalb einen besseren Walker aus Ihnen.

- ✔ **Oberer Rücken:** Im oberen Rückenbereich gibt es mehrere große Muskeln. Der größte heißt *Latissimus dorsi* oder auf gut Deutsch breiter Rückenmuskel. Des Weiteren gibt es da noch den *Rhomboid* und den *Trapezius*. Die Muskeln des oberen Rückens sind wichtig für eine gute Haltung und einen effektvollen Armschwung. Schwächen in diesem Bereich führen dazu, dass die Schultern schnell nach vorne wegrutschen, was wiederum zu schnellerer Ermüdung und Atemproblemen führt.
- ✔ **Brust:** Ihre Brustmuskeln, der *Pektoralis*, erstrecken sich über die gesamte Breite des Rumpfes von den Achseln bis unterhalb der Brustwarzen. Sie bilden das Gegenstück zu den oberen Rückenmuskeln und liefern die Kraft für den nach vorne ausholenden Teil des Armschwungs. Auch sie sind für eine gute, aufrechte Körperhaltung wichtig.
- ✔ **Schultern:** Der *Deltoideus* oder Deltamuskel besteht aus vier Muskeln, die das obere Ende Ihres Arms umschließen. (Darunter liegen die Muskeln der Rotatorenmanschette.) Er unterstützt den Armschwung und ist ebenfalls wichtig für eine gute Haltung.

Nichts sieht schlimmer aus und hemmt Ihre Leistungsfähigkeit mehr, als nach vorne gekrümmte Schultern. Die meisten Übungen, die ich im weiteren Verlauf dieses Kapitels beschreibe, widmen sich deshalb der richtigen Schulterhaltung.

- ✔ **Arme:** Der *Bizeps* ist wohl der bekannteste Muskel. Sein Kollege, der *Trizeps*, wohnt gleich um die Ecke auf der hinteren Seite des Oberarms. Zusammen halten sie Ihren Arm richtig gebeugt und tragen damit zur Effektivität Ihres Armschwungs bei.

Und in der Mitte?

Die Muskeln im mittleren Körperbereich ermöglichen Ihnen, beim Stehen und Walken eine gute Haltung zu bewahren. Die Stärkung dieser Muskeln kann Sie auch vor Schmerzen im unteren Rückenbereich bewahren.

- ✔ **Bauchmuskeln:** Die Bauchmuskeln sind Ihre wichtigsten Haltungsmuskeln. Dazu gehören alle Muskeln, die um den mittleren Teil Ihres Rumpfes eine Art stützenden Gürtel bilden. Ohne kräftige Bauchmuskeln kann man nicht aufrecht stehen, ganz zu schweigen vom Walken in aufrechter Haltung. Wenn Sie Probleme im unteren Rückenbereich haben oder dort schnell ermüden, sollten Sie Ihre Bauchmuskeln kräftigen.
- ✔ **Rückenstrecker:** Der *Erector spinae* verläuft jeweils links und rechts parallel zur Wirbelsäule. Der Einfachheit halber bezeichnet man die untere Hälfte dieser Muskeln als die »unteren Rückenmuskeln«. Zusammen mit den Bauchmuskeln tragen sie zu einer guten Walkinghaltung bei und halten den unteren Rückenbereich bei Laune.

Grundlagen des Krafttrainings

Wie in den meisten Bereichen gibt es auch beim Krafttraining einige Grundprinzipien, die man kennen sollte, damit das Training in einem vernünftigen und gesunden Rahmen bleibt. Ich verspreche Ihnen, dass ich mich auf ein Minimum einfacher Regeln beschränke.

Übungen, die Kraft aufbauen sollen, setzen den Muskeln für relativ kurze Zeit Widerstände entgegen, denen sie entgegenarbeiten müssen. Die Gewichte, die bei den Übungen weiter hinten im Kapitel zum Einsatz kommen, sind dabei nur *eine* Art von Widerständen. Weitere Möglichkeiten, Widerstand zu leisten, sind der eigene Körper, die Schwerkraft, Konservendosen, Ihre Katze, eine Taschenlampe, dieses Buch – alles, was Ihren Muskeln die Bewegung etwas schwerer macht. Damit der Widerstand auch einen Sinn macht, sollte er den betreffenden Muskeln etwas mehr abverlangen, als sie gewohnt sind. Denn gerade diese Mehrarbeit ist es, die Ihre Muskeln dazu bringt, kräftiger zu werden und zu wachsen.

Kraftausdrücke

Als Faustregel gilt: Wenn Sie ein Gewicht 8 bis 15 Mal ohne Pause heben können, ist der Widerstand groß genug. Schaffen Sie das Gewicht weniger als 8 Mal, ohne sich zu überfordern, dann ist der Widerstand zu groß. Fühlen Sie auch nach 15 Wiederholungen noch keine nennenswerte Anstrengung, dann sollten Sie den Widerstand erhöhen.

Jeder komplette Bewegungsablauf einer Übung (einmal Anheben und einmal Absenken) wird als eine *Wiederholung* bezeichnet. Eine Wiederholung eines Bizeps-Curl besteht beispielsweise aus dem Anwinkeln und dem Ausstrecken des Arms. Wiederholen Sie den Bizeps-Curl nun 15 Mal, nennt man das eine *Serie*.

Wie viele Wiederholungen Sie in eine Serie packen und wie viele Serien Sie hinlegen wollen, hängt von Ihren Zielen ab. Wenn Sie Ihre Kraft maßvoll steigern, Ihre Gesundheit stärken, Verletzungen vermeiden und Ihre Walkingleistung steigern wollen, reicht es völlig aus, zweimal in der Woche jeweils eine Serie der Übungen in diesem Kapitel zu absolvieren. Wenn Sie die Latte höher hängen, um an einem Wettbewerb teilnehmen zu können oder Ihren Körper sichtbar zu formen, müssen Sie mindestens drei Serien für jede der größeren Muskelgruppen, einschließlich Rücken-, Brust-, Schulter-, Arm-, Bauch-, Oberschenkel- und Gesäßmuskeln hinlegen. (Mehr über die größeren Muskelgruppen erfahren Sie im Abschnitt *Das Muskelwörterbuch* weiter vorne im Kapitel.)

Für den Durchschnittswalker reichen zwei bis drei Trainingseinheiten mit ein bis drei Serien von etwa zehn Übungen mit mittelschweren Gewichten in der Regel aus.

Machen Sie zwischen den Krafttrainingseinheiten mindestens einen Tag Pause. Wenn Sie also montags Ihren Latissimus gequält haben, gönnen Sie sich erst am Mittwoch wieder ein oder zwei Hantelchen. Warum? Krafttraining zerreißt die Muskeln im wahrsten Sinne des Wortes. Wenn Sie ihnen aber 48 Stunden Pause gönnen, können sie sich regenerieren und kräftigen. Andernfalls riskieren Sie Verletzungen.

Die Grundausstattung

In diesem Abschnitt gebe ich Ihnen einen Überblick über die wichtigsten Gerätschaften für das Krafttraining. Ich war dabei bestrebt, die Ausstattung auf ein Minimum zu beschränken. Alles in allem sollten Sie nicht mehr als 150 € investieren müssen. Darüber hinaus kann man die meisten Übungen aber auch so modifizieren, dass man ohne irgendwelche Geräte auskommt.

Der Aerobic Step

Ein Aerobic Step ist eine höhenverstellbare Plattform, die man zum Auf- und Absteigen sowie als Unterlage zum Kraftausdauertraining verwenden kann. Mit diesem handlichen und praktischen kleinen Bänkchen kann man an Tagen, an denen man nicht walkt, aerobische Übungen machen. Die Preise liegen zwischen 50 € und 100 €.

Die besten Steps bieten eine rechteckige Plattform und verschiedene integrierte Teile, mit denen man die Höhe auf einfache Weise variieren kann.

Halten Sie nach einem Step aus »unkaputtbarem« Kunststoff Ausschau. Eine rutschfeste Oberfläche ist dringend anzuraten, damit Sie nicht ausrutschen, wenn die Plattform nass wird. Achten Sie darauf, dass die Plattform lang genug ist, dass Sie sich mit dem Oberkörper darauf legen können. Die Beine können ruhig überhängen. Lassen Sie die Finger von Steps aus geschäumten Materialien oder Styropor. Sie sind nicht stabil genug und fallen meist nach ein paar Monaten auseinander.

Ich finde die Steps von The Step und Reebok am besten. Damit kann man eigentlich nichts falsch machen. In Deutschland sind Aerobic Steps von Reebok, Bremshey und Kettler auf dem Markt, die einen recht soliden Eindruck machen.

Kurzhanteln

Kurzhanteln bestehen aus kurzen Griffstangen, an deren Enden jeweils ein dickerer Kopf sitzt, der entweder die Form einer Kugel, einer Sechseckmutter oder einer Scheibe hat. Die Köpfe sind entweder fest mit dem Griff verbunden oder aber abnehmbar, damit man das Gewicht der Hantel verändern kann.

Gewicht ist Gewicht. Sie müssen also nicht unbedingt viel Geld für blitzenden Chrom ausgeben, es sei denn, Sie polieren nach einem schweißtreibenden Training gerne noch die Hantelköpfe. Billige, mit Kunststoff überzogene Sechseckhanteln aus Gusseisen erfüllen den gleichen Zweck und kosten wesentlich weniger. Wahrscheinlich kann man auch auf dem Gebrauchtmarkt ein günstiges Schnäppchen machen. Achten Sie aber bei gebrauchten Hanteln darauf, dass die Köpfe fest sitzen, der Kunststoff nicht abblättert und, wenn es sich um verstellbare Hanteln handelt, alle notwendigen Teile dabei sind.

Ich persönlich ziehe einteilige Hanteln den verstellbaren vor. Bei den meisten verstellbaren Sets wackeln die Gewichtsscheiben herum. Im ungünstigsten Fall kann das dazu führen, dass sich eine Scheibe löst und bei Ihren Zehen einen unangenehmen Eindruck hinterlässt. Meine Zehen haben das bis heute nicht vergessen. Und ist es nicht bequemer, wenn man während einer Trainingseinheit einfach das für die jeweilige Übung benötigte Gewicht einfach greifen kann, anstatt erst andere Scheiben aufziehen zu müssen und den Schwung zu verlieren?

Einteilige Hanteln kosten Sie möglicherweise mehr als ein verstellbares Hantelset, denn es ist unwahrscheinlich, dass Sie alle Übungen mit demselben Gewicht machen werden. Dennoch werden Sie es langfristig wahrscheinlich handlicher finden, mit einteiligen Hanteln zu arbeiten.

Wenn Ihnen der Gedanke widerstrebt, Geld für irgendwelche Teile auszugeben, die nur schwer sind und sonst nichts, dann finden Sie in Ihrer Küche oder im Vorratskeller sicher die eine oder andere Alternative. Wenn Sie nur mäßig schwere Gewichte benötigen, sind Sie mit Konservendosen gut bedient. (Außerdem können Sie den Inhalt nach dem Training genüsslich verspeisen.) Wichtig ist nur, dass die Dosen das gleiche Gewicht haben und gut zu greifen sind. Mit den sich nach und nach einstellenden Trainingserfolgen werden Erbsen oder Rote Bohnen bald keine Herausforderung mehr für Sie darstellen. Dann bieten sich Waschmittelflaschen an, die Sie, je nach Bedarf, mit Wasser, getrockneten Hülsenfrüchten oder Sand füllen können. Auch dabei gilt es, auf gleiches Gewicht und einen guten Griff zu achten.

Gymnastikmatte

Wenn Sie mögen, können Sie sich für alles, was sich auf dem Boden abspielt (ich möchte Ihrer Phantasie da keine Grenzen setzen), eine Gymnastikmatte zulegen. Auf diese Weise ersetzen Sie die Polster, die Sie beim Abnehmen verlieren, durch nicht körpereigene und schonen so Ihre Knochen und Gelenke. Für eine gute, falt- und waschbare Trainingsunterlage müssen Sie mit etwa 30 € bis 100 € rechnen.

Ich mag besonders die Gymnastikmatten von Everlast und Airex. Natürlich können Sie sich auch auf einer dicken Decke oder einem Strandhandtuch räkeln.

Stuhl

Für einige der Übungsvariationen, die ich hier präsentiere, brauchen Sie einen stabilen Stuhl, um sich daran festzuhalten.

Kaufen Sie um Gottes Willen keinen, wie auch immer gearteten, Trainingsstuhl. Stützen Sie sich auf einen Tisch oder einen Küchenstuhl, der keine Rollen hat und nicht wegrutscht, wenn Sie etwas Gewicht darauf verlagern. Bettpfosten, Polstermöbel oder Wände können ebenfalls geeignete Stützen sein.

Kraftübungen für Walker

In diesem Abschnitt stelle ich Ihnen zehn Kraftübungen vor, die speziell auf die Bedürfnisse des gemeinen Walkers abgestimmt sind. Ich erkläre dabei jeweils den Zweck der Übung und nenne die Muskeln, auf die ich es abgesehen habe. Dazu gibt es noch jede Menge Technik-Tipps und Variationen. Also: Aufmerksam lesen!

Die hier vorgestellten Übungen sind beiliebe nicht die einzigen, die in Frage kommen. Im Prinzip können Sie aus Hunderten von Übungen wählen. Wenn Sie feststellen, dass Sie gerne mit Gewichten arbeiten, sollten Sie sich eingehender zu diesem Thema informieren.

Zum Thema Krafttraining gibt es in jeder Buchhandlung Dutzende von Büchern. Anleitungen und Beispiele für abwechslungsreiches und maßvolles Krafttraining finden Sie auch in monatlich erscheinenden Magazinen wie *Shape*, *Fit for Fun* oder *Men's Health*.

Die Übungen in diesem Abschnitt bilden zusammen eine Trainingseinheit. Ihre Reihenfolge orientiert sich von den größeren Muskeln hin zu den kleineren. Behalten Sie diese Reihenfolge bei, denn dadurch erreichen Sie die größtmögliche Sicherheit und Effektivität. Machen Sie zu Beginn jeweils eine Serie mit acht bis zehn Wiederholungen. Mit zunehmender Kraft können Sie schwerere Gewichte verwenden und/oder die Anzahl der Serien bis auf drei erhöhen, um die Trainingsintensität zu steigern. Wenn Sie erst einmal mit der Trainingseinheit vertraut sind, werden Sie kaum länger als 20 Minuten dafür aufwenden müssen. Ich empfehle zwei bis drei Trainingseinheiten pro Woche mit jeweils einem Tag Pause dazwischen. Lesen Sie dazu den Abschnitt *Die Goldenen Regeln des Krafttrainings* am Ende dieses Kapitels.

Eines möchte ich noch erwähnen, bevor Sie mit den Übungen loslegen: Wenn Sie noch nie ein Gewicht in der Hand hatten oder lange kein Krafttraining mehr gemacht haben, werden Sie um ein wenig Muskelkater nicht herumkommen. Er ist Teil des Anpassungsprozesses, den Ihr Körper durchläuft, wenn er neue Fertigkeiten erlernt. Man kann den Muskelkater aber in Grenzen halten, indem man leichte Gewichte wählt und zwischen den Serien längere Pausen macht. Wenn Sie allerdings nach dem Krafttraining nicht mehr ohne Hilfe gerade stehen oder den Müslilöffel nicht zum Mund führen können, ohne Ihren Schmerz herausschreien zu müssen, haben Sie es etwas übertrieben.

Ausfallschritt

Ziel: Diese Übung ist ideal für Walker, weil sie dem Walkingschritt ähnlich ist. Sie kräftigt die Gesäß-, Hüft-, Oberschenkel- und Unterschenkelmuskeln.

Knie, unterer Rücken

Ausgangsstellung: Stellen Sie sich gerade hin, die Füße hüftbreit auseinander, die Arme seitlich und leicht angewinkelt und die Hände locker und leicht gekrümmt, wie in Abbildung 11.1a.

Spannen Sie die Bauchmuskeln leicht an und ziehen Sie Ihre Schultern nach hinten.

Bewegung: Machen Sie mit dem rechten Bein, Ferse voran, einen Schritt nach vorne. Sobald die Ferse den Boden berührt, beugen Sie beide Knie so weit, dass Ihr rechter Oberschenkel parallel zum Boden verläuft und der linke Oberschenkel senkrecht dazu zum Boden zeigt (siehe Abbildung 11.1b). Stoßen Sie sich mit dem Fußballen wieder ab in den Stand. Wiederholen Sie das Ganze mit dem linken Bein. Eine Wiederholung besteht aus einem Ausfallschritt mit jedem Bein.

Abbildung 11.1: Halten Sie beim Ausfallschritt die Schultern hinten.

Worauf Sie achten müssen:

- ✔ Stellen Sie sich bei dieser Übung vor, Sie machen einen Schritt über eine Pfütze.
- ✔ Schwingen Sie mit dem jeweils gegenüberliegenden Arm nach vorne, um der Bewegung Schwung und Gleichgewicht zu geben.
- ✔ Heben Sie die hintere Ferse an, während Sie das vordere Knie beugen.
- ✔ Halten Sie den Oberkörper gerade und beugen Sie das Knie nicht über die Senkrechte hinaus.

Variationen:

- ✔ **Gleichgewicht:** Sollten Sie Schwierigkeiten haben, das Gleichgewicht zu halten, halten Sie sich seitlich an einem Stuhl fest.
- ✔ **Gewichte:** Erhöhen Sie den Widerstand, indem Sie in jeder Hand eine Hantel halten. Bei dieser Variation bleiben beide Arme am Körper.
- ✔ **Ausgangsposition:** Machen Sie einen normalen Schritt nach vorne und beugen Sie das Knie aus dieser Position so wie oben beschrieben.
- ✔ **Aerobic Step:** Wenn Sie viel wandern oder bergauf walken, versuchen Sie doch einmal diese Version: Stellen Sie den Step auf die gewünschte Höhe ein und stellen Sie ihn einen Schritt entfernt vor sich auf. Setzen Sie dann beim Ausfallschritt den Fuß mit der ganzen Fläche auf die Plattform auf.

Fersenheber

Ziel: Diese Übung kräftigt und dehnt die Wadenmuskeln, die zusammen mit den anderen Unterschenkelmuskeln für einen stabilen Auftritt und das allgemeine Stehvermögen zuständig sind.

Ausgangsstellung: Stellen Sie Ihren Aerobic Step gegen eine Wand und stellen Sie sich mit den Fußspitzen so darauf, dass die Fersen auf dem Boden stehen bleiben. Sie können sich mit den Händen an der Wand abstützen.

Stehen Sie gerade mit leicht angespannter Bauchmuskulatur. Die Beine stehen hüftbreit auseinander und sind gestreckt.

Bewegung: Stellen Sie sich, so weit Sie können, auf die Zehenspitzen (siehe Abbildung 11.2a). Halten Sie diese Stellung einen Moment und senken Sie dann die Fersen langsam unter das Niveau der Plattform ab, bis Sie ein Ziehen in den Waden spüren (siehe Abbildung 11.2b).

Worauf Sie achten müssen:

- ✔ Stellen Sie sich vor, Sie lugen neugierig über einen Zaun.
- ✔ Lassen Sie die Beine gestreckt.

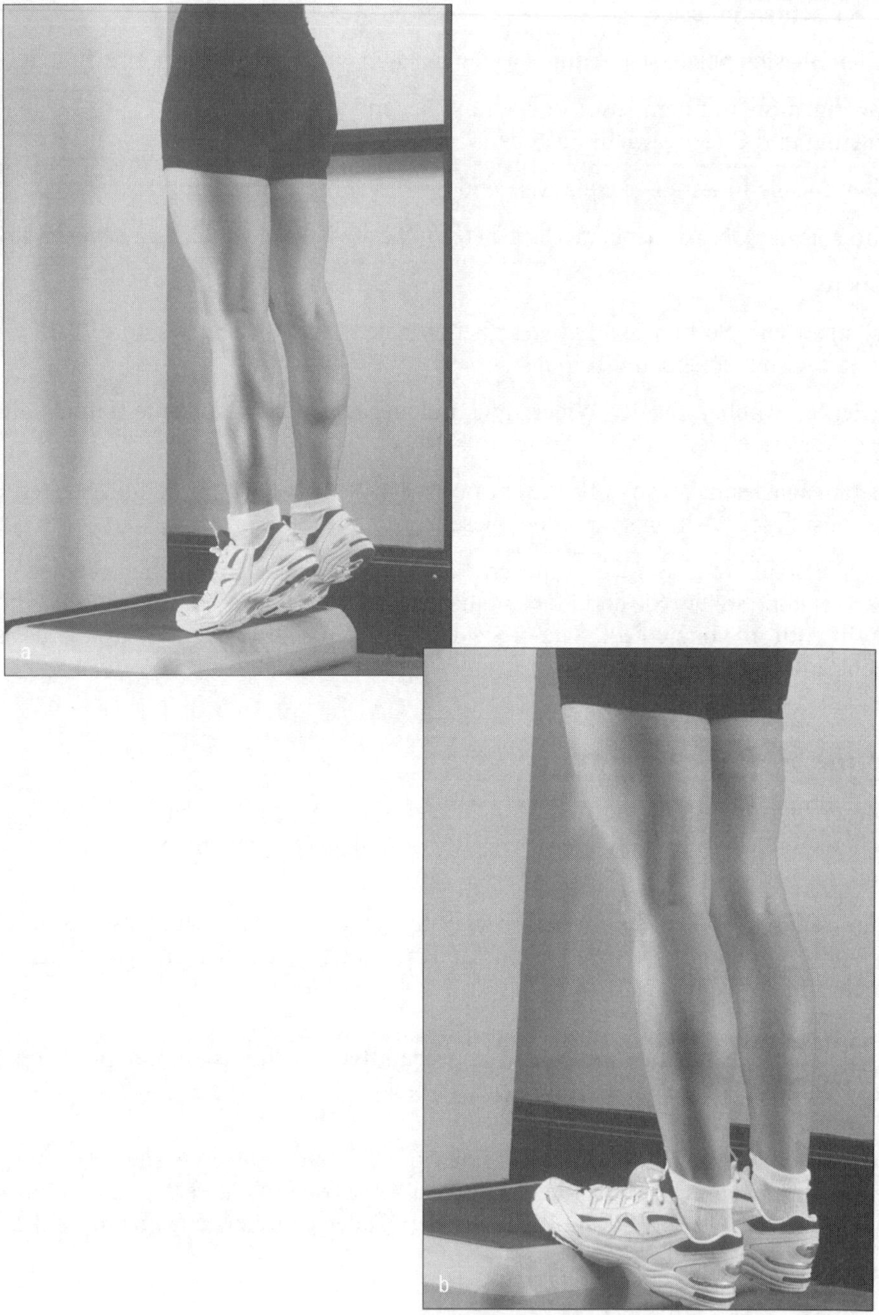

Abbildung 11.2: Diese Übung kräftigt Ihre Wadenmuskeln.

Variationen:

- ✔ **Einbeiner:** Wenn Sie die Übung mit einem Bein machen wollen, müssen Sie das linke Bein etwas anwinkeln und den Fuß hinter dem rechten Fußgelenk einhaken. So können Sie mit dem rechten Bein das Gleichgewicht halten. Machen Sie nun die Übung zunächst mit dem rechten und dann mit dem linken Bein. Sie können den Widerstand erhöhen, indem Sie in der jeweils gegenüberliegenden Hand eine Hantel halten.
- ✔ **Wippen:** Wenn Sie es sich etwas schwerer machen wollen, bleiben Sie nach dem Anheben auf den Zehenspitzen und wippen Sie zehn Mal leicht auf und ab, bevor Sie die Fersen senken.

Pull-over

Ziel: Der Pull-over verbessert Ihre Walkinghaltung, indem er die oberen Rücken-, Brust-, Schulter- und Armmuskeln kräftigt.

Schultern

Ausgangsstellung: Nehmen Sie eine Hantel und legen Sie sich mit angewinkelten Beinen und flach aufgestellten Füßen auf eine Bank. Halten Sie die Hantel mit beiden Händen fest und heben Sie die Arme auf Schulterhöhe an. Drehen Sie die Handflächen nach oben, so dass ein Kopf der Hantel in Ihren Händen ruht und der andere zur Brust hin zeigt, wie Abbildung 11.3a zeigt.

Spannen Sie die Bauchmuskeln an und entspannen Sie die Rückenmuskeln.

Bewegung: Senken Sie die Hantel mit dem herunter hängenden Kopf bis auf die Höhe Ihres Hinterkopfes ab (siehe Abbildung 11.3b). Strecken Sie die Arme wieder nach oben.

Worauf Sie achten müssen:

- ✔ Stellen Sie sich vor, Sie heben und senken eine Axt, um Holz zu hacken.
- ✔ Halten Sie die Ellenbogen leicht angewinkelt.
- ✔ Machen Sie kein Hohlkreuz, wenn Sie die Hantel nach hinten absenken.
- ✔ Senken Sie die Hantel nicht zu weit ab.

Variationen:

- ✔ **Bodenlage:** Machen Sie die Übung auf dem Boden liegend. Dadurch wird Ihr Schulterradius eingeschränkt.
- ✔ **Doppel-Pull-over:** Wenn ein Arm deutlich stärker ist als der andere, machen Sie die Übung mit einer Hantel in jeder Hand.

- **Aerobic Step:** Wie bei den meisten Übungen, für die man eine Bank braucht, können Sie auch hier stattdessen mit einem Aerobic Step und einer entsprechenden Höhenverstellung arbeiten.

Abbildung 11.3: Hier kann man sehen, woher der Pull-over seinen Namen hat.

Liegestütz

Ziel: Kräftige Brustmuskeln sind wichtig für eine gute Walkinghaltung. Der Trizeps unterstützt einen kräftigen Armschwung. Auf diese beiden Muskelgruppen hat es diese Übung abgesehen.

a

b

Abbildung 11.4: Liegestütze können Ihre Haltung und Ihren Armschwung verbessern.

Schultern, unterer Rücken

Ausgangsstellung: Legen Sie sich mit gestreckten Beinen auf den Bauch. Winkeln Sie die Arme an und legen Sie die Handflächen seitlich vor Ihre Schultern auf den Boden auf. Strecken Sie die Arme durch und heben Sie dabei Ihren Körper so an, dass Sie Ihr Gewicht auf den Handflächen und den Zehenspitzen balancieren, wie in Abbildung 11.4.

Ziehen Sie das Kinn ein wenig in Richtung Brust, so dass Ihre Stirn zum Boden zeigt. Spannen Sie die Bauchmuskeln an.

Bewegung: Beugen Sie die Ellenbogen und senken Sie den Körper so weit ab, dass Ihre Oberarme parallel zum Boden sind (siehe Abbildung 11.4b). Drücken Sie sich wieder nach oben.

Worauf Sie achten müssen:

- ✔ Stellen Sie sich vor, der obere und mittlere Teil Ihres Körpers ist eine Einheit und muss in einer geraden Linie bewegt werden.
- ✔ Lassen Sie den Rücken nicht durchhängen.
- ✔ Strecken Sie die Ellenbogen nicht ganz durch, wenn Sie oben sind.
- ✔ Lassen Sie Ihren Kopf nicht unter Schulterhöhe sinken.
- ✔ Senken Sie den Körper nicht zu weit ab. Das kann zu Schulter- und Nackenschmerzen führen.

Schultern nach vorne heben

Ziel: Wenn Sie Ihren Armschwung verbessern wollen, sind Sie bei dieser Übung genau richtig.

Schultern

Ausgangsstellung: Stehen Sie gerade, die Beine hüftbreit auseinander. Halten Sie in jeder Hand eine Hantel. Legen Sie die Hanteln mit nach innen gedrehter Handfläche auf den Oberschenkeln ab (siehe Abbildung 11.5a).

Spannen Sie die Bauchmuskeln leicht an und halten Sie die Schultern hinten.

Abbildung 11.5: Diese Übung verbessert den Armschwung.

Bewegung: Heben Sie den rechten Arm bis auf Schulterhöhe an und senken Sie ihn langsam ab, wie in Abbildung 11.5b. Machen Sie das Gleiche mit dem linken Arm. Wechseln Sie hin und her, bis Sie alle Wiederholungen hinter sich haben.

Worauf Sie achten müssen:

- ✔ Stellen Sie sich vor, Sie stoßen mit Freunden auf einen guten Walk an.
- ✔ Heben Sie die Hantel nicht über Schulterhöhe.
- ✔ Drücken Sie nicht den unteren Rücken durch und schwingen Sie nicht mit dem Körper mit, wenn Sie die Hantel heben und senken.

Variationen:

- ✔ **Handflächen nach oben:** Wenn diese Übung Ihren Schultern nicht behagt, versuchen Sie's mit nach oben gedrehten Handflächen.
- ✔ **Grüße:** Wenn Sie keine Schulterprobleme haben und sich etwas mehr fordern wollen, versuchen Sie Folgendes: Halten Sie die Hände seitlich des Körpers, mit nach innen gedrehten Handflächen. Ziehen Sie den Arm beim Anheben nach innen, bis auf die Höhe des gegenüberliegenden Auges. Senken Sie den Arm auf demselben Weg ab.

Heben der hinteren Schulterpartie

Ziel: Diese Übung habe ich ins Programm aufgenommen, weil sie den oberen Rücken und die Schultern kräftigt und das Haltungsbewusstsein fördert. Denn eine gute Haltung ist überaus wichtig für richtiges und gesundes Walken.

Schultern, Nacken

Ausgangsstellung: Nehmen Sie eine Hantel in jede Hand und stellen Sie die Beine hüftbreit auseinander. Gehen Sie ein paar Zentimeter in die Knie und beugen Sie den Oberkörper in der Hüfte um etwa 45° nach vorne (siehe Abbildung 11.6a).

Spannen Sie die Bauchmuskeln an und senken Sie den Rücken gerade ab. Lassen Sie die Arme mit nach innen weisenden Handflächen gerade nach unten hängen.

Bewegung: Winkeln Sie die Ellenbogen an und heben Sie die Arme nach außen und nach oben, bis die Ellenbogen etwa auf Schulterhöhe sind, wie Sie in Abbildung 11.6b sehen können. Senken Sie die Arme in gleicher Weise wieder langsam ab.

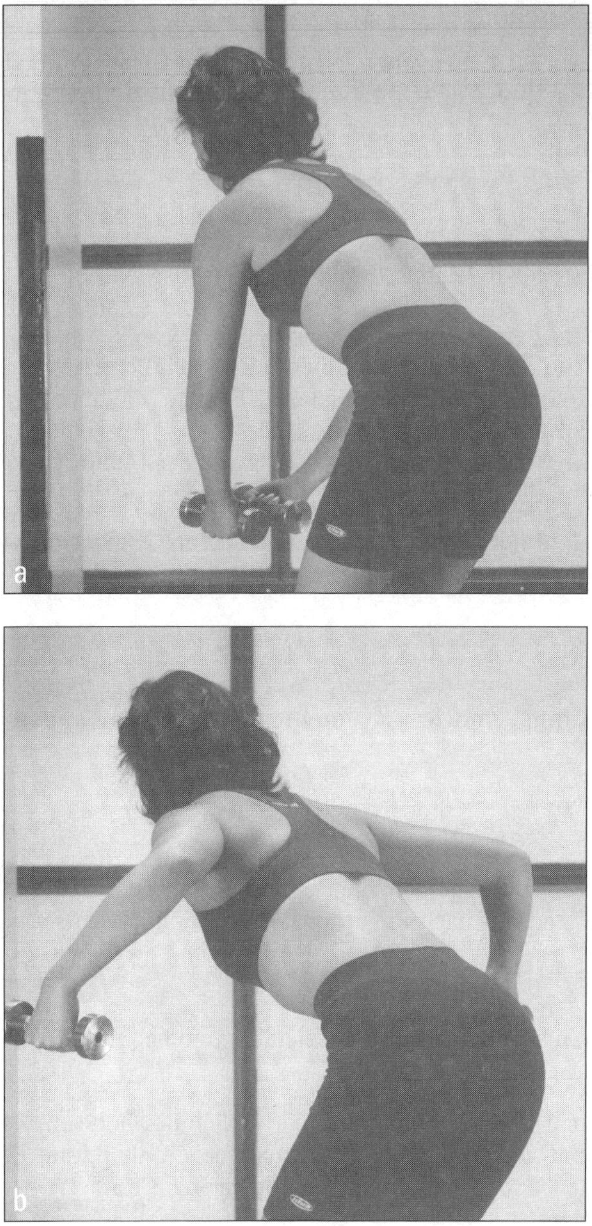

Abbildung 11.6: Verbessern Sie Ihre Walkinghaltung durch das Heben der hinteren Schulterpartie.

Worauf Sie achten müssen:

- ✔ Stellen Sie sich vor, Sie heben einen Berg Schmutzwäsche vom Boden auf. (Männer, die hier an die Grenzen ihrer Vorstellungskraft stoßen, sollten ihre Frauen vorher fragen, ob sie ihr mal an die Wäsche gehen dürfen.)
- ✔ Halten Sie Ihren Rücken gerade.
- ✔ Lassen Sie die Ellenbogen immer leicht angewinkelt.
- ✔ Lassen Sie den Kopf nicht unter Schulterhöhe sinken.

Variationen:

- ✔ **Aerobic Step:** Wenn diese Übung bei Ihnen Nackenschmerzen verursacht, legen Sie sich auf Ihren Step. Stellen Sie dazu eine Seite des Step auf die höchste Höhe, die andere auf die niedrigste. Polstern Sie das erhöhte Ende mit einem Handtuch ab, legen Sie sich bäuchlings auf den Step und legen Sie Ihr Kinn auf das Handtuch. Die Beine liegen flach auf dem Boden. Auf diese Wiese bleibt Ihr Nacken während der Übung entspannt.
- ✔ **Handflächen nach hinten:** Eine etwas andere Belastung ergibt sich, wenn Sie die Handflächen bei der Übung nach hinten drehen.

Bizeps-Curl

Ziel: Diese Übung kräftigt den Bizeps, der an Ihrem Armschwung mitarbeitet.

Ellenbogen

Ausgangsstellung: Stehen Sie gerade, die Beine hüftbreit auseinander. Jede Hand hält eine Hantel, die Arme hängen mit nach innen weisenden Handflächen seitlich am Körper (siehe Abbildung 11.7a).

Spannen Sie die Bauchmuskeln leicht an und halten Sie die Schultern hinten.

Bewegung: Heben Sie den rechten Unterarm bis auf Schulterhöhe an, wobei die Handflächen nach oben drehen, und senken Sie ihn langsam ab, wie in Abbildung 11.7b. Machen Sie das Gleiche mit dem linken Arm. Wechseln Sie hin und her, bis Sie alle Wiederholungen absolviert haben.

Worauf Sie achten müssen:

- ✔ Stellen Sie sich vor, Ihr Arm ist ein Nussknacker, und Sie wollen in Ihrer Armbeuge eine große Nuss knacken.

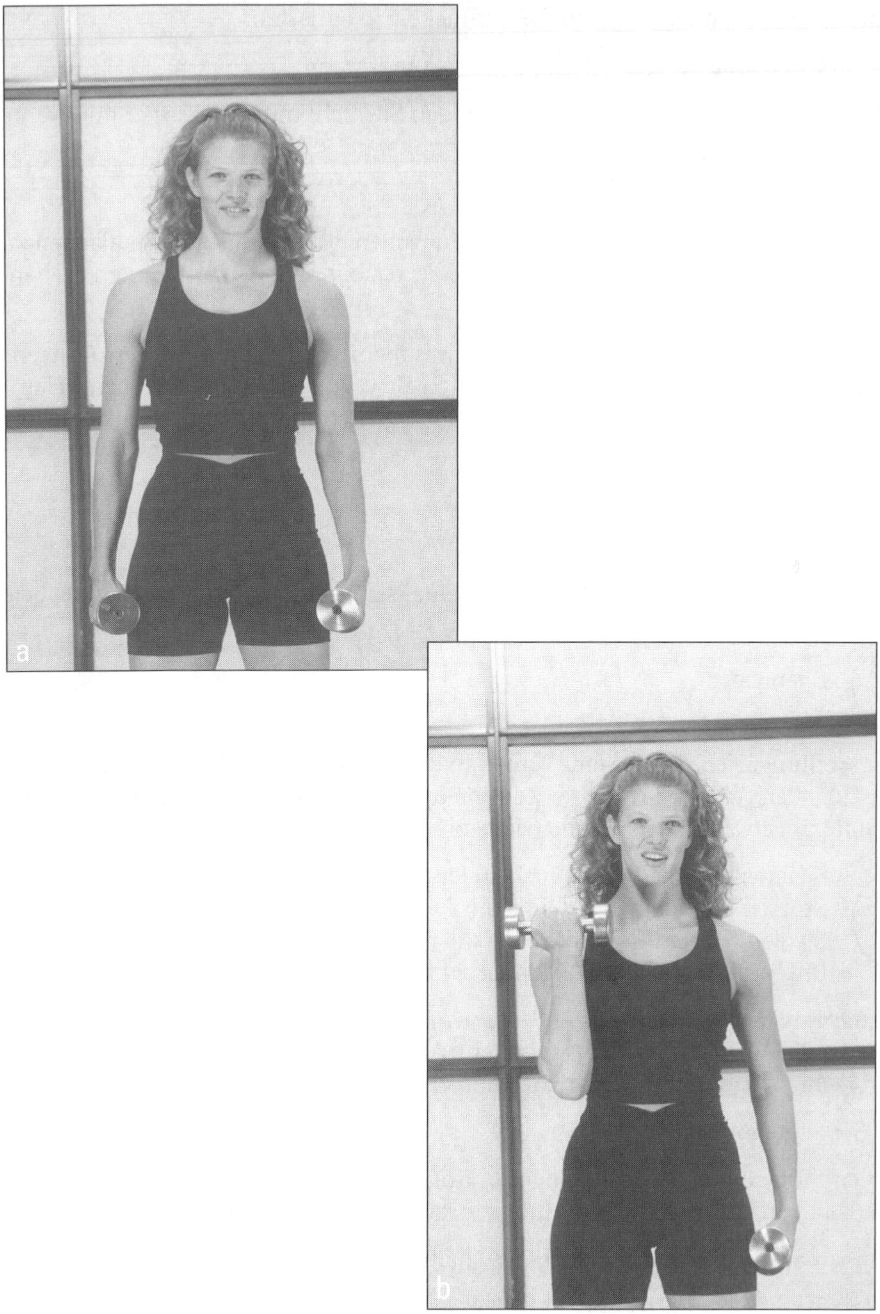

Abbildung 11.7: Der Bizep-Curl kräftigt Ihren Bizeps.

- Gehen Sie leicht in die Knie, um Ihren Rücken zu entlasten.
- Halten Sie die Ellenbogen seitlich parallel zum Körper.
- Halten Sie den Rücken gerade und schwingen Sie nicht mit dem Körper mit, wenn Sie die Hantel heben und senken.

Variationen:

- **Drehung:** Wenn Sie sich zusätzlich fordern wollen, drehen Sie die Handflächen zunächst nach außen und dann während des Anhebens nach innen. Beim Absenken drehen Sie die Handfläche dann wieder nach außen.
- **Hammer:** Um den Handgelenkmuskeln etwas mehr Widerstand entgegenzusetzen, halten Sie die Handflächen während des gesamten Bewegungsablaufs – wie beim Hämmern – nach innen (handwerklich unbegabte Frauen sollten ihren Mann vorher fragen, wo der Hammer hängt).

Nach hinten auskeilen

Ziel: Diese Übung kräftigt den Trizeps, der ebenfalls zu einem guten Armschwung beiträgt.

Ellenbogen

Ausgangsstellung: Nehmen Sie eine Hantel in die rechte Hand und stellen Sie die Beine hüftbreit auseinander. Gehen Sie ein paar Zentimeter in die Knie und beugen Sie den Oberkörper in der Hüfte um etwa 45° nach vorne (siehe Abbildung 11.8a).

Spannen Sie die Bauchmuskeln leicht an und halten Sie die den Rücken gerade. Stützen Sie sich mit der linken Hand auf Ihrem linken Oberschenkel ab. Winkeln Sie den rechten Arm an, so dass der Oberarm parallel zur Hüfte verläuft und der Unterarm rechtwinklig nach unten hängt.

Bewegung: Strecken Sie den rechten Unterarm gerade nach hinten, wie in Abbildung 11.8b. Nehmen Sie die Ausgangsposition wieder ein. Absolvieren Sie zunächst alle Wiederholungen mit dem rechten Arm und wechseln Sie dann erst zum linken.

Worauf Sie achten müssen:

- Stellen Sie sich vor, Sie wollen beim Autofahren etwas vom Rücksitz nach vorne holen. (Das soll man natürlich möglichst lassen, aber Sie sollen es sich ja auch nur vorstellen.)
- Spannen Sie die Bauchmuskeln an und halten Sie den Rücken gerade.
- Halten Sie die Schultern ruhig und bewegen Sie nur den Unterarm.
- Drücken Sie den Ellenbogen nicht völlig durch.

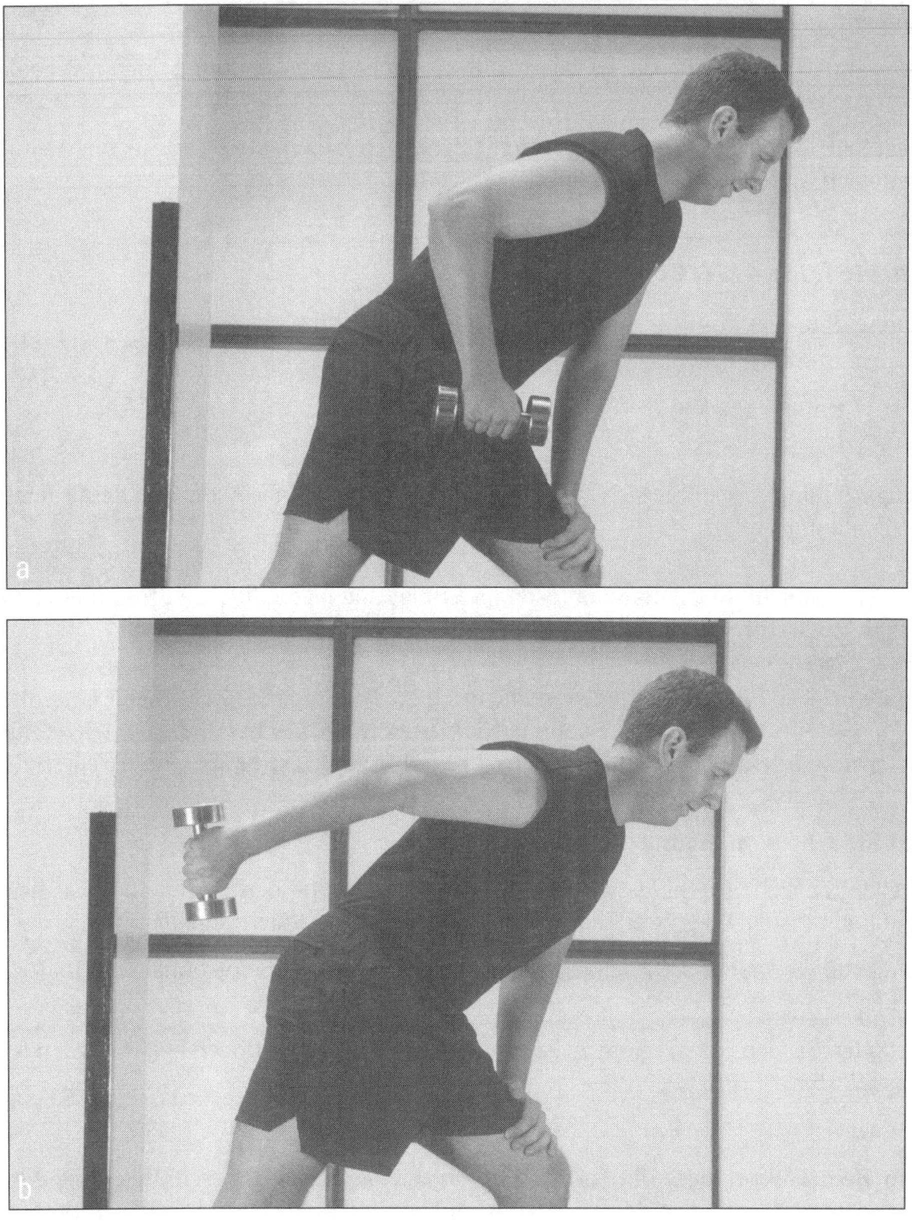

Abbildung 11.8: Keilen Sie ruhig regelmäßig nach hinten aus.

Variationen:

- **Doppelt:** Wenn Sie sich unterfordert fühlen, machen Sie die Übung doch mit beiden Armen zugleich.
- **Begrenzt:** Wenn Sie Probleme mit den Ellenbogen haben, strecken Sie den Arm nur so weit nach hinten, wie es ohne Schmerzen geht.

Asymmetrisch strecken

Ziel: Diese Übung kräftigt Ihren unteren Rücken und hält ihn beweglich.

Unterer Rücken

Ausgangsstellung: Legen Sie sich auf den Bauch und strecken Sie Arme und Beine gerade aus (siehe Abbildung 11.9a).

Spannen Sie die Bauchmuskeln leicht an und legen Sie Ihre Stirn auf den Boden, so dass Ihr Nacken in einer Linie mit der Wirbelsäule ist.

Bewegung: Heben Sie den rechten Arm und das linke Bein ein paar Zentimeter an. Halten Sie einen Moment und senken Sie sie dann wieder langsam ab. Machen Sie das Gleiche mit dem linken Arm und dem rechten Bein. Wechseln Sie hin und her, bis Sie alle Wiederholungen hinter sich haben.

Worauf Sie achten müssen:

- Stellen Sie sich vor, Sie versuchen, mit den Händen und den Füßen an etwas heranzukommen, das ein oder zwei Zentimeter außerhalb Ihrer Reichweite liegt.
- Versuchen Sie lieber, sich weiter zu strecken, als Arme und Beine höher vom Boden abzuheben.
- Behalten Sie den freien Raum zwischen Bauchmuskeln und Boden bei, um Ihren Rücken zu entlasten.

Variationen:

- **Nur Beine:** Wenn diese Übung Rückenprobleme verursacht, verschränken Sie die Arme vor dem Kopf und legen Sie die Stirn darauf ab. Heben Sie dann jeweils ein Bein, halten Sie und senken Sie es langsam ab. (Machen Sie diese Übung nicht zusammen mit Ihrem Hund.)
- **Schwimmen:** Wenn Sie sich zusätzlich fordern möchten, halten Sie die Bewegung nicht nach dem Anheben an, sondern wechseln Sie permanent hin und her, als würden Sie schwimmen.

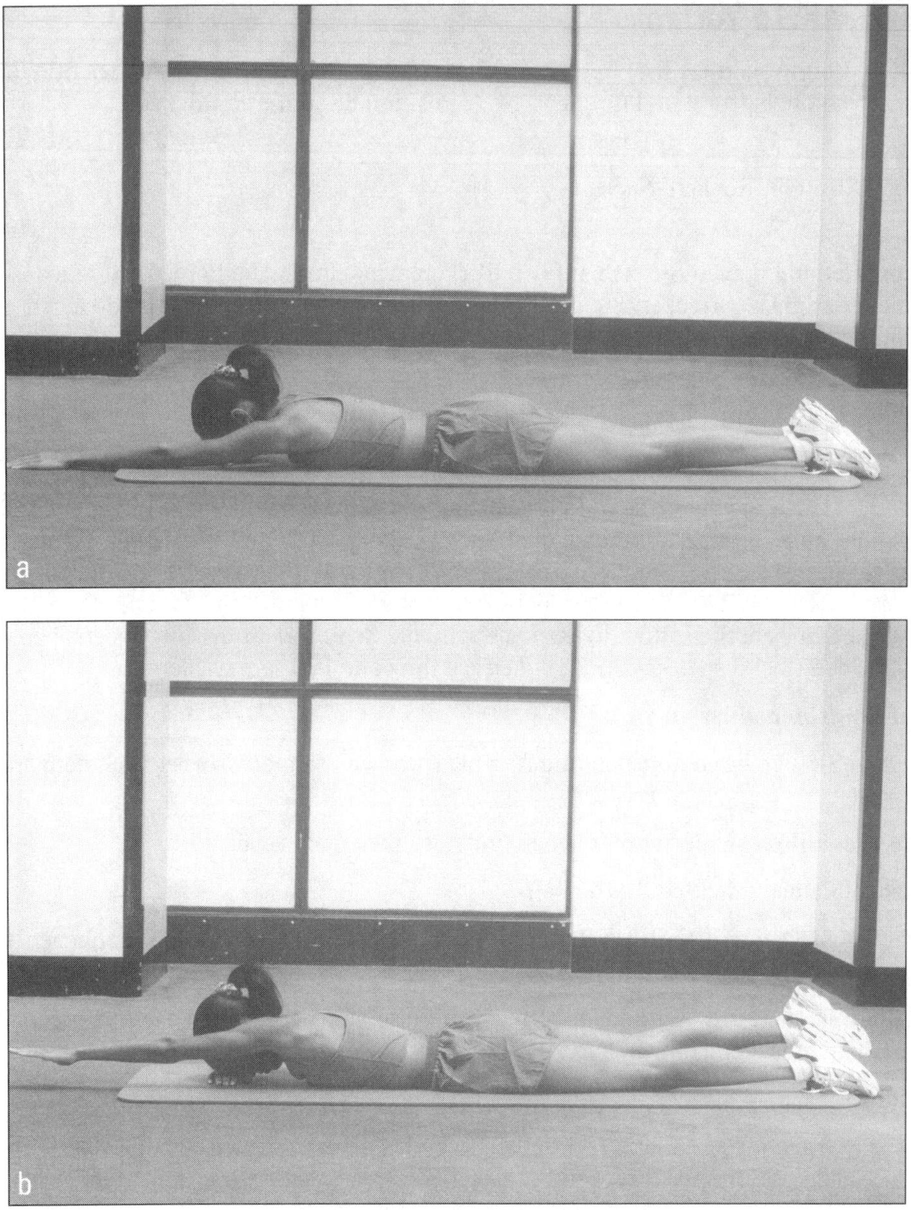

Abbildung 11.9: Strecken Sie Arme und Beine abwechselnd asymmetrisch.

Teilweises Aufrollen

Ziel: Diese Übung trainiert Ihre Bauchmuskeln. Kräftige Bauchmuskeln sind wichtig für eine aufrechte Walkinghaltung und für die richtige Position des unteren Rückens.

Unterer Rücken, Nacken

Ausgangsstellung: Legen Sie sich auf den Rücken, winkeln Sie die Beine an und pressen Sie die Knie zusammen. Strecken Sie die Arme mit zueinander zeigenden Handflächen gerade nach hinten aus (siehe Abbildung 11.10a).

Spannen Sie die Bauchmuskeln leicht an.

Bewegung: Heben Sie die Arme mit gestreckten Fingerspitzen zur Decke hin, ziehen Sie das Kinn in Richtung Brust, spannen Sie die Bauchmuskeln stärker an und heben Sie den Oberkörper langsam an, indem Sie die Wirbelsäule Wirbel für Wirbel nach vorne aufrollen (siehe Abbildung 11.10b). Wie weit Sie den Oberkörper anheben, hängt dabei von der Beweglichkeit Ihrer Wirbelsäule ab: Sie sollten in der Lage sein, die Schulterblätter vom Boden abzuheben. Halten Sie den Oberkörper kurz und senken Sie ihn dann langsam wieder ab.

Worauf Sie achten müssen:

- ✔ Stellen Sie sich beim Abheben und Absenken vor, wie sich ein Wirbel nach dem anderen bewegt.
- ✔ Strecken Sie die Arme beim Anheben und Absenken nach vorne.
- ✔ Ziehen Sie nicht die Schultern hoch.
- ✔ Machen Sie keine ruckartigen Bewegungen, um sich weiter vom Boden abzuheben. Bewegen Sie sich kontrolliert und präzise.
- ✔ Halten Sie die Füße am Boden. Wenn Ihre Füße abheben, wollen Sie höher hinaus als Ihre Bauchmuskeln können.

Variationen:

- ✔ **Ganz aufrollen:** Das ist eine recht anstrengende Variante. Rollen Sie den Oberkörper bis in die Sitzposition auf. Strecken Sie dabei die Arme nach vorne und leicht nach oben. Rollen Sie genauso langsam wieder in die Ausgangsposition.
- ✔ **Aufrollen »light«:** Wenn Sie es gerne etwas leichter hätten, winkeln Sie die Beine etwas weniger an und setzen Sie die Füße hüftbreit auseinander. Wenn Sie beim Aufrollen hängen bleiben, können Sie sich mit den Händen an der Unterseite der Oberschenkel abstützen. Achten Sie darauf, dass Sie trotzdem Wirbel für Wirbel aufrollen.

Abbildung 11.10: Spannen Sie die Bauchmuskeln an und rollen Sie den Oberkörper auf.

Die goldenen Regeln des Krafttrainings

Machen Sie zwischen den Übungen 30 bis 90 Sekunden Pause. Wenn Sie zum ersten Mal Krafttraining machen, müssen Sie zwischen den Serien länger verschnaufen. Im Laufe der Zeit werden Sie mit zunehmender Fitness die Länge der Pausen reduzieren und Ihr Training intensivieren können.

Vergessen Sie das Atmen nicht. Atmen Sie durch den Mund aus, wenn Sie sich gerade anstrengen, und atmen Sie durch die Nase ein, wenn Sie die Muskulatur entspannen. Beim *Teilweisen Aufrollen* etwa, das in diesem Kapitel beschrieben wird, atmen Sie beim Hochrollen aus und beim Absenken ein.

Bewegen Sie sich langsam. Wenn Sie mit Gewichten hantieren, sollten Sie keine schnellen, ruckartigen oder unkontrollierten Bewegungen machen. Halten Sie sich lieber an die folgende Regel: Zählen Sie langsam bis zwei, wenn Sie ein Gewicht heben und langsam bis vier, wenn Sie ein Gewicht absenken.

Passen Sie das Gewicht an Ihre Möglichkeiten an. Wenn Sie eine Übung mit Gewichten nicht wenigstens acht Mal wiederholen können, sollten Sie ein leichteres Gewicht wählen. Sollten Sie aber nach mehr als 15 Wiederholungen keine Anzeichen von Anstrengung verspüren, müssen Sie sich etwas mehr aufbürden. Halten Sie diese Regel ein, wenn Sie Fortschritte machen wollen. Wahrscheinlich werden Sie für jede Übung andere Gewichte benötigen und mit der Zeit werden Sie an Gewicht zulegen können (natürlich nur bei den Hanteln).

Achten Sie auf die korrekte Durchführung der Übungen. Lesen Sie die Anweisungen aufmerksam durch und halten Sie sich genau daran. Es ist viel wichtiger, *wie* Sie die Übungen machen, als welche Übungen Sie wie oft mit wie viel Gewicht absolvieren.

Stretching für Walker

12

In diesem Kapitel

- Bekommen Sie ein besseres Verständnis von Beweglichkeit
- Lernen Sie die besten Stretchingübungen für Walker kennen

Die überwiegende Mehrzahl der Aerobic-Übungsleiter, Personal Trainer und Fitness-Experten empfiehlt regelmäßiges Stretching, um die Muskulatur locker und geschmeidig zu halten, Muskelkater zu lindern und Verletzungen vorzubeugen. Niemand versteht bis ins Letzte, was Stretching tatsächlich bewirkt. Bisher belegen nur sehr wenige Studien die positiven Auswirkungen des Stretchings und einige Untersuchungen ergaben nichts Substanzielles.

Es gibt sogar Studien, die nahe legen, besser gar nichts für eine gute Beweglichkeit zu tun. Eine bekannte Studie ergab, dass Läufer, die keine Stretchingübungen machen, weniger Energie aufwenden und sich mit weniger Verletzungen herumplagen müssen als solche, die Stretching in ihr Training mit einbeziehen. Einer weiteren Studie zufolge verschlimmerte das Stretching bei einigen Probanden den Muskelkater.

Im Großen und Ganzen nehme ich Forschungsergebnisse ernst, weil man auf ihrer Grundlage am besten die Spreu vom Weizen trennen kann. Was das Stretching anbelangt, muss ich jedoch ein Ausnahme machen. Ich halte Stretching in jedem Fall für eine gute Sache. Auch wenn niemand bisher die Zusammenhänge so richtig aufgedröselt hat, kann ich sowohl intuitiv als auch aus Erfahrung sagen, dass Stretching für den gemeinen Walker ungemein hilfreich ist. Geschmeidige Muskeln machen den Schritt in jedem Fall leichter und lockerer. Eine gute Beweglichkeit fördert zudem das Gleichgewicht, die Haltung und bei älteren Menschen die Agilität. Beugt Stretching Muskelkater und Verletzungen vor? Da reichen die Untersuchungsergebnisse von einem klaren »Vielleicht« bis zu einem eindeutigen »Nein«. Die angesehensten Experten und Athleten stimmen allerdings darin überein, dass Stretching das Richtige ist.

Was ist Beweglichkeit?

Bevor Sie sich daran machen, Ihre Beweglichkeit zu verbessern, sollten Sie wissen, was damit gemeint ist. *Beweglichkeit* bezieht sich hier auf das Maß, in dem Sie die den von der Mechanik Ihrer Gelenke vorgegebenen Bewegungsradius ausnutzen können. Wenn Sie beispielsweise nicht in der Lage sind, sich so weit vorzubücken, dass Sie Ihre Zehen berühren können, sind die Schenkelbeuger auf der Rückseite Ihrer Oberschenkel nur begrenzt dehnbar. Wären sie länger und geschmeidiger, könnten Sie Ihr Hüftgelenk weiter nach vorne beugen und Ihre Zehen mit den Fingerspitzen erreichen.

Stretching ist der Schlüssel zu einer besseren Beweglichkeit. Mit zunehmendem Alter werden die Sehnen (die Bänder, die Ihre Muskeln mit den Knochen verbinden) kürzer und fester und schränken dadurch Ihre Beweglichkeit ein. Ihre Bewegungen werden langsamer und weniger flüssig. Es macht Ihnen mehr Mühe, aufrecht zu stehen. Ihr Gang wird etwas steifer und Ihr Schritt kürzer. Es wird mühsamer, einen Bordstein zu überwinden und sich auf dem Bürgersteig nach einem 20 €-Schein zu bücken. (Obwohl Sie den dringend zur Aufstockung Ihrer Rente brauchen.) An dieser Stelle muss ich immer weinen. Aber keine Angst, es wird schon nicht so schlimm. Denn wenn Sie Ihre Oberschenkel-, Hüft- und Wadenmuskeln regelmäßig stretchen, werden Sie sich auch im Alter noch geschmeidig und natürlich bewegen können.

Beweglichkeit wiederum ist ein Schlüssel zu einer guten Haltung. Wenn Ihre Nackenmuskeln verkürzt und verspannt sind, hat Ihr Kopf einen Hang nach vorne. Sind Ihre Schulter- und Brustmuskeln zu fest, sind Ihre Schultern nach vorne gerundet. Bei den Muskeln des unteren Rückens, der hinteren Oberschenkel und der Hüften führen Verfestigungen zu einer verstärkten Krümmung der Rückens. Regelmäßige Stretchingübungen können auch Schmerzen und Beschwerden lindern, besonders im unteren Rückenbereich. Oft verschwinden die Schmerzen sogar, sobald Sie ein paar einfache Stretchübungen für den unteren Rücken und die hinteren Oberschenkelmuskeln gemacht haben.

Darüber hinaus können Stretchingübungen muskuläre Ungleichgewichte korrigieren. Angenommen, Ihre äußeren Oberschenkelmuskeln sind kräftig, die inneren aber wenig ausgeprägt und unflexibel. Wahrscheinlich wird Ihnen das gar nicht auffallen, aber es beeinträchtigt Ihre Beweglichkeit in der einen oder anderen Situation – möglicherweise, wenn Sie sich vom Sofa erheben oder Ihren Schritt eilig korrigieren müssen, um nicht in eine Pfütze zu treten. Muskelungleichgewichte können Muskelzerrungen bedingen und begünstigen außerdem eine gewisse Unbeholfenheit in der Bewegung, die unter Umständen zu Verletzungen führt. Nicht zuletzt macht Sie eine bessere Beweglichkeit auch zu einem besseren Walker, indem sie Ihrem Walkingschritt Mühelosigkeit und natürlichen Fluss verleiht.

Ihre Beweglichkeit hängt im Wesentlichen von zwei Faktoren ab: der individuellen Beschaffenheit und dem Bewegungsradius Ihrer Gelenke – das macht etwa 45 Prozent der Beweglichkeit aus – und dem Zustand der jeweiligen Muskelfasern und der Gleitfähigkeit der Gelenke – das macht die restlichen 55 Prozent der Beweglichkeit aus. Die Beschaffenheit Ihrer Gelenke ist genetisch bedingt, darauf haben Sie keinen Einfluss. Alles andere haben Sie mit dem in diesem Kapitel vorgestellten Stretchingprogramm selbst in der Hand.

Meine Freundin Holly Byrne ist eine ehemalige Tänzerin. Sie kann sich mit den Zehen am Hinterkopf kratzen, während ich, als Läuferin und Walkerin, mich schon seit den 70er-Jahren nicht mehr mit den Fingern an den Zehen kratzen kann. Hollys Hüft-, Rücken- und hintere Oberschenkelmuskeln sind geschmeidig. Wenn ich sage, meine sind das nicht, ist das noch untertrieben. Selbst als sie im achten Monat schwanger war und ihre Zehen aus ihrem Blickfeld verschwunden waren, kam sie noch näher an ihre Zehen heran als ich.

Die goldenen Regeln des Stretchings

Lesen Sie die folgenden Grundregeln, damit die Stretchingübungen in diesem Kapitel ungefährlich bleiben und Sie den vollen Nutzen daraus ziehen können.

- ✔ Zählen Sie während der Haltephasen der Basisübungen langsam mindestens bis zehn. Atmen Sie in dieser Zeit mindestens zweimal tief ein und aus.
- ✔ Entgegen einem weit verbreiteten Irrglauben sollten Sie vor einer Trainingseinheit kein Stretching machen. Wenn Sie kalte und feste Muskeln dehnen wollen, betteln Sie geradezu auf Knien um eine Verletzung. Besser ist es, das Stretching ans Ende einer Trainingseinheit zu verlegen, wenn die Muskeln warm und geschmeidig geworden sind. Ein Ausnahme ist das Aktive isolierte (AI) Stretching: Weil es bewegungsorientiert ist, steigert es die Durchblutung des Muskels und die Körpertemperatur. Man kann deshalb AI-Stretching in die Aufwärm- und Entspannungsphase mit einbeziehen.
- ✔ Fühlen Sie ein wenig in sich hinein, während Sie sich in die Ausgangspositionen für die verschiedenen Grundübungen begeben. Konzentrieren Sie sich auf die Muskeln, die gedehnt werden sollen, und versuchen Sie zu spüren, wie der Muskel sich dehnt.
- ✔ Das, was Sie bei der Dehnung empfinden, sollte irgendwo zwischen einer mäßigen Spannung und der Grenze zum Unbehagen liegen. Die Dehnung sollte aber nie richtig weh tun.
- ✔ Sie können Stretchingübungen so oft machen, wie Sie möchten, wenn Sie können, täglich. In jedem Fall sollten Sie sie aber in die Entspannungsphase nach jeder Trainingseinheit einbeziehen.
- ✔ Kümmern Sie sich besonders um die Muskeln, die sich sehr fest anfühlen.

Immer beweglich bleiben

Wenn Sie gedacht haben, beim Stretching ginge es nur darum, sich nach den eigenen Zehen zu bücken, haben Sie falsch gedacht. In den letzten Jahren ist in puncto Beweglichkeit in den Fitness-Studios einiges in Bewegung geraten. Hier ist ein kurzer Überblick über die bekanntesten Stretching-Methoden, die Ihnen früher oder später über den Weg laufen werden.

Und halten ...

Setzen Sie sich auf den Boden, greifen Sie nach Ihren Zehen und halten Sie diese Position für zehn bis 30 Sekunden. Das ist ein Beispiel für das herkömmliche, statische Stretching. Es basiert auf der Theorie, dass der Muskel, wenn man ihn nur lange genug dehnt, sich an diese gedehnte Haltung erinnert und bei ausreichender Wiederholung dieser Dehnung geschmeidiger wird. Die Dehnung länger als 30 Sekunden zu halten, ist zu viel des Guten und erhöht die Verletzungsgefahr während des Stretchvorgangs.

- ✔ **Vorteile:** Diese Art des Stretchings ist relativ unkompliziert. Die meisten Übungen dehnen mehr als eine Muskelgruppe zugleich.
- ✔ **Nachteile:** Statisches Stretching ist ziemlich unbequem für jemanden, der sehr unbeweglich ist und gerade mit dem Stretching anfängt. Es ist nicht so einfach, einzelne Muskelgruppen isoliert zu dehnen.

Und wippen ...

Haben Sie schon mal Filmaufnahmen vom Fußball-Aufwärmtraining aus den 50er-Jahren gesehen? Dann haben Sie eine ungefähre Vorstellung vom ballistischen Stretching: kurze, schnelle Wippbewegungen, um den Muskel zu entspannen. Auf diese Weise soll der natürliche Muskelreflex überlistet werden, so dass man den Muskel über seine normale Flexibilität hinaus dehnen kann, bevor er bemerkt, was Sie vorhaben, und sich wehrt.

- ✔ **Vorteile:** Diese Methode orientiert sich eng an vielen Schnellkraftbewegungen. Einige wenige Studien konnten belegen, dass man auf diese Weise die Beweglichkeit der Muskulatur effektiv steigern kann, ohne Muskelkater zu verursachen.
- ✔ **Nachteile:** Die Verletzungsgefahr ist beim ballistischen Stretching relativ hoch. Es wird daher von keiner der anerkannten Institutionen empfohlen.

Lothar, kannst du mir mal helfen?

Haben Sie schon einmal etwas von propriozeptiver neuromuskulärer Fascilitation gehört? Gehört vielleicht schon, aber weitererzählen werden es die wenigsten – man kriegt ja einen Knoten in die Zunge. Ich verrate Ihnen einen Trick: Sagen Sie doch mal »PNF«. Geht doch viel leichter, oder? Diese Art des Stretchings besteht aus einer sechs Sekunden andauernden Anspannung des Muskels gefolgt von einer zehn bis 30 Sekunden dauernden Dehnung mit Hilfe einer anderen Person. Ein Beispiel: Sie legen sich auf den Rücken und legen ein Bein auf der Schulter Ihres Trainingspartners ab. Dieser hebt Ihr Bein vorsichtig in Richtung Ihres Kopfes an, bis Sie eine starke Anspannung im Oberschenkelbeuger verspüren. Jetzt drücken Sie das auf der Schulter liegende Bein für etwa zehn Sekunden nach unten. Danach entspannen Sie das Bein. Ihr Trainingspartner ist jetzt in der Lage, Ihr Bein ein wenig weiter zu dehnen. Wenn Sie keinen Trainingspartner zur Hand haben, können Sie auch ein Handtuch, ein Seil oder einen Gürtel dazu verwenden, sich ein wenig mehr zu dehnen.

- ✔ **Vorteile:** Mehrere Studien haben erwiesen, dass PNF bei manchen Menschen erfolgreicher ist als andere Methoden. Darüber hinaus ist es natürlich immer angenehm, wenn man sich nicht alleine quälen muss, besonders wenn man nicht allzu beweglich ist.
- ✔ **Nachteile:** Wenn man es mit der PNF-Dehnung zu weit treibt, steigt das Verletzungsrisiko.

Ich wurde einmal Zeuge eines unglücklichen Vorfalls. Ein Trainer belastete während einer PNF-Dehnung den Rücken eines Kunden mit seinem ganzen Gewicht. Ich konnte quer durch den Raum hören, wie dabei sämtliche inneren Oberschenkelmuskeln rissen.

Nur zwei Sekunden ...

Aktives isoliertes Stretching, oder AI, beruht auf der Tatsache, dass jeder Muskel einen so genannten Antagonisten hat, einen ihm entgegen gesetzten Muskel. Wenn man diesen Antagonisten anspannt, hat der Muskel auf der anderen Seite gar keine andere Wahl, als zu entspannen und nachzugeben. Das zweite wichtige Prinzip des AI betrifft die Dauer der Dehnung. Man darf den betreffenden Muskel nicht länger als zwei Sekunden dehnen, damit der Dehnungsreflex nicht einsetzt und eine weitere Dehnung verhindert. Viele der AI-Stretchingübungen erfordern ein Band, ein Handtuch oder einen Gürtel, damit man den Muskel etwas weiter dehnen kann, als es sonst möglich wäre. Mehr über Hilfsmittel für das Stretching erfahren Sie im Abschnitt *Stretchhilfen* am Ende des Kapitels.

- ✔ **Vorteile:** Man kann einige Muskeln isoliert dehnen. AI-Stretching ist, auch für die eher Unbeweglichen unter uns, die angenehmste Art des Stretchings.
- ✔ **Nachteile:** Es gibt derzeit keine verlässlichen Studien, mit der die Theorien zum AI-Stretching untermauert werden könnten. Bei den Übungen ist es mitunter schwer, die richtige Position einzunehmen.

KEAK

KEAK ist nicht etwa ein Tropenholz, sondern steht für **K**ontraktion, **E**ntspannung, **A**ntagonisten-**K**ontraktion. Diese, zumindest in den Fitness-Studios, recht neue Stretchingtechnik ist, wenn man so will, eine Kombination von PNF und AI. Man dehnt einen Muskel, spannt ihn an, und spannt dann den Antagonisten an. Vor dem nächsten Dehnvorgang macht man 20 Sekunden Pause. Angenommen, Sie wollen den Quadrizeps auf diese Wiese dehnen, dann stellen Sie sich gerade hin, winkeln das rechte Knie an und ziehen die rechte Ferse etwa zehn Sekunden lang in Richtung Gesäß. Anschließend spannen Sie den Quadrizeps zehn Sekunden lang so stark wie möglich an. Abschließend dehnen Sie den Quadrizeps, indem Sie den Schenkelbeuger (die hinteren Oberschenkelmuskeln) zehn Sekunden lang anspannen.

- ✔ **Vorteile:** Es gibt nur einige Studien, die auf die Effektivität dieser Methode hindeuten. Man kann sich auf einzelne Muskeln konzentrieren und tut auch noch etwas für die Kraft.
- ✔ **Nachteile:** Sie müssen die Bewegungssteuerung im Hirn und die Muskeln gut koordinieren können, um die Übungen erfolgreich zu absolvieren. Viele Übungen erfordern einen Partner.

Welche Methode ist die beste?

Anerkannte Institute empfehlen das traditionelle 10- bis 30-Sekunden-Stretching für die am häufigsten beanspruchten Muskelgruppen, also die Oberschenkel, den unteren Rücken und die Brust. Diese Methode wird auch in den meisten Aerobic-Kursen vermittelt. Allerdings stellen viele Stretching-Experten diese Richtlinien mittlerweile in Frage, weil sie die Vorzüge und Ansätze der anderen Methoden überhaupt nicht berücksichtigen. Es stellt sich also die Frage, welche Methode für Sie am besten geeignet ist.

Mein Vorschlag ist, dass Sie es mit einer Mischung aus statischem Stretching, AI und – wenn Sie das Glück haben, mit einem Trainingspartner oder Trainer zu arbeiten – PNF oder KEAK versuchen. Alle diese Methoden führen so lange sicher zum Ziel, wie Sie sich genau an die Anleitungen halten und Ihre eigenen Grenzen respektieren. Für Walker sind in jedem Fall alle diese Stretching-Methoden von Nutzen.

Wenn Sie das alles nicht bewegen kann ...

Walker und Läufer stehen mit dem Stretching bekanntermaßen nicht auf allzu gutem Fuß. Ob es ihnen zu langweilig ist, zu unbequem oder ob sie einfach nur davor zurückschrecken, sie machen es einfach nicht, auch dann nicht, wenn Muskelverspannungen und Zerrungen ein wenig Stretching dringend nahe legen. Für diejenigen, die Stretching rundherum ablehnen, sind möglicherweise Yoga- oder Pilates-Kurse eine geeignete Alternative. Zudem umfassen beide Varianten auch Kraftübungen und Stressabbau.

Nun sind Yoga und Pilates schon eine Nummer größer und bedeutender als das gemeine Stretching. Da ist es nicht verwunderlich, dass schon dem Anfänger ein hohes Maß an Beweglichkeit abverlangt wird. Das ist ein Nachteil für alle, bei denen es mit der Beweglichkeit hapert. Verschweigen sollte man auch nicht, dass die Qualität des Unterrichts erheblich schwankt. Weil es an standardisierten Ausbildungsanforderungen fehlt, kann sich praktisch jeder Yoga-Lehrer nennen. Wenn Sie mehr über Yoga erfahren wollen, kann ich Ihnen *Yoga für Dummies* von Georg Feuerstein und Larry Payne (mitp-Verlag, 2000) empfehlen.

Fragen Sie doch mal in Ihrem Bekanntenkreis nach empfehlenswerten Kursangeboten oder machen Sie in der U-Bahn große Ohren, um die eine oder andere Mundzumundpropaganda aufzuschnappen. Auf jeden Fall sollten Sie in einen Kurs hineinschnuppern, bevor Sie sich festlegen. Ein guter Lehrer nimmt Rücksicht auf Ihre tatsächliche Beweglichkeit und passt die Übungen dementsprechend an. Ein schlechter Lehrer kann Ihnen körperlichen Schaden zufügen, wenn er Sie in Positionen zwingt, die besser Salzbrezeln oder Seemannsknoten vorbehalten bleiben.

Pilates ist übrigens eine Art aktives, bewegungsorientiertes Yoga und basiert auf den therapeutischen Übungen, die der deutschstämmige Amerikaner Joseph Pilates vor rund 70 Jahren entwickelte, um damit verletzten Tänzern wieder auf die Beine zu helfen. Obwohl Pilates-Lehrer eine sehr intensive Ausbildung mit einer langen

Praktikumsphase durchlaufen müssen, sind mittlerweile unter anderen Namen einige Ableger auf dem Markt. Da gibt es allerdings auch Qualitätsunterschiede.

Jetzt geht's los!

Nun ist es aber an der Zeit, dass wir uns den Verkrampfungen und knarrenden Gelenken zuwenden. Ich habe dazu für Sie ein Stretchingprogramm zusammengestellt, das besonders auf die hauptsächlich beanspruchten Muskeln und den Bewegungsablauf des Walkers abgestellt ist.

Machen Sie Stretchingübungen nach jedem Walk. Ich sage ausdrücklich *nach*, weil der Mythos vom Stretching vor einer Trainingseinheit einfach nicht totzukriegen ist. Dabei ist es eigentlich leicht einzusehen, dass die Muskulatur vor dem Training kalt und fest ist (wozu sollte man sich sonst aufwärmen?). In jedem Fall sollten Sie vor dem Stretching mindestens fünf Minuten mit mäßiger Geschwindigkeit walken, um die Durchblutung anzuregen und die Körpertemperatur hochzufahren. (Aktives isoliertes Stretching ist hier eine Ausnahme, weil es bewegungsorientiert ist. Es ist deshalb zum Aufwärmen geeignet.)

Aus praktischen Erwägungen habe ich die Übungen von den stehenden Ausgangspositionen hin zu den liegenden angeordnet. So lässt sich das Programm am einfachsten durchlaufen. Beim ersten Mal werden Sie vielleicht ein wenig ächzen und stöhnen. Wenn Sie die Übungen ein paar Mal gemacht haben, werden sich Ihre »Problemzonen« aber an die Bewegungsabläufe gewöhnt haben. Das Ganze wird kaum länger als zehn Minuten Ihrer Zeit in Anspruch nehmen, wenn Sie den Übungsablauf erst einmal verinnerlicht haben. (Weitere wichtige Details zum Stretching finden Sie im Abschnitt *Die goldenen Regeln des Stretchings* weiter vorne im Kapitel.)

Weil ich AI für eine angenehmere Stretchingtechnik halte, biete ich Ihnen zu jeder statischen Stretchingübung eine AI-Alternative an. Ich bin selber von Natur aus nicht sehr elastisch und empfinde es deshalb selbst bei manchen der einfachen Stretchingübungen als unbequem, die Dehnung für zehn Sekunden zu halten. Die Zwei-Sekunden-Dehnungen beim AI-Stretching kann ich dagegen gut ertragen.

Probieren Sie einfach beides aus und wählen Sie bei jeder Übung die Variante, bei der Sie sich am wohlsten fühlen.

Nackendehnung

Diese Dehnung (siehe Abbildung 12.1) vermindert die Spannung im Nacken und in der oberen Schulterpartie.

So wird's gemacht: Lassen Sie die Schultern entspannt nach unten hängen. Senken Sie den Kopf langsam seitlich nach rechts in Richtung Schulter. Zählen Sie langsam bis zehn und richten Sie den Kopf langsam wieder auf. Machen Sie dasselbe zur linken Seite hin. Sie können die Dehnung mit der Hand leicht unterstützen.

Sie werden die Dehnung zunächst an der Nackenwurzel spüren, von wo sie sich nach oben hin fortsetzt.

Worauf Sie achten müssen:

- ✔ Lassen Sie die Schultern während der gesamten Übung entspannt nach unten hängen.
- ✔ Wenn Sie den Arm auf der jeweils gedehnten Seite nach unten strecken, können Sie die Dehnung intensivieren.

AI-Alternative: Machen Sie dieselbe Bewegung und unterstützen Sie die Dehnung leicht mit der linken Hand. Zählen Sie langsam bis zwei und geben Sie dann nach. Wiederholen Sie das Ganze 8 bis 15 Mal und wechseln Sie dann die Seite.

Abbildung 12.1: Die Nackendehnung vermindert die Muskelanspannung.

Brustdehnung

Diese Dehnung (siehe Abbildung 12.2) zielt auf die Brust-, Schulter- und Armmuskeln. Diese Muskeln sind sowohl für Ihren Armschwung als auch für eine gute Haltung zuständig.

So wird's gemacht: Stellen oder setzen Sie sich aufrecht hin. Strecken Sie die Arme nach hinten und bringen Sie Ihre Hände hinter dem Rücken zusammen. Heben Sie zunächst Ihre Brust und dann die Arme etwas an und zählen Sie langsam bis zehn. Wiederholen Sie die Dehnung zwei bis drei Mal.

Sie werden eine leichte Dehnung der Brustmuskeln, der vorderen Schulter- und der vorderen Armmuskeln spüren.

Schultern, Ellenbogen

Worauf Sie achten müssen:

- ✔ Heben Sie Ihre Arme nur so weit, wie es angenehm ist.
- ✔ Halten Sie die Schultern entspannt und gesenkt.
- ✔ Halten Sie den Rücken gerade.

AI-Alternative: Diese Alternative empfiehlt sich bei eingeschränkter Schulterbeweglichkeit. Stellen Sie sich gerade hin, strecken Sie die Arme mit durchgedrückten Ellenbogen und einander zugewandten Handflächen gerade nach hinten. Zählen Sie langsam bis zwei und lassen Sie die Arme dann nach vorne schwingen. Wiederholen Sie das Ganze 8 bis 15 Mal.

Abbildung 12.2: Die Brustdehnung können Sie im Stehen und im Sitzen durchführen.

Schenkelbeugerdehnung

Jetzt geht's Ihnen an die Schenkelbeuger und den unteren Rücken! Diese beiden Muskelgruppen sind nach einem Walk besonders angespannt.

So wird's gemacht: Stellen Sie sich gerade hin, setzen Sie den linken Fuß fünf bis zehn Zentimeter vor den rechten und heben Sie die Zehen an. Spannen Sie die Bauchmuskeln leicht an und beugen Sie sich in der Hüfte nach vorne. Stützen Sie sich dabei mit beiden Händen auf dem rechten Oberschenkel ab. Halten Sie die Schultern entspannt unten und den Rücken gerade. Bleiben Sie in dieser Position und zählen Sie langsam bis zehn. Wiederholen Sie das Ganze mit dem rechten Bein (Abbildung 12.3 zeigt, wie es geht).

Abbildung 12.3: Das ist die eine Art, die Schenkelbeuger zu dehnen.

Sie werden spüren, wie die Dehnung den hinteren Oberschenkel durchzieht.

Unterer Rücken

Worauf Sie achten müssen:

- ✔ Beugen Sie sich nur so weit vor, wie Sie die Balance halten können.
- ✔ Dehnen Sie nicht so weit, dass Sie im unteren Rücken Schmerzen verspüren.

AI-Alternative: Wenn Sie chronische Beschwerden im unteren Rücken haben oder Ihnen die lange Dehnung zu unbequem ist, sollten Sie diese Alternative (siehe Abbildung 12.4) in Betracht ziehen. Legen Sie sich auf den Rücken, winkeln Sie die Knie an und stellen Sie die Füße flach auf den Boden. Legen Sie ein elastisches Band, ein Handtuch oder einen Gürtel um den Spann Ihres rechten Fußes und halten Sie die Enden mit je einer Hand fest. Strecken Sie nun das Bein so hoch und so weit Sie können (ohne dass es weh tut). Spannen Sie die vorderen Oberschenkelmuskeln an, zählen Sie langsam bis zwei und winkeln Sie dann das Knie an, um zu entspannen. Wiederholen Sie das Ganze 8 bis 15 Mal und wechseln Sie dann zum linken Bein.

Abbildung 12.4: Diese alternative Schenkelbeugerdehnung empfiehlt sich bei chronischen Rückenproblemen.

Quadrizepsdehnung

Diese Dehnung (siehe Abbildung 12.5) betrifft den *Quadrizeps*, also die vorderen Oberschenkelmuskeln, die nach dem Walken schon mal verfestigt und ermüdet sein können.

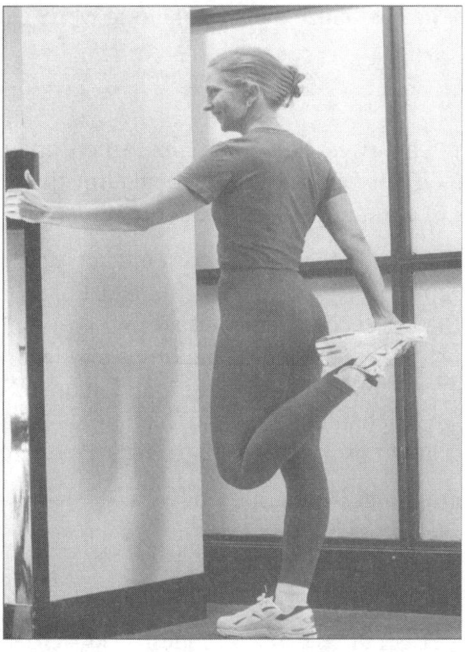

Abbildung 12.5: Die Muskeln des vorderen Oberschenkels profitieren von der Quadrizepsdehnung.

So wird's gemacht: Stellen Sie sich gerade hin, die Füße hüftbreit auseinander. Wenn nötig, stützen Sie sich an einem Stuhl oder an der Wand ab. Heben Sie den linken Unterschenkel nach hinten an, bis Sie den linken Fuß mit der rechten Hand zu fassen bekommen. Halten Sie diese Position, zählen Sie langsam bis zehn und lassen Sie den Fuß wieder los. Machen Sie das Gleiche mit dem rechten Bein.

Sie werden spüren, wie die Dehnung langsam die vorderen Oberschenkelmuskeln durchzieht.

Knie, unterer Rücken

Worauf Sie achten müssen:

- ✔ Spannen Sie die Bauchmuskeln an und ziehen Sie die Schultern etwas nach hinten.
- ✔ Drücken Sie das Knie des jeweiligen Standbeins nicht durch.

AI-Alternative: Wenn Sie Knieprobleme haben oder mit der Basisversion dieser Übung nicht so gut zurecht kommen, versuchen Sie diese Variante: Legen Sie sich auf die linke Körperseite und ziehen Sie die Knie in Richtung Brust. Legen Sie den Kopf auf den linken Arm und umfassen Sie mit der linken Hand das linke Schienbein. Spannen Sie jetzt den Schenkelbeuger des rechten, immer noch angewinkelten Beins und die Gesäßmuskeln an und ziehen Sie das Bein so weit nach hinten, wie Sie können. Zählen Sie langsam bis zwei und entspannen Sie die Muskeln wieder. Wiederholen Sie das Ganze 8 bis 15 Mal und wechseln Sie dann die Seite.

Wadendehnung

Zur richtigen Walkinghaltung gehört es, die Zehen anzuheben und den Fuß mit der Ferse aufzusetzen. Diese Bewegungen können die Unterschenkelmuskeln ermüden. Die Wadendehnung (siehe Abbildung 12.6) wirkt entspannend auf die Waden.

So wird's gemacht: Stellen Sie sich im Abstand von etwa 60 Zentimetern gerade mit dem Gesicht zu einer Wand. Setzen Sie den linken Fuß einen Schritt weit zurück, winkeln Sie das rechte Bein weit an und strecken Sie Ihr linkes Bein so gerade wie möglich. Spannen Sie die Bauchmuskeln leicht an und halten Sie den Rücken gerade. Strecken Sie die Arme zur Wand, lehnen Sie sich nach vorne und pressen Sie die Handflächen an die Wand. Zählen Sie langsam bis zehn und wiederholen Sie die Übung mit nach hinten gestrecktem rechten Bein.

Sie werden eine leichte Dehnung in der Wade spüren.

Worauf Sie achten müssen:

- ✔ Beide Füße müssen flach auf dem Boden stehen bleiben.
- ✔ Das nach hinten gestreckte Bein muss ganz durchgestreckt werden, um die optimale Dehnung zu erreichen.

AI-Alternative: Diese Variante dehnt sowohl die Waden als auch die Schienbeinmuskeln. Setzen Sie sich mit gerade nach vorne gestreckten Beinen auf den Boden. Nehmen Sie in jede Hand das Ende eines elastischen Bandes, schlingen Sie das Band um den Spann Ihres rechten Fußes und beugen Sie das linke Knie leicht. Biegen Sie jetzt den rechten Fuß hoch, so dass die Zehen zum Knie zeigen und unterstützen Sie diese Bewegung durch leichtes Ziehen am Band. Zählen Sie langsam bis zwei und strecken Sie dann die Zehen langsam nach vorne. Wiederholen Sie diese Dehnung 8 bis 15 Mal und wiederholen Sie dann das Ganze mit der linken Wade.

Abbildung 12.6: Entspannen Sie Ihre müden Unterschenkelmuskeln mit der Wadendehnung.

Katze-Kuh

Eine echt tierisch gute Übung, mit der Sie Ihre Bauchmuskeln und den unteren Rücken nach einem anstrengenden Walk entspannen können. Abbildung 12.7 zeigt Ihnen, wie's geht.

So wird's gemacht: Knien Sie sich so hin, dass Oberschenkel und Unterschenkel einen 90°-Winkel bilden und stützen Sie sich mit den Händen (Arme gerade nach unten) auf den Boden. Spannen Sie die Bauchmuskeln an und machen Sie Ihren Rücken rund. Zählen Sie langsam bis fünf, lassen Sie Ihren Rücken langsam wieder nach unten durchhängen und zählen sie wieder bis fünf. Wiederholen Sie das Ganze 1 bis 3 Mal.

Wenn Sie den Rücken rund machen, sollten Sie eine leichte Dehnung im unteren Rücken spüren. Wenn Sie den Rücken durchdrücken, werden sowohl die Bauchmuskeln als auch der untere Rücken gedehnt.

Unterer Rücken

Worauf Sie achten müssen:

- ✔ Wenn die Übung Ihrem Rücken nicht behagt, schränken Sie den Bewegungsradius etwas ein.
- ✔ Halten Sie die Schultern unten.
- ✔ Lehnen Sie sich nicht so weit nach vorne, dass Sie das Gleichgewicht verlieren.

AI-Alternative: Diese Übung dehnt ebenfalls Ihre Bauchmuskeln und den unteren Rücken. Setzen Sie sich mit leicht gebeugten Knien auf den Boden, halten Sie sich mit den Händen in den Kniekehlen fest und heben Sie die Fußspitzen leicht an. Senken Sie das Kinn auf die Brust, spannen Sie die Bauchmuskeln an und machen Sie einen runden Rücken. (Unterstützen Sie die Bewegung mit den Armen.) Zählen Sie langsam bis zwei und richten Sie Ihren Rücken langsam wieder auf. Wiederholen Sie das Ganze 8 bis 15 Mal.

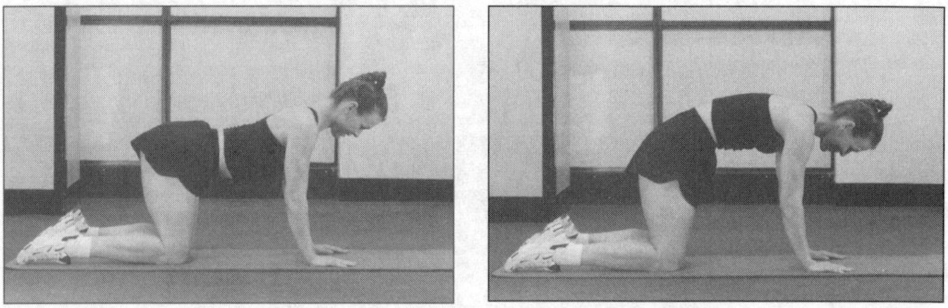

Abbildung 12.7: Katze und Kuh entspannen Bauchmuskeln und den unteren Rücken.

Gruß an die Sonne

Diese Bewegung (siehe Abbildung 12.8) dehnt den gesamten Oberkörper, den Rumpf, die vorderen Hüftmuskeln und die Oberschenkel.

So wird's gemacht: Knien Sie sich auf den Boden und winkeln Sie das linke Bein so an, dass der linke Oberschenkel parallel zum Boden und der linke Fuß flach auf dem Boden steht. Stützen Sie sich mit den Händen auf dem linken Oberschenkel ab, um die Balance besser halten zu können. Spannen Sie die Bauchmuskeln leicht an und halten Sie die Schultern entspannt und hinten. Strecken Sie Ihren Körper jetzt nach oben und leicht nach vorne. Halten Sie diese Position zehn Sekunden lang. Wiederholen Sie das Ganze mit dem rechten Bein.

Sie werden spüren, wie die Dehnung durch den gesamten Rumpf und den Oberkörper, einschließlich der Arme, wandert. Auch der hintere Oberschenkel wird in seinem oberen Teil gedehnt.

Unterer Rücken

Worauf Sie achten müssen:

- ✔ Wenn Sie Probleme mit dem Gleichgewicht haben, halten Sie sich mit einer Hand an einem Stuhl oder einem Tisch fest.
- ✔ Lehnen Sie sich nicht so weit vor, dass Ihr Knie über Ihre Fußspitzen hinausragt.
- ✔ Halten Sie den Rücken gerade.

AI-Alternative: Wenn Sie Schwierigkeiten haben, die Ausgangsposition für den Gruß an die Sonne einzunehmen, oder besonders verfestigte Hüft- und Oberschenkelmuskeln haben, versuchen Sie diese Alternative. Stellen Sie sich gerade hin, die Füße hüftbreit auseinander. Strecken Sie nun einen Arm zur Decke und den anderen zum Boden, als ob Sie gleichzeitig den Boden und die Decke berühren wollten. Zählen Sie langsam bis 2 und vertauschen Sie nun die Armpositionen. Wiederholen Sie das Ganze, bis jeder Arm 8 bis 15 mal oben war.

Abbildung 12.8: Halten Sie beim Gruß an die Sonne den Rücken gerade, sonst gibt es Regen.

Schmetterling

Diese Übung (siehe Abbildung 12.9) dehnt die Innenseiten der Oberschenkel, die Hüften und die untere Rückenmuskulatur.

So wird's gemacht: Setzen Sie sich mit geradem Oberkörper auf den Boden, lassen Sie die Knie so weit nach außen wegkippen, wie es Ihnen noch angenehm ist, und pressen Sie die Fußsohlen gegeneinander. Spannen Sie die Bauchmuskeln leicht an und beugen Sie sich aus der Hüfte nach vorne. Unfassen Sie die Füße mit den Händen und ziehen Sie den Oberkörper vorsichtig noch ein bisschen weiter nach vorne. Zählen Sie langsam bis 10. Entspannen Sie und wiederholen Sie das Ganze 2 bis 3 mal.

Sie werden spüren, wie die Dehnung durch die inneren Oberschenkelmuskeln, die äußeren Hüftmuskeln und den unteren Rücken wandert.

Unterer Rücken

Worauf Sie achten müssen:

- ✔ Intensivieren Sie die Dehnung, indem Sie die Unterschenkel vorsichtig nach unten drücken, während Sie die Dehnung halten.
- ✔ Ziehen Sie nicht die Schultern nach oben.
- ✔ Halten Sie den Rücken gerade.

AI-Alternative: Wenn Ihre Hüften und Oberschenkel nicht so beweglich sind und Sie die Dehnposition als zu unbequem empfinden, versuchen Sie diese Alternative: Legen Sie sich mit geschlossenen Beinen auf den Rücken und schlingen Sie ein elastisches Band so um den Spann Ihres rechten Fußes, dass beide Enden des Bandes an der Außenseite Ihrer rechten Wade verlaufen. Halten Sie beide Enden mit der rechten Hand und strecken Sie beide Beine durch. Bewegen Sie nun, geführt von Ihrer Ferse und unterstützt durch das Band, das rechte Bein von der Körpersenkrechten nach außen, bis Sie eine leichte Dehnung der inneren Oberschenkelmuskeln spüren. Zählen Sie langsam bis zwei, wiederholen Sie das Ganze 8 bis 15 Mal und wechseln Sie dann zum anderen Bein.

Abbildung 12.9: Sie brauchen nicht unbedingt Flügel, um mal den Schmetterling zu machen.

Brezel

Viele Walker klagen über verfestigte äußere Hüftmuskeln. Diese Übung (siehe Abbildung 12.10) konzentriert sich genau darauf.

So wird's gemacht: Legen Sie sich auf den Boden und winkeln Sie das linke Knie an. Der linke Fuß bleibt flach auf dem Boden. Legen Sie den rechten Knöchel quer über den linken Oberschenkel, direkt oberhalb des Knies. Halten Sie diese Beinposition und heben Sie beide Beine an, so dass der linke Oberschenkel senkrecht zum Boden steht. Umfassen Sie den linken Oberschenkel mit beiden Händen und ziehen Sie ihn vorsichtig zum Körper hin. Zählen Sie langsam bis zehn. Wiederholen Sie das Ganze mit angewinkeltem rechten Bein.

Sie werden die Dehnung im Gesäß und in den äußeren Hüften spüren.

Worauf Sie achten müssen:

✔ Halten Sie die Schultern am Boden.

✔ Sie können den Kopf leicht anheben, wenn Ihnen das angenehmer ist.

AI-Alternative: Wenn Sie besonders verfestigte Hüftmuskeln haben und die Ausgangsposition nur unter Schwierigkeiten einnehmen können, versuchen Sie diese Alternative. Setzen Sie sich aufrecht auf einen Stuhl. Stellen Sie den linken Fuß flach auf den Boden und legen Sie den rechten Knöchel auf dem linken Oberschenkel ab. Legen Sie die rechte Hand auf das rechte Knie und die linke Hand auf den rechten Knöchel. Spannen Sie die Bauchmuskeln leicht an, halten Sie den Rücken gerade und drücken Sie das rechte Knie mit der Hand nach unten. Zählen Sie langsam bis zwei und entspannen Sie. Wiederholen Sie das Ganze 8 bis 15 Mal und dehnen Sie dann in gleicher Weise die linke Seite.

Abbildung 12.10: Hier sehen Sie, woher die Übung ihren Namen hat.

Ach, du liebes Knie

Nach einem Walk können Ihre unteren Rücken- und Gesäßmuskeln durchaus müde und verfestigt sein, besonders dann, wenn Sie auf Ihre Haltung geachtet haben. Diese Übung dehnt die Rücken- und Hüftmuskeln leicht, aber effektiv. Abgesehen davon können Sie Ihrem Knie damit zeigen, dass es Ihnen am Herzen liegt.

So wird's gemacht: Legen Sie sich auf den Boden und ziehen Sie die Knie in Richtung Brust hoch. Fassen Sie mit den Händen unter Ihre Oberschenkel und ziehen Sie die Oberschenkel noch näher an die Brust. Zählen Sie langsam bis zehn und lassen Sie locker. Wiederholen Sie das Ganze 2 bis 3 Mal.

Sie werden eine leichte Dehnung im Gesäß und im unteren Rücken spüren.

Worauf Sie achten müssen:

✔ Heben Sie den Kopf leicht in Richtung Knie, wenn das für Sie angenehmer ist.

✔ Halten Sie die Schultern entspannt.

✔ Heben Sie den unteren Rücken nicht vom Boden ab.

AI-Alternative: Wenn Ihre unteren Rückenmuskeln besonders verfestigt sind und Sie die Dehnung als unangenehm empfinden, versuchen Sie diese Alternative. Machen Sie genau das Gleiche wie oben beschrieben. Halten Sie die Dehnung jedoch nur für zwei Sekunden und lassen Sie dann locker. Wiederholen Sie das Ganze 8 bis 15 Mal.

Abbildung 12.11: Drücken Sie Ihr Knie ruhig einmal an sich.

Stretchhilfen

Viele Übungen des aktiven isolierten Stretchings erfordern den Einsatz spezieller Bänder. Solche Bänder sind auch dann hilfreich, wenn man nicht so beweglich ist. Es könnte zum Beispiel sein, dass Ihre Schulter- und Brustmuskeln nicht so flexibel sind, dass Sie die Hände hinter dem Rücken zusammenführen können, wie das bei der Übung *Brustdehnung* gefordert wird. Wenn Sie stattdessen die Arme so weit nach hinten führen, dass Sie jeweils ein Ende des Bandes mit einer Hand greifen können, ist das eine kleine Modifikation, die Ihnen erlaubt, diese Übung dennoch durchzuführen.

Geeignete Bänder, mit oder ohne Griffe oder Schlaufen, finden Sie im Sportfachhandel.

Wenn Sie Geld sparen wollen, können Sie auch einfach ein Handtuch oder einen Gürtel verwenden. Hauptsache, die Länge stimmt. Wenn Sie auf dem Boden sitzen oder liegen und den mittleren Teil des Handtuchs oder Gürtels um den Spann Ihres Fußes schlingen, sollten Sie je ein Ende in den Händen halten können, ohne sich verrenken zu müssen.

Aufbautraining für fortgeschrittene Walker

13

In diesem Kapitel

- Drücken Sie mit Intervalltraining auf die Tube
- Probieren Sie aus, wie man Geschwindigkeit trainieren kann
- Erhöhen Sie den Spaßfaktor

Die meisten Leute wollen einfach nur walken und dabei etwas für die Gesundheit, die Fitness und die schlanke Linie tun. Für diejenigen, die weitergehende Ziele verfolgen oder deren Zielvorstellungen sich im Laufe der Zeit verändern, kommt allerdings irgendwann ein Punkt, an dem es nicht mehr ausreicht, hie und da einen High-Energy-Walk oder einen Walklauf ins Trainingsprogramm einzubauen. Walker, die an Wettkämpfen teilnehmen möchten, wollen natürlich auch wettkampftauglich sein. Und wer alle bisherigen Trainingsmöglichkeiten ausgeschöpft hat, der sucht vielleicht nach neuen Möglichkeiten, den Trainingsalltag aufzupeppen.

Was ich in diesem Kapitel vorstelle, trägt das Etikett »fortgeschritten« deswegen, weil es sich um Möglichkeiten handelt, die sich zusätzlich zum Hin- und Herwechseln zwischen den vier Leistungsstufen anbieten. Wenn Sie den Durchbruch bisher nicht so recht schaffen konnten, können einige der Techniken Ihnen sogar den entscheidenden Kick geben, die nächste Stufe zu erreichen. In jedem Fall aber kommt ein bisschen Farbe in den grauen Trainingsalltag.

Viele der hier präsentierten Methoden werden schon seit Jahrzehnten von Spitzensportlern aller Herren Länder eingesetzt. Einige gibt es sogar schon seit Jahrhunderten. Müssen Sie davon Gebrauch machen? Natürlich nicht. Werden sie Ihnen nutzen, Sie herausfordern, Ihr Interesse wecken, wenn Sie sich entschließen sollten, davon Gebrauch zu machen? Ganz bestimmt. Sind Sie ein Wettkämpfer – oder einfach neugierig? Dann versuchen Sie's doch mal.

Schneller mit der Intervallmethode

Bei der Intervallmethode wechselt man innerhalb eines Walks zwischen sehr intensiver Trainingsbelastung und geringer Trainingsbelastung oder aktiver Erholung hin und her. Nach einer Phase, in der Sie sich verausgabt haben, ist es besser, sich durch langsames Gehen aktiv zu erholen, als stehen zu bleiben und nach Atem zu ringen. Denn durch die Bewegung werden die Muskeln weiter mit Blut versorgt, Nährstoffe werden heran- und die Abfallprodukte Ihrer Anstrengung abtransportiert, so dass sich die Muskeln schneller erholen.

Intervalltraining könnte das Richtige für Sie sein, wenn Sie an Wettkämpfen teilnehmen, Ihr Trainingsprogramm etwas nachwürzen, mehr Kalorien in kürzerer Zeit verbrennen und einen Tick schneller werden wollen. Am besten lässt es sich in das High-Energy- oder das Walk-Lauf-Trainingsprogramm einbauen (siehe Kapitel 9 und 10). Im Prinzip ist der Walk-Lauf an sich schon ein Form des Intervalltrainings.

Die Intervallmethode bietet drei Stellschrauben, an denen man je nach Leistungsfähigkeit und Ziel drehen kann:

- die Dauer oder Streckenlänge der einzelnen intensiven und gemäßigten Intervalle
- die Anzahl der Intervalle
- die Anzahl der Intervalltrainingseinheiten

Dauer und Streckenlänge der einzelnen Intervalle

Die Dauer der einzelnen intensiven und gemäßigten Intervalle hängt davon ab, welche Ziele Sie anstreben. (Die jeweilige Streckenlänge variiert dabei naturgemäß je nach Walkgeschwindigkeit.)

- **Kurzsprints von zehn bis 45 Sekunden Dauer verbessern Ihre Spurtqualitäten.** Sie erinnern sich vielleicht an die 50-m-Sprints, die Sie in der Schule machen mussten. So sollen sie sein: Kurz, intensiv und atemberaubend.

  Wenn Sie auf einen Wettkampf hin arbeiten oder sich gerne so richtig auspowern, sind Kurzsprints genau das Richtige. Zwischen den Sprints ruhen Sie sich bei langsamer Gangart zehn bis 45 Sekunden lang aus. Sie sollten allerdings ein schon erfahrener Walker auf gutem bis hervorragendem Fitnessniveau sein.

- **Anaerobe Trainingsintervalle mit hoher Belastung von 60 bis 90 Sekunden Dauer gefolgt von jeweils 60 bis 180 Sekunden langen Erholungsphasen verbessern die Laktatverträglichkeit Ihres Körpers.** So werden Sie mit der Zeit härter und schneller trainieren können. Das ist ein viel versprechender Ansatz, wenn Sie Ihre Walkgeschwindigkeit eine Stufe höher schrauben wollen.

  Milchsäure (Laktat) entsteht dann, wenn der Muskel nicht mehr genug Sauerstoff erhält, um die für die geforderte Leistung notwendige Energie bereitzustellen. Er schaltet auf anaerobe Verbrennung um (ohne Sauerstoff), deren Abfallprodukt eben Milchsäure ist. Wenn man sich immer wieder für kurze Zeit intensiv belastet, kann die dabei anfallende Milchsäure in den Muskeln ein brennendes, schmerzhaftes Gefühl auslösen. Senkt man die Belastungsintensität in den Phasen der aktiven Erholung wieder ab, hat der Körper Gelegenheit, die überschüssige Milchsäure aus den Muskeln abzutransportieren und abzubauen.

- **Aerobe Trainingsintervalle von zwei bis fünf Minuten Dauer verbessern die Sauerstoffaufnahme und -ausnutzung durch den Körper und tragen so zur Steigerung der Ausdauer**

bei. Die Erholungsintervalle sind dabei mindestens so lang wie die Belastungsintervalle oder länger. Bei dieser Trainingsvariante steigern Sie den Kalorienverbrauch und Ihre Walking-Grundgeschwindigkeit.

Je kürzer das Belastungsintervall, desto schneller können Sie walken. Sie werden das Tempo, das Sie für zehn Sekunden halten können, nicht zwei Minuten lang aufrechterhalten können, also versuchen Sie's erst gar nicht. Ihr Ziel sollte sein, für das entsprechende Intervall ein Tempo zu wählen, das Sie fordert. Überhaupt sollte prinzipiell gelten, dass Sie sich bei jedem Intervall unter den gegebenen Umständen gefordert fühlen.

Sie können die Belastungsintensität ermitteln, indem Sie Ihren Puls messen, Ihre subjektive Belastung auf der RPE-Skala einordnen oder den Sprechtest machen. Wie das geht, erfahren Sie in Kapitel 5.

Allgemein kann man sagen, dass Intervall-Anfänger längere Phasen aktiver Erholung benötigen. Wenn Sie also mit dem Intervalltraining beginnen wollen, schöpfen Sie den hier für die Erholungsphase angegebenen Bereich voll aus. Sie können auch über diese Zeitspanne hinausgehen, wenn Sie eine längere Erholung brauchen. Mit der Zeit werden Sie weniger Erholung brauchen, bevor Sie in das nächste Belastungsintervall durchstarten.

Anzahl der Intervalle

Intervalltraining ist eine sehr intensive Trainingsform. Muskelkater nach den ersten zwei bis drei Trainingseinheiten ist deshalb keine Seltenheit. Wenn man es nicht übertreibt, kann man den Muskelkater aber gering halten. Ich hatte aber auch schon Kunden, die mal so richtig zeigen wollten, was in ihnen steckt. Am nächsten Tag waren sie nicht mal mehr in der Lage, die Beine übereinander zu schlagen, ganz zu schweigen von einem leichten Walk.

Machen Sie es besser. Fangen Sie mit fünf bis sechs Belastungsintervallen in einer 30- bis 60-minütigen Trainingseinheit an. Kommen Sie damit nach einer Weile gut zurecht, können Sie jede Woche ein Belastungsintervall pro Intervalltrainingseinheit zulegen. Wenn Sie bei acht bis zehn Belastungsintervallen pro Intervalltrainingseinheit angekommen sind, ohne erschöpft oder von Muskelkater geplagt zu sein, können Sie überlegen, ob Sie andere Intervalle oder eine größere Zahl aerober Intervalle in Ihre Trainingseinheit einbauen. Je nach Ihren Zielen und Vorlieben können Sie sich Ihren eigenen Intervallmix zusammenstellen. Vergessen Sie aber nie die jeweils fünf bis zehn Minuten für das Warm-up vor und das Cool-down nach der Trainingseinheit.

Anzahl der Intervalltrainingseinheiten

Für den Anfang reicht eine Intervalltrainingseinheit pro Woche völlig aus. Nach dem ersten Versuch werden Sie mir da wahrscheinlich vorbehaltlos zustimmen.

Muten Sie sich nicht mehr als drei Intervalltrainingseinheiten pro Woche zu. Übertreibungen führen oft zu Verletzungen und Erschöpfungszuständen.

Grundsätzlich kann man überall Intervalltraining machen. Auf Laufbändern und Laufbahnen hat man allerdings den Vorteil, Zeiten und Distanzen besser im Blick zu haben und sich nicht um die Beschaffenheit und das Profil der Strecke kümmern zu müssen.

Beispiele für Intervalltrainingseinheiten

Mit den Tabellen 13.1 bis 13.5 gebe ich Ihnen einige musterhafte Intervalltrainingseinheiten an die Hand, die Sie ausprobieren können. Fangen Sie mit der Anfängerversion an und erkunden Sie später, inwieweit Sie sich mit den anderen Versionen wohl fühlen. Wenn Sie nicht für einen Wettkampf trainieren oder ständig auf der Jagd nach Streckenrekorden sind, müssen Sie nicht über das aerobe Intervalltraining hinausgehen. Kurzsprints oder anaerobes Intervalltraining bieten sich aber auch dann an, wenn man sich mal austoben möchte oder nicht so viel Zeit für eine längere Trainingseinheit hat.

Intervall	Intensität	Dauer
Warm-up	leicht	5 Minuten
Intervall 1	fordernd	2 Minuten
Aktive Erholung 1	leicht	3 Minuten
Intervall 2	fordernd	2 Minuten
Aktive Erholung 2	leicht	3 Minuten
Intervall 3	fordernd	2 Minuten
Aktive Erholung 3	leicht	3 Minuten
Intervall 4	fordernd	2 Minuten
Aktive Erholung 4	leicht	3 Minuten
Intervall 5	fordernd	2 Minuten
Cool-down	leicht	5 Minuten
Gesamtdauer		32 Minuten

Tabelle 13.1: Intervalltraining für Anfänger

Intervall	Intensität	Dauer
Warm-up	leicht	5 Minuten
Intervall 1	fordernd	2 Minuten
Aktive Erholung 1	leicht	3 Minuten

Intervall	Intensität	Dauer
Intervall 2	fordernd	3 Minuten
Aktive Erholung 2	leicht	3 Minuten
Intervall 3	fordernd	4 Minuten
Aktive Erholung 3	leicht	3 Minuten
Intervall 4	fordernd	5 Minuten
Aktive Erholung 4	leicht	3 Minuten
Intervall 5	fordernd	4 Minuten
Aktive Erholung 4	leicht	3 Minuten
Intervall 6	fordernd	3 Minuten
Aktive Erholung 6	leicht	2 Minuten
Intervall 7	fordernd	2 Minuten
Aktive Erholung 7	leicht	3 Minuten
Intervall 8	fordernd	5 Minuten
Cool-down	leicht	5 Minuten
Gesamtdauer		59 Minuten

Tabelle 13.2: Aerobes Intervalltraining für Fortgeschrittene

Intervall	Intensität	Dauer
Warm-up	leicht	5 Minuten
Intervall 1	fordernd	45 Sekunden
Aktive Erholung 1	leicht	45 Sekunden
Intervall 2	fordernd	30 Sekunden
Aktive Erholung 2	leicht	30 Sekunden
Intervall 3	fordernd	10 Sekunden
Aktive Erholung 3	leicht	10 Sekunden
Intervall 4	fordernd	30 Sekunden
Aktive Erholung 4	leicht	30 Sekunden
Intervall 5	fordernd	45 Sekunden
Cool-down	leicht	5 Minuten
Gesamtdauer		etwa 15 Minuten

Beachten Sie: Mit zunehmender Fitness können Sie bei Bedarf die gesamte Intervallsequenz 2 bis 3 Mal wiederholen, bevor Sie diese mit dem Cool-down abschließen.

Tabelle 13.3: Kurzsprint Intervalltraining (Basismodul)

Intervall	Intensität	Dauer
Warm-up	leicht	5 Minuten
Intervall 1	fordernd	1 Minute
Aktive Erholung 1	leicht	2 Minuten
Intervall 2	fordernd	1 Minute
Aktive Erholung 2	leicht	2 Minuten
Intervall 3	fordernd	1 Minute
Aktive Erholung 3	leicht	2 Minuten
Intervall 4	fordernd	2 Minuten
Aktive Erholung 4	leicht	2 Minuten
Intervall 5	fordernd	2 Minuten
Cool-down	leicht	5 Minuten
Gesamtdauer		25 Minuten

Beachten Sie: Mit zunehmender Fitness können Sie bei Bedarf die gesamte Intervallsequenz 2 bis 3 Mal wiederholen, bevor Sie diese mit dem Cool-down abschließen.

Tabelle 13.4: Anaerobes Intervalltraining (Basismodul)

Intervall	Intensität	Dauer
Warm-up	leicht	5 Minuten
Intervall 1	fordernd	30 Sekunden
Aktive Erholung 1	leicht	30 Sekunden
Intervall 2	fordernd	1 Minute
Aktive Erholung 2	leicht	1 Minute
Intervall 3	fordernd	2 Minuten
Aktive Erholung 3	leicht	2 Minuten
Intervall 4	fordernd	3 Minuten
Aktive Erholung 4	leicht	3 Minuten
Intervall 5	fordernd	4 Minuten
Aktive Erholung 4	leicht	4 Minuten
Intervall 6	fordernd	5 Minuten
Aktive Erholung 6	leicht	5 Minuten
Intervall 7	fordernd	4 Minuten
Aktive Erholung 7	leicht	4 Minuten
Intervall 8	fordernd	3 Minuten
Aktive Erholung 8	leicht	3 Minuten
Intervall 9	fordernd	2 Minuten
Aktive Erholung 9	leicht	2 Minuten

Intervall	Intensität	Dauer
Intervall 10	fordernd	1 Minute
Aktive Erholung 10	leicht	1 Minute
Intervall 11	fordernd	30 Sekunden
Cool-down	leicht	5 Minuten
Gesamtdauer		etwa 57 Minuten

Tabelle 13.5: Intervallmix

Tempotraining

Wenn ein Musiker in seiner Partitur das Wort *Allegro* liest, weiß er, dass er sich bei diesem Stück auf schnelleres Tempo einstellen muss. So ähnlich ist es auch beim *Tempotraining*. Anstatt für kurze Zeit Vollgas zu geben wie beim Intervalltraining, hält man beim Tempotraining ein mäßig schnelles Tempo über längere Zeit. Oder, um wieder zur Musik zurückzukommen, man schwingt sich zum hohen C auf und hält es, wie Luciano Pavarotti.

Ein Tempotraining-Intervall ist etwa acht bis 20 Minuten lang. Wenn Sie auf Wettkämpfe hin arbeiten, sollten Sie auch ein rennwürdiges Tempo anschlagen. Wer nicht wettkampforientiert ist, der kann mit Tempotraining seine Ausdauer, Kraft und Geschwindigkeit steigern. Natürlich verbrennt man auch mehr Kalorien in kürzerer Zeit, denn man walkt schneller und weiter. Tempotraining lässt sich mit jeder der vier Leistungsstufen des Walkings vereinbaren. Es ist sogar eine gute Vorbereitung, wenn man von einer Stufe zur nächsthöheren wechseln möchte.

Tempointervalle sollten nicht mehr als 80 Prozent Ihrer maximalen Leistungsfähigkeit beanspruchen. Die richtige Geschwindigkeit haben Sie dann erreicht, wenn Sie sich gerade noch wohl fühlen: Sie atmen schnell und schwer, aber nicht abgehackt; Ihr Herz schlägt fühlbar, aber es hämmert nicht; Ihre Muskeln strengen sich an, aber sie schmerzen nicht.

Sie können Tempotraining ein bis zwei Mal pro Woche in Ihr Programm integrieren. Wenn Sie allerdings noch zwei andere Intervalltrainingseinheiten geplant haben, sollten Sie sich mit einem Tempotraining begnügen. Verzichten Sie jedoch ganz auf die kurzen und intensiveren Intervalle, dann können Sie bis zu drei Mal in der Woche Tempotraining machen.

Lassen Sie es, wie immer, langsam angehen. Verzichten Sie nie auf das Warm-up oder das Cool-down. Fangen Sie mit einem achtminütigen Tempowalk an, schließen Sie eine ebenso lange, gemächlichere Erholungsphase an und hängen Sie, wenn Sie noch Lust haben, weitere acht Minuten Tempo hintendran. Mit der Zeit können Sie entweder die Anzahl oder die Dauer der Tempointervalle steigern.

Spielereien

Jahrelang habe ich eine Gruppe von zehn Walkern beobachtet, die aus ihren Trainingseinheiten eine Art Spiel machten. Zum Beispiel walken sie manchmal hintereinander aufgereiht, und nach ein oder zwei Minuten spurtet der letzte in der Reihe nach vorne und setzt sich an die Spitze. So geht das immer weiter, bis jeder mal die Reihe angeführt hat. Ich habe sie nie darauf angesprochen, aber ich glaube nicht, dass es sich um eine feste Mannschaft oder etwas Ähnliches handelt. Es sah einfach so aus, als hätten sie eine Menge Spaß, auf diese Weise gemeinsam zu trainieren.

Man kann auf vielerlei Arten Abwechslung und Spaß in einen Trainingsablauf bringen, ohne gleich Intervalltrainingspläne aufstellen zu müssen. Einige, wie die eben geschilderte, kann man nur in der Gruppe umsetzen. Aber die meisten kann man sowohl alleine als auch zu mehreren ausprobieren.

Fartlek

Dieses exotische Wort kommt aus dem Schwedischen und bedeutet »mit der Geschwindigkeit spielen«. Es geht zurück auf eine Idee eines schwedischen Olympiatrainers aus dem Jahre 1948. In der Praxis sieht das so aus, dass man seine Geschwindigkeit danach ausrichtet, wie man sich gerade fühlt.

Fartlek ist keinesfalls eine Methode, sich vor hartem Training zu drücken. Es soll lediglich die Monotonie der ständigen Wiederholung des Gleichen verhindern und etwas Freude und Spontaneität in anstrengende Walkingeinheiten bringen.

Ich kann mich gut an einen längeren Walklauf mit meinem Mann und einem Freund während eines Urlaubs im Staat New York erinnern. Hin und wieder zog einer von uns für ein paar Minuten das Tempo an und die anderen versuchten, Schritt zu halten. Dann wurden wir wieder langsamer. Als wir zu einem Bachlauf kamen, platschten wir hindurch. Wir stiegen die Hügel hinab und stürmten die Hügel hinauf. Wenn die Umgebung besonders schön war, verfielen wir in langsames Joggen, um die Aussicht besser genießen zu können. Wir lachten und scherzten viel und hatten großen Spaß. Obwohl wir hart trainierten und viel Schweiß vergossen, verging die Zeit wie im Flug. Das ist meine Idealvorstellung von Fartlek.

Wenn Sie Fartlek in Ihr Training einbeziehen wollen, dann walken Sie einfach schneller, wann immer Ihnen danach ist, egal wie lange und wie oft, und ganz ohne Plan. Fartlek kann man auf jeder Leistungsstufe betreiben. Besonders hilfreich ist es, wenn man sich auf die nächste Leistungsstufe vorbereiten möchte.

Strommastentraining

Nach dem Warm-up walken Sie die Strecke zwischen zwei Strommasten in schnellem Tempo. Bis zum nächsten Strommast schalten Sie wieder einen Gang zurück. Wechseln Sie so während der gesamten Strecke hin und her, bis Sie schließlich am Ende entspannen.

Strommastentraining bringt etwas Abwechslung ins Training, wenn man immer wieder dieselbe Strecke walkt. Es müssen auch keine Strommasten sein. Ich orientiere mich auch an Hecken oder bestimmten Bäumen, auch wenn diese in unregelmäßigen Abständen aufeinander folgen. In New York City beispielsweise sind die Häuserblocks meist um die 160 m lang: Da wechsle ich dann zwischen schnellen und langsamen Blocks hin und her. Sie glauben gar nicht, wie schnell dabei die Zeit vergeht.

Ich krieg dich

Fixieren Sie in einiger Entfernung eine Person und versuchen Sie, sie einzuholen. Oder setzen Sie sich zum Ziel, während des gesamten Walks niemanden vorbeiziehen zu lassen. Wenn Sie es doch nicht verhindern können, hängen Sie sich so lange an den Schurken, wie Sie können.

Ich muss zugeben, dass ich es auf den Tod nicht ausstehen kann, wenn mich jemand als Hasen benutzt. Weil ich eine Kämpfernatur bin, habe ich den Drang, gleich zu kontern, wenn ich überholt werde. Sobald ich hinter mir Schritte näher kommen höre, gebe ich Gas. Ich habe mir deshalb schon oft harte Duelle mit Leuten geliefert, die ich überhaupt nicht kannte. Manche dauerten mehrere Meilen.

Schritte zählen

Schritte zählen ist eine gute Trainingsmethode, wenn man draußen auf der Straße unterwegs ist und ohne Stoppuhr oder Anhaltspunkte für die Länge von Streckenabschnitten ein strukturiertes Intervalltraining machen will. Fangen Sie mit zehn schnellen Schrittfolgen an, gefolgt von zehn langsamen Schrittfolgen. (Eine Schrittfolge besteht aus einem Schritt mit dem rechten und einem Schritt mit dem linken Bein.) Steigern Sie dann auf 20 schnelle, gefolgt von 20 langsamen Schrittfolgen. Verlängern Sie die Intervalle auf diese Weise, bis Sie bei je 100 schnellen und langsamen Schrittfolgen angelangt sind. An diesem Punkt können Sie sich ein oder zwei Minuten Pause gönnen, um wieder zu Atem zu kommen. Oder aber Sie lassen nicht locker und führen die Intervalle in Zehnerschritten in gleicher Weise zurück, bis Sie wieder bei je zehn schnellen und langsamen Schrittfolgen sind.

Rückwärts walken

Möglicherweise haben Sie schon Jogger oder Walker gesehen, die sich rückwärts fortbewegen. Meistens schauen sie dabei angestrengt über die Schulter nach hinten und versuchen, nicht auf den A... zu fallen. Handelt es sich nun dabei um einen Unfall, der darauf wartet, passieren zu dürfen, oder bringt es tatsächlich etwas, rückwärts zu walken?

Darauf gibt es keine einfache Antwort. Manche Physiotherapeuten halten ihre Patienten dazu an, auch rückwärts zu walken, weil dabei die Kniescheiben einer geringeren Belastung ausgesetzt werden als bei der Vorwärtsbewegung. Es gibt auch Studien, die besagen, dass die Richtungsumkehr eine Erhöhung des Kalorienverbrauchs um 119 Prozent mit sich bringe.

Aber ist das für den Trainingsalltag praktikabel? Doch wohl nicht. Da der Mensch hinten keine Augen hat, ist er wohl nicht dazu angelegt, effektiv und ohne Beschwerlichkeiten rückwärts zu gehen. Die meisten Leute können beim »Retro Walking«, wie es die Eingeweihten nennen, längst nicht so schnell und so weit walken wie sonst.

Wie dem auch sei, es schadet nicht, am Ende einer Trainingseinheit ein paar Minuten rückwärts zu walken und vielleicht tut es ganz gut, wenn man empfindliche Kniescheiben hat. Auf einem Laufband sollten Sie allerdings die langsamste Geschwindigkeit wählen und sich am Handlauf festhalten. Wenn Sie im Freien retro walken, wählen Sie möglichst eine Strecke ohne Schlaglöcher und Pfützen. Und machen Sie um Gottes willen nicht das, was ich einmal in einem Anfall von Übermut versucht habe: mit geschlossenen Augen rückwärts walken. Dass das keine gute Idee war, zeigen heute noch ein paar Narben!

Schmerz, lass nach ...

14

In diesem Kapitel

- Verhindern Sie Blasen
- Werden Sie mit Hühneraugen und Fußballenentzündungen fertig
- Pflegen Sie sich bei Neuromen und Plantarfasziitis
- Lindern Sie das Tibiakantensyndrom
- Tun Sie etwas gegen Rückenschmerzen
- Schreien Sie laut »Sch...!« und raffen sich wieder auf

Im Allgemeinen haben Walker weniger mit Verletzungen zu tun als alle anderen Fitness-Sportler. Deshalb wenden sich auch viele Leute dem Walking zu, wenn sie ihren ursprünglichen Sport wegen häufiger Verletzungen nicht mehr ausüben wollen oder können. Darunter sind viele Läufer mit Knieproblemen und Inline-Skater, die einen Sturz zu viel hingelegt haben.

Nun kann man nicht sagen, dass Walker grundsätzlich von Verletzungen verschont blieben. Jeder hat wohl ab und zu seine Wehwehchen. Wenn Sie mit dem Walking anfangen, müssen Sie mit etwas Muskelkater rechnen. Für einen Walker sind das die »guten« Schmerzen, denn sie tauchen gewissermaßen systembedingt auf, wenn man aktiver wird und schlafende Muskeln weckt. Am Ende der ersten Trainingswoche ist der Muskelkater meist vergessen.

In diesem Kapitel geht es mehr um die »bösen« Schmerzen, die auf den Walker lauern. Ich möchte Ihnen Tipps geben, wie Sie diesen Schmerzen vorbeugen können und was Sie tun können, wenn es Sie dennoch erwischt. Zum Glück kann man die meisten der körperlichen Beschwerden, die sich beim Walken ergeben können, relativ leicht behandeln, so dass Sie meist nicht länger als ein paar Tage pausieren müssen.

Blasen

Blasen entstehen durch Reibung und Reizungen: Irgendetwas scheuert gegen Ihre Füße. Manche Menschen neigen eher zu Blasen als andere, aber bei heißer und bei feuchter Witterung ist die Wahrscheinlichkeit der Blasenbildung generell höher. Auch weiß ich von einigen meiner Kunden, dass sie in den Übergangszeiten (Frühling und Herbst) wegen der starken Temperaturschwankungen verstärkt mit Blasen zu tun haben.

Man mag gar nicht glauben, dass ein so kleines Ding wie eine Blase solche Schmerzen verursachen kann, dass man kaum noch einen Schritt weiter walken kann, aber es ist tatsächlich so. Ich erinnere mich da an einen Walk an einem besonders heißen Tag. Nach etwa einer Stunde merkte ich, dass einige Nähte meiner neuen Schuhe an den Sohlen und dem Außenrist meiner Füße scheuerten. Als ich meine Strecke absolviert hatte, konnte ich vor Schmerzen nur noch hoppeln, als wären meine Füße an den Knöcheln zusammengebunden. Ich zog die Schuhe aus und stellte mit Erschrecken fest, dass die Sohlen und die Außenseite meiner Füße mit Blasen übersät waren. Es hat einige Tage gedauert, bis ich wieder normal laufen konnte.

Am besten bekämpft man Blasen, bevor sie entstehen. Wenn Sie dünne Haut haben oder in einer warmen oder feuchten Klimazone leben, werden Sie Blasen nie ganz vermeiden können. Mit ein paar Vorsichtsmaßnahmen können Sie dafür sorgen, dass Sie mit Blasen wenig zu tun haben. Dabei gilt es, drei Faktoren im Auge zu behalten: die Schuhe, die Socken und die »Schmierung«.

Tragen Sie Schuhe, die richtig passen

Wenn Ihre Schuhe zu groß sind, rutschen Ihre Füße beim Walken darin hin und her: Es kommt zu Reibungen und möglicherweise zur Blasenbildung. Sind Ihre Schuhe zu klein, scheuern sie an Ihren Füßen, was ebenfalls zu Blasen führen kann. Den größten Schaden richten schlecht sitzende Schuhe an, wenn es bergauf und bergab geht. Dann nämlich werden die Zehen ständig in die Zehen- und die Fersen in die Fersenkappe gepresst, was dort unweigerlich zu schmerzhaften Blasen führt.

Viele Leute kaufen Schuhe, die nicht hundertprozentig sitzen, und glauben, sie könnten die Schuhe mit der Zeit einlaufen. Das ist Unsinn. Man muss sich in einem Schuh von der ersten Anprobe bis zum letzten gemeinsamen Meter ohne Einschränkung wohl fühlen, und zwar ohne irgendetwas dehnen, polstern oder kleben zu müssen.

Ein gut sitzender Schuh sollte dem Grundriss Ihres Fußes entsprechen: Er sollte dort weit sein, wo Ihr Fuß breit ist, und dort eng, wo Ihr Fuß schmal ist. Er sollte flexibel genug sein, die Abrollbewegungen Ihres Fußes bei jedem Walkingschritt mitzumachen. Zwischen Ihrem längsten Zeh und der Zehenkappe sollte ein Fingerbreit Platz sein und die Schnürung sollte den Fuß an seinem Platz halten, ohne ihn in eine Zwangsjacke einzuschnüren.

Schuhe sollte man besser spätnachmittags anprobieren, weil die Füße dann angeschwollen und am größten sind. Es reicht dabei nicht aus, nur mal eben hineinzuschlüpfen. Sie sollten immer beide Schuhe richtig anziehen und dann im Geschäft ein paar Proberunden walken, um herauszufinden, ob die Schuhe auch in der Bewegung noch angenehm sitzen. Neben der Passform sollten Sie auch nach überstehenden oder rauen Nähten Ausschau halten – sie sind ein häufiger Grund für Blasen. Wer hat sich nicht schon einmal an einer schlecht genähten Fersenkappe blutige Hacken geholt? (Mehr Tipps zum Schuhkauf finden Sie in Kapitel 3.)

Tragen Sie Socken

Einer meiner Kunden bestand partout darauf, ohne Socken zu walken, Rad zu fahren und zu laufen. Dennoch wunderte er sich, dass seine Füße ständig mit Blasen übersät waren (ganz zu schweigen von den Düften, die aus seinen Schuhen waberten). Socken legen eine Schutzschicht zwischen Ihre Füße und Ihre Schuhe. Ohne Socken setzen Sie Ihre Füße direkter Reibung aus.

Socken müssen passen wie angegossen, dürfen also keine Röllchen, Beulen oder Falten aufwerfen. Naturfasersocken aus Baumwolle oder Wolle fühlen sich, wie soll ich sagen, ... natürlicher an. Aber wenn sie zu feucht werden, verlieren sie oft die Form und trocknen nur langsam wieder. Synthetische Socken, etwa aus Nylon, halten die Form und trocknen schnell, aber sie scheuern möglicherweise.

Sie werden einfach ausprobieren müssen, womit Sie am besten klarkommen. Ich habe gute Erfahrungen mit Socken aus CoolMax gemacht, einem dünnen Material, das Feuchtigkeit nach außen leitet und die Form gut hält. Kaufen Sie aber lieber Markensocken als den billigen Fünferpack im Supermarkt. Qualitativ hochwertige Socken sind nun mal etwas teurer, aber Sie tun Ihren Füßen langfristig einen Gefallen damit.

Es gibt auch die These, dass zwei Paar Socken, übereinander getragen, die Entstehung von Blasen verhindern können, weil dann die Socken aneinander reiben anstatt an Ihrem Fuß. Das mag sein, aber wenn die beiden Sockenpaare nicht passgenau übereinander liegen, kann das nach hinten losgehen. Eine meiner Kundinnen hatte da neulich einen Vorschlag, der für die meisten Männer wohl nicht so ganz in Frage kommt: Tragen Sie unter den Socken Nylonkniestrümpfe. Die Socken rutschen dann auf den Nylonstrümpfen herum, während diese an Ihren Füßen die Stellung halten. Ich habe diesen Vorschlag mit Erfolg ausprobiert – aber die Nylonstrümpfe fühlen sich schon ein wenig ungewohnt an.

Wer gut schmiert ...

Wenn Sie wirklich stark zur Blasenbildung neigen, versuchen Sie doch mal, Ihre Füße mit weißer Vaseline einzucremen. Verteilen Sie die Vaseline über den ganzen Fuß und bedenken Sie besonders die Fersen und die Zehenzwischenräume. Auch wenn dieses etwas glitschige Fußklima etwas gewöhnungsbedürftig ist, so hat eine gute »Schmierung« bei mir noch nie ihren Zweck verfehlt. Wenn Ihnen das einfach zu eklig ist, können Sie auch Talkumpuder in Ihre Socken und Schuhe stäuben. Ich persönlich finde Puder zwar nicht so wirkungsvoll, aber es ist sicher angenehmer in der Handhabung.

Was tun, wenn ...: Wenn trotz aller Vorsichtsmaßnahmen dennoch eines dieser kleinen aufgeblasenen Biester Fußfriedensbruch begangen und wertvolles Terrain auf Ihrem Fuß beschädigt hat, ignorieren Sie die Blase einfach, solange sie noch geschlossen ist. Verhindern Sie weitere Reibung an dieser Stelle, indem Sie die Blase mit einem Pflaster faltenfrei abkleben.

Manche Blasen geben dann auf und ziehen sich zurück. Andere wiederum blähen sich weiter auf und verursachen dann auch Schmerzen. Versuchen Sie, die Blasen mit Mull oder Binden abzupolstern. Wenn das nicht hilft, punktieren Sie die Blase vorsichtig mit einer sterilen Nadel (reiben Sie die Nadel mit Alkohol ab) und lassen Sie die Flüssigkeit abfließen. Säubern Sie die Haut um die Blase mit einer antiseptischen Lösung und decken Sie die Stelle mit einem Pflaster oder einer Binde ab. Sollte die Blase aufplatzen, spülen Sie die Stelle ebenfalls mit einer antiseptischen Lösung und decken sie steril ab. Entfernen Sie nicht die obere, abgelöste Hautschicht, solange sie noch als schützende Abdeckung dienen kann.

Ich decke meine Blasen in der Regel mit einem Flüssigverband ab. Das schützt und stärkt die betroffene Hautpartie und wirkt vorbeugend gegen weitere Blasen an dieser Stelle.

Wenn sich an bestimmten Stellen trotz aller Bemühungen immer wieder Blasen bilden, schneiden Sie in ein Paar alte Schuhe ein Loch an der entsprechenden Stelle, so dass der betroffene Teil des Fußes keine Reibefläche mehr hat. Dadurch können Sie schmerzhafte Reizungen ausschalten und der Blase die Möglichkeit geben, vollständig abzuheilen. In der Zwischenzeit können Sie die Hautpartie unterstützend regelmäßig mit einem Flüssigverband abdecken.

Hühneraugen und Fußballenentzündungen

Hühneraugen und Fußballenentzündungen, diese Beulen und Knubbelchen, die mit Vorliebe auf und zwischen den Zehen auftauchen, werden von zu eng sitzenden Schuhen verursacht. Dabei sind meist nicht Ihre Walkingschuhe die Übeltäter, sondern spitze, enge Schuhe, mit denen man des schlanken Fußes wegen zur Arbeit geht. In Kulturkreisen, in denen man gewöhnlich keine Schuhe trägt, gibt es weder Hühneraugen noch Fußballenentzündungen.

Was tun, wenn ...: Trennen Sie sich von allen Schuhen, die zu eng sind, und das Problem wird zusehends schwinden, möglicherweise ganz. Pflaster, Polster und Mull, die man speziell gegen Hühneraugen und Ballenentzündungen kaufen kann, helfen, ähnlich wie der Trick mit dem Loch im Schuh im Abschnitt über *Blasen* bis zu einem gewissen Punkt.

Gehen Sie jeden Tag ein paar Mal (nicht öfter) mit der Nagelfeile über die Hühneraugen, um etwas von der Oberfläche abzutragen und die Haut flexibel zu halten. Ein Bimsstein in der Dusche erfüllt denselben Zweck.

Wenn die Hühneraugen und Fußballenentzündungen solche Ausmaße annehmen, dass Sie keine Schuhe mehr finden können, in denen Sie einigermaßen bequem laufen können, sollten Sie einen professionellen Fußspezialisten aufsuchen.

Nicht empfehlenswert sind die Mittel, die man für die Behandlung von Hühneraugen und Fußballenentzündungen kaufen kann, insbesondere, wenn sie als Wirkstoff Salicylsäure enthalten. Nach den Erfahrungen meines Freundes Dr. Lou Galli, einem Fußspezialisten, nutzen diese Medikamente nicht nur nichts, sondern schaden darüber hinaus auch noch, indem sie Hautgeschwüre verursachen. In keinem Fall – ich wiederhole, in keinem Fall – sollten Sie versuchen, Hühneraugen mit einer Rasierklinge oder einem Messer zu entfernen! Ich bin beinahe vom Stuhl gefallen, als Dr. Galli mir berichtete, wie viele Leute tapfer genug (und freilich dumm genug) sind, solches zu versuchen. Da kann man sich eigentlich gleich eine Ladung Bakterien injizieren.

Neurome

Meine erste Begegnung mit einem Neurom hatte ich, als eine meiner Kundinnen, Vivian, über anfallsartig auftretende Schmerzen in den beiden Zehen neben dem kleinen Zeh klagte, Schmerzen, die sich wie ein starker Stromschlag vom Ballen aus bis in die Zehenspitzen fortsetzten. Ich schickte sie zu dem New Yorker Fuß-Guru Dr. Lou Galli, der bei ihr ein Morton-Neurom diagnostizierte. Ein Neurom ist ein Knoten aus Nervenfasern und -zellen und sitzt bevorzugt am unteren Teil des dritten und vierten Zehs (vom großen Zeh aus betrachtet), gelegentlich aber auch an anderen Zehen. Es verursacht keine Schwellung, aber unangenehme Schmerzen, die auch dann auftreten können, wenn Sie abends mit hochgelegten Beinen vor dem Fernseher sitzen und Ihre Füße gar nichts tun müssen.

Woher kommt das? Auch hier können zu enge Schuhe die Ursache sein. Je enger ein Schuh sitzt, desto größer ist der Druck auf die Nerven im Fuß. Dazu kommen Faktoren wie häufiges Laufen auf harten Böden (Beton, Asphalt), Übergewicht, eine Neigung zu übermäßig festem Auftreten oder eine übermäßige Belastung der Zehen. Andererseits treten Neurome auch bei Leuten auf, bei denen keiner dieser Faktoren zum Tragen kommt, plötzlich sind sie einfach da. Vivian, zum Beispiel, ist eine Frau von eher zarter Statur, die immer fußverträgliche Schuhe trägt und überwiegend auf dem Laufband walkt.

Was tun, wenn ...: Eine erste Maßnahme ist die Kühlung der Schmerzquelle mit Eis.

Befüllen Sie eine leere Solero-Smoover-Sorbetpackung (das ist eine Eissorte von Langnese) mit Wasser und legen Sie sie ins Gefrierfach. Entnehmen Sie die Packung wieder, wenn das Wasser die Konsistenz von festem Schnee hat. Jetzt können Sie einen Teil des Inhalts herausdrücken und damit die schmerzenden Stellen einreiben. So kann die Kälte tiefer und großflächiger in den Fuß eindringen.

Man kann den Druck auf das Neurom auch zu reduzieren versuchen, indem man hinter dem Neurom ein Polster aus Mull oder Schaumgummi mit Sporttape befestigt. Manche Leute kleben ein solches Polster auch direkt in ihren Schuh, damit sie ihre Füße nicht für jeden Walk neu tapen müssen.

Wenn Sie immer wieder von Neuromen geplagt werden, sollten Sie zu einem Fußspezialisten gehen. Er kann Ihnen eine spezielle, den Schmerz reduzierende Einlage anfertigen oder auch Kortison injizieren. Als letzte Möglichkeit bleibt ein chirurgischer Eingriff, bei dem das Neurom entfernt wird.

Plantarfasziitis

Haben Sie schon einmal morgens beim Aufstehen Schmerzen in der Fußsohle verspürt, die im Laufe des Tages dann nachließen? Dann handelte es sich wahrscheinlich um eine Plantarfasziitis, eine Entzündung des unter dem gesamten Fußlängsgewölbe verlaufenden fibrösen Bandes (der Plantarfaszie). Die Schmerzen müssen nicht unbedingt während des Walkens auftreten, wahrscheinlich aber danach. Am unangenehmsten sind in jedem Fall die ersten zehn Schritte nach dem Aufstehen auf dem Weg zum Bad.

Für die Entwicklung einer Plantarfasziitis gibt es viele Ursachen: zu viel Training, Fehlhaltungen des Fußes, Walken auf harten Böden, ein Übermaß an Tempo- und Steigungstraining und nicht zuletzt verfestigte Schenkelbeuger und Waden. Meist sind auch schlecht sitzende oder ungeeignete Schuhe mit von der Partie.

Zu allererst sollten Sie sich also, schon bevor Ihre Fußgewölbe weh tun, Ihre Schuhe näher ansehen. Sind sie biegsam genug im Ballenbereich? Hat Ihr Fuß genug Platz? Sind sie flexibel genug? Ist das Fußgewölbe ausreichend, aber nicht übertrieben unterstützt? Wenn Sie auf eine dieser Fragen mit Nein antworten müssen, sollten Sie die Schuhe wechseln!

Vorbeugen können Sie der Plantarfasziitis und anderen Beschwerden auch, indem Sie dafür sorgen, dass Ihre Schenkelbeuger und Waden immer schön locker bleiben. Anregungen dafür können Sie sich in Kapitel 12 holen. Wenn Sie öfter mit Plantarfasziitis zu tun haben, sollten Sie harte Untergründe und Steigungen meiden und öfter auf weniger belastende Aktivitäten, wie Fahrrad fahren oder Schwimmen, ausweichen.

Was tun, wenn ...: Bei Plantarfasziitis hilft Kühlen und die Füße hoch legen. Kühlen Sie die schmerzenden Stellen, wie schon beim Neurom beschrieben, nach dem Walken zehn bis 20 Minuten lang oder stecken Sie Ihre Füße, wenn Sie das aushalten können, in einen Eimer mit Eiswasser. Danach legen Sie die Füße am besten ein paar Minuten hoch. Eine Fußmassage kann zusätzliche Erleichterung bringen, besonders wenn Sie jemanden finden, der das für Sie macht.

Gelegentlich empfehlen Ärzte auch entzündungshemmende Medikamente, etwa Aspirin, um die Schwellung zu reduzieren. Sie sollten sich aber nicht selbst medikamentös therapieren, besonders wenn Sie Allergien oder andere Erkrankungen haben.

Fußstützen oder ähnliche Hilfsmittel, die man im Laden um die Ecke kaufen kann, können zwar kurzfristig hilfreich erscheinen, stellen aber langfristig wegen der ungenügenden individuellen Anpassung keine Lösung dar. Da helfen nur von einem Orthopäden verordnete Einlagen, die die Belastung gleichmäßig auf den Fuß verteilen.

Tibiakantensyndrom

Früher oder später verspürt jeder Walker einmal Schmerzen am Schienbein. Vielleicht sind Sie schneller oder weiter gewalkt als sonst oder auf einem Feldweg anstatt, wie gewohnt, auf einem Bordstein – oder umgekehrt. Auch neue Schuhe, viele Steigungen und muskuläre Ungleichgewichte können dazu führen, dass Sie den Schienbein-Blues haben. Es kann aber auch sein, dass Sie das Tibiakantensyndrom erwischt, ohne dass Sie eine Grund dafür finden.

Das Tibiakantensyndrom äußert sich in Schmerzen am Schienbein, die auf eine Entzündung der Muskeln oder Sehnen zurückgehen. Die Unterschenkelknochen, das Schienbein und das Wadenbein bereiten sich auf den bevorstehenden Aufprall des Fußes auf den Boden vor. Die dadurch entstehenden Spannungen können bei den angrenzenden Muskeln zu Schwellungen, feinen Rissen oder Entzündungen führen.

Vorbeugend sollten Sie Ihre Schienbeinmuskeln so weit kräftigen, dass sie im Gleichgewicht mit den Wadenmuskeln arbeiten können. (Vorschläge dazu finden Sie in Kapitel 11.) Des Weiteren sollten Sie Ihre Schuhe auswechseln, sobald Sie ein Nachlassen der Dämpfung bemerken. Ein Risikofaktor sind auch zu große und zu weite Schuhe: Weil der Fuß keinen richtigen Halt hat, versuchen die Zehen, sich an der Sohle festzukrallen. Die dadurch verursachte zusätzliche Belastung der Schienbeinmuskeln kann dazu führen, dass das Tibiakantensyndrom öfter und ausgeprägter auftritt.

Was tun, wenn ...: Eis wirkt der Entzündung entgegen und lindert den Schmerz. Andere Leute empfinden dagegen warme Kompressen oder einen warmen Waschlappen als angenehm.

Solange Ihre Schienbeine schmerzen, sollten Sie Ihr Walkingprogramm etwas reduzieren oder aber auf schonendere Sportarten, wie Schwimmen oder Radfahren, ausweichen. Achten Sie darauf, dass Sie Ihre Schuhe nach etwa 1.500 Kilometern austauschen, in jedem Fall aber, wenn Sie ein Nachlassen der Dämpfung feststellen.

Chronische oder sehr starke Schienbeinschmerzen sollten Sie nicht auf die leichte Schulter nehmen. Konsultieren Sie einen Arzt Ihres Vertrauens oder einen Orthopäden. Ein unbehandeltes chronisches Tibiakantensyndrom kann sich auch zu einem Muskelriss oder einem Ermüdungsbruch auswachsen.

Rückenschmerzen

Rückenschmerzen treten in unterschiedlichster Form und aus ebenso unterschiedlichen Gründen auf. Im Zusammenhang mit Walking sind sie jedoch meist auf eine schlechte Walkinghaltung zurückzuführen. Wenn Sie beim Walken den Oberkörper nach vorne beugen oder die Schultern nach vorne abrunden, werden Sie das ganz schnell im Rücken spüren. Ein Teil des Problems sind oft schwach ausgeprägte oder verfestigte Schenkelbeuger, Hüft- oder Bauchmuskeln. Und wenn Ihr Muskelgleichgewicht nicht stimmt, woher soll dann eine ausbalancierte Haltung kommen?

Wenn Sie also merken, dass Ihr Rücken über die Maßen belastet wird, gehen Sie die Haltungscheckliste in Kapitel 7 durch. Solange Sie sich auf Ihre Haltung konzentrieren müssen, sollten Sie Ihr Walkingtempo etwas drosseln oder aber für ein paar Tage auf ein Laufband ausweichen. Ihre Muskeln können Sie mit den Übungen in Kapitel 11 kräftigen und die passenden Stretchingübungen finden Sie in Kapitel 12.

Was tun, wenn ...: Bei akuten Rückenschmerzen ist ein warmes Bad oder eine feuchtheiße Auflage eigentlich immer gut. Eis kommt nur dann in Frage, wenn Sie entspannt bleiben können, wenn es Ihre Haut berührt.

Bei leichten Rückenschmerzen können ein paar sanfte Stretchingübungen Entspannung bringen. Einige meiner Kundinnen gehen zu einem Chiropraktiker, wenn sie Probleme mit dem Rücken haben. Da ich mit Chiropraktikern keine eigenen Erfahrungen gemacht habe, kann ich dazu nichts sagen. Das Gleiche gilt für Akupunktur-Behandlungen, von denen ich allerdings schon viel Gutes gehört habe. Mein Mann hat oft Rückenschmerzen, wenn er viel um die Ohren hat, und schwört dann auf die wohltuende Wirkung von Massagen. Ein weiterer therapeutischer Ansatz ist die Physiotherapie. Meist kommt man nicht darum herum, das eine oder andere auszuprobieren, bis man das gefunden hat, womit man sich am wohlsten fühlt. In seltenen, chronischen oder schweren Fällen kann ein Arzt auch eine Operation in Betracht ziehen. Viele Experten teilen allerdings die Meinung, das damit oft mehr Probleme geschaffen als gelöst werden.

Oh, Sch...!

Oh, Sch...! steht hier für Verletzungen, die man sich durch eine momentane Ungeschicklichkeit, Fahrlässigkeit oder einfach Pech einfängt. Wenn Sie beispielsweise den Bordstein nicht richtig erwischen und sich den Fuß verstauchen oder ohne erkennbaren Grund über die eigenen Füße stolpern, dann ist das ein Grund, laut »Sch...!« zu schreien. Obwohl ich selber eine aussichtsreiche Kandidatin für den Vorstandsvorsitz in der »Oh, Sch...-GmbH« wäre, wundere ich mich immer wieder, wie viele Leute sich auf diese Weise beim Walken verletzen.

Einmal war ich während eines Walks derart in Gedanken versunken, dass ich ungebremst auf ein Stoppschild aufgelaufen bin. Inerhalb von Sekunden hatte ich eine dicke Beule auf der Stirn. Danach habe ich mich so geschämt, dass ich nicht mal mehr »Oh, Sch...!« flüstern wollte.

Da hilft nur eins: aufpassen! Es ist schön, wenn man ein wenig abschalten und über das eine oder andere nachdenken kann, aber man darf darüber seine unmittelbare Umgebung nicht vergessen. Einer meiner Kunden war der Welt einmal so entrückt, dass er über den Rand einer Brücke hinauswalkte. Zum Glück fiel er nicht weit und ins Wasser.

Was tun, wenn ...: Die meisten Oh,-Sch...-Verletzungen kann man mit Eis oder einer elastischen Binde wieder beheben. Wenn Sie aber so richtig zugelangt haben, kann es auch nötig sein, einen Arzt oder die Notaufnahme anzusteuern. Schätzen Sie Ihre Schmerzen, eventuelle Schwellungen und Blutungen realistisch ein und entscheiden Sie, was nötig ist. Dem einen oder der anderen mag es vielleicht peinlich sein zu schildern, wie die Verletzung zustande gekommen ist. Denken Sie gar nicht erst darüber nach, sondern gehen Sie zum Arzt und lassen Sie sich helfen. Es ist immer noch besser, einmal rot zu werden, als sich wochenlang mit einem gebrochenen Zeh oder einem Riss im Knöchel herumzuquälen.

Alle Wege führen zur Fitness

15

In diesem Kapitel

- Steigen Sie auf
- Walken Sie auf Sand
- Schlagen Sie eine Laufbahn ein
- Durchkämmen Sie die Wälder
- Kriegen Sie nasse Füße

Ihre Walkingstrecken müssen sich nicht auf die nähere Umgebung beschränken. Das Schöne am Walking ist ja gerade, dass man es am Ende der Welt genau so betreiben kann wie in der nächstgelegenen Fußgängerzone oder beim Brötchen holen. (Obwohl es ja in Deutschland vielfach Ehrensache ist, die Brötchen mit dem Auto zu holen.)

In diesem Kapitel serviere ich Ihnen ein buntes Menü von Walking-Szenarien in unterschiedlichem Gelände und unter verschiedensten Bedingungen. Sie werden erfahren, wie Sie Ihre Walkingtechnik an die sich verändernden Landschaften anpassen, wo Sie besondere Ausrüstung brauchen und welche besonderen Vorkehrungen Sie treffen sollten, um Verletzungen vorzubeugen.

Im Frühtau zu Berge ...

... die Haare mir steh'n. Stehen Ihnen auch die Haare zu Berge, wenn Sie sich vorstellen, bergauf walken zu müssen? Vielleicht leiden Sie ja auch unter dem Matterhornsyndrom. Fühlen Sie sich bis ins Mark getroffen, wenn der Berg ruft? Zittern Ihre Knie, wenn Ihre Füße eine leichte Steigung signalisieren? Seh'n Sie! Ich weiß nicht, was Ihnen Ihr innerer Schweinehund empfiehlt, aber ich empfehle Ihnen, sich nicht unterkriegen zu lassen.

Betrachten Sie Hügel, Berge, Steigungen nicht als Feinde, sondern als eine Gelegenheit, Ihre Fitness und Ihre Leistungsfähigkeit zu steigern. Natürlich sage ich Ihnen auch, warum Sie diese Gelegenheit ergreifen sollen. Dafür gibt es nämlich die folgenden überzeugenden Gründe:

- ✔ Pro fünf Prozent zusätzlicher Steigung (das entspricht einer nur leichten Erhebung in der Landschaft) verbrauchen Sie je nach Walkingtempo drei bis fünf Kalorien mehr pro Minute. Das klingt jetzt vielleicht ein wenig mickrig, aber rechnen Sie das mal hoch. Ein Durchschnittswalker verbraucht auf ebener Strecke etwa 200 Kalorien. Wenn nur die Hälfte dieser Strecke aus Steigungen besteht, steigt der durchschnittliche Kalorienverbrauch auf 275 an.

- Mit Steigungen können Sie Ihr Training intensivieren, ohne das Tempo steigern zu müssen.
- Bergauf walken kräftigt den Quadrizeps und die Hüftbeuger, die beim Aufstieg mehr beansprucht werden als auf ebener Strecke. Darüber hinaus trainiert man in einem die Beinkraft, weil man kürzere und leichtere Schritte machen muss. Auch das ist eine gute Alternative zu Sprints und schnellerem Walkingtempo. Kräftigere Beine verbessern Ihre Ausdauerleistung, weil sie nicht so schnell ermüden.
- Auch der Gluteus maximus profitiert von seiner Mehrarbeit: Weil Sie die Beine am Berg etwas höher heben müssen, wird der gesamte Unterkörper, einschließlich der Gesäßmuskeln gekräftigt und geformt.

Rauf

Bergauf zu walken ist etwas anders als walken auf dem platten Land. Beachten Sie die folgenden Tipps:

- Lehnen Sie sich leicht nach vorne.
- Unterstützen Sie die Beinbewegung so gut wie möglich mit den Hüft- und Gesäßmuskeln.
- Intensivieren Sie den Armschwung, ohne dabei zu verkrampfen oder zu übertreiben. Orientieren Sie sich an den Armbewegungen von Skilangläufern.
- Machen Sie kürzere, schnellere Schritte und heben Sie die Knie dabei nicht höher als 15 cm. Denken Sie daran, wie Lance Armstrong bei der Tour de France die Alpengipfel angeht.

Versuchen Sie, die Trainingsintensität an Steigungen auf dem gleichen Niveau zu halten wie in den flachen Passagen. Sie können dazu einen Pulsmesser verwenden, Ihren Puls in Abständen manuell kontrollieren oder den Sprechtest machen: Wenn Sie sich gerade noch unterhalten können, liegen Sie richtig.

Sie können sich auch an Ihrem Atemrhythmus orientieren, um die Trainingsintensität an den Steigungen einzuschätzen. Atmen Sie über zwei Schritte hinweg ein und über die nächsten zwei wieder aus. Wenn Ihr Atem schneller wird als dieser Zweier-Rhythmus, sollten Sie es etwas langsamer angehen lassen. Wird Ihr Atemrhythmus dagegen ruhiger, können Sie etwas mehr Anstrengung vertragen.

Bemühen Sie Ihre Phantasie

Wenn Sie eine Steigung als große, schier unlösbare Aufgabe betrachten, machen Sie sich die Sache unnötig schwer. Sie müssen den Berg ja nicht in einem Schritt bewältigen. Das hatten Sie auch nicht vor? Na, sehen Sie. Teilen Sie sich die Steigung in handliche Portionen ein und nehmen Sie sich dann eine nach der anderen vor.

Konzentrieren Sie sich auf einen weiter oben gelegenen Baum oder ein ähnliches Objekt, werfen Sie ein imaginäres Lasso dorthin und ziehen Sie sich daran den Berg hinauf. Dort angekommen, werfen Sie das Lasso nach dem nächsten »Anker«. Ehe Sie sich versehen, sind Sie oben angelangt und können gar nicht glauben, dass alles so schnell gegangen ist.

Und wieder runter

Es wird Sie vielleicht überraschen, aber die meisten Verletzungen zieht man sich auf abschüssiger Strecke zu. Das liegt daran, dass der Fuß stärker auf den Boden aufprallt und ein Vielfaches an Kräften auf die Knochen, Sehnen und Muskeln einwirkt. Manchmal verschiebt sich die Körperachse auch weiter nach vorne und es wird schwieriger, das Körpergewicht durch Muskelarbeit aufzufangen. Wenn man also nicht gut aufpasst, hat man sich beim Abstieg schnell eine Knieverletzung oder eine Oberschenkelzerrung eingefangen.

Wenn Sie Gefallen an Gefällen finden und sich trotzdem nicht unnötig in Gefahr bringen wollen, sollten Sie die folgenden Tipps beherzigen:

- ✔ Gleiten Sie stetig abwärts, anstatt unkontrolliert schneller zu werden. Machen Sie kleine, schnelle Schritte und lassen Sie einen Schritt flüssig in den anderen übergehen.
- ✔ Versuchen Sie nicht der Schwerkraft ein Schnippchen zu schlagen, indem Sie sich nach hinten lehnen, um zu bremsen. Lehnen Sie sich stattdessen leicht nach vorne, so dass Ihr Oberkörper senkrecht zum Boden steht.
- ✔ Wenn es sehr steil bergab geht, gehen Sie in Schlangenlinien. Das macht die Strecke etwas länger, aber auch sicherer.

Meiden Sie extreme Gefälle, wenn es geht. Der steilste Abstieg sollte nicht steiler sein als der steilste Anstieg, den Sie gut bewältigen können.

Wir bauen einen Berg

Was tun, wenn Sie fit genug sind für die Berge, aber die Gegend, in der Sie leben, flach ist wie eine Flunder? Machen Sie sich Ihren eigenen Berg auf dem Laufband. Viele Laufbänder können recht ansehnliche Steigungen simulieren, einige sogar auch Gefälle.

Wenn Sie keinen Zugang zu einem Laufband haben, brauchen Sie noch mehr Phantasie, um aus nicht vorhandenen Hügeln Berge zu machen. Vielleicht gibt es ja in Ihrer Nähe eine Brücke, die leicht ansteigt, oder einen Golfplatz mit künstlich angelegten Hügeln. Oder machen Sie es wie eine meiner Kundinnen. Sie lebt in Kansas, eine der flacheren Gegenden der Welt. Jeden Sonntagmorgen macht sie ihr Steigungstraining in einem nahe gelegenen Parkhaus, wenn dort noch nichts los ist.

Gestrandet

Am Strand kann man nicht nur herrlich faul in der Sonne liegen und Licht tanken, sondern auch wunderbar walken. Neben der konkurrenzlos schönen Kulisse bieten viele Strände auch die Möglichkeit, ungehindert kilometerweit zu walken (kommen Sie mir aber jetzt nicht mit dem Einwand: »Aber am Ballermann ...«). Dennoch gibt es einiges zu beachten, bevor man loswalkt.

Sie denken vielleicht, dass trockener Sand die Gelenke schont, weil er weich ist und nachgibt. Falsch gedacht. Wenn Sie auf Sand auftreten, sinkt der Fuß ein Stück ein, so dass Ihre Gelenke, besonders die Knöchel und die Knie, mehr leisten müssen, um den Fuß für den nächsten Schritt in Position zu bringen. Sie werden auch etwas mehr Puste brauchen als sonst. Vielleicht ist Ihnen auch schon einmal aufgefallen, dass man gelegentlich schon etwas außer Atem ist, wenn man längere Zeit nach einem geeigneten Liegeplatz gesucht hat. Wenn Sie also nicht so ganz fit sind oder chronische Knöchel-, Knie- oder Rückenprobleme haben, sollten Sie nicht längere Strecken am Strand walken.

Wenn Sie am Strand walken, dann bleiben Sie in Wassernähe, wo der Sand fester und nasser ist. Ihre Füße werden zwar auch dort ein wenig einsinken und sich mehr anstrengen müssen, aber nicht so viel, dass Ihre Gelenke gefährdet wären. Ich walke am liebsten barfuß so nahe am Wasser, dass meine Füße immer wieder von den Wellen umspült werden. Blasen und kleinere Risse an den Füßen heilen dann nach meiner Erfahrung schneller ab.

Aber nicht an jedem Strand kann man gefahrlos barfuß walken. Muschelstücke, Glasscherben und andere scharfkantige Gegenstände können unangenehme Verletzungen verursachen. In solchen Fällen lassen Sie Ihre Walkingschuhe besser an den Füßen und bleiben etwas weiter vom Wasser weg, damit Ihre Schuhe trocken bleiben. Nasse, durchgeweichte Schuhe sind ziemlich unbequem und führen unter anderem zu Blasen.

Hier sind noch weitere Tipps für ein ungetrübtes Strandvergnügen:

- **Sand absorbiert die Wärme der Sonne, aber reflektiert das Sonnenlicht. Ein effektiver UV-Schutz ist deshalb dringend anzuraten.** Tragen Sie in regelmäßigen Abständen Sonnencreme auf, besonders wenn Sie geschwitzt haben oder gerade aus dem Wasser kommen. Und vergessen Sie dabei nicht die Stellen, die man oft vergisst und die sich dafür umso heftiger in Erinnerung rufen: die Ohren, die Zehenzwischenräume, die Säume der Badekleidung, die Kniekehlen und den Nacken.
- **Schützen Sie sich vor Insektenstichen.** Wenn sich eine richtig große Bremse auf Ihnen niederlässt und zusticht, tut das richtig weh. Es gibt auch Produkte, die Sonnen- und Insektenschutz kombinieren.
- **Tragen Sie eine Kopfbedeckung und eine Sonnenbrille.** Wenn Sie möglichst viel UV-Strahlung von Ihrem Gesicht fernhalten, beugen Sie einer frühzeitigen Hautalterung und Hautkrebserkrankungen vor.

- **Walken Sie möglichst nicht dann, wenn die Sonne im Zenit steht, also zwischen 11 und 14 Uhr.** Wenn Sie frühmorgens oder gegen Sonnenuntergang losziehen, vermeiden Sie hitzebedingte Probleme.
- **Wenn Sie oft am Strand walken, sollten Sie erwägen, ein Paar Aquaschuhe zu kaufen.** Solche speziell für das Walken auf nassen Untergründen entwickelten Schuhe gibt es zum Beispiel von Ryka und Nike. Meine Lieblingsaquaschuhe sind von Ryka. Sie trocknen schnell, sind stabil und haben eine Drainage in der Sohle, durch die Wasser und Schmutzpartikel abfließen können. Als ich einmal ein Paar davon zu einem Rafting-Trip durch den Grand Canyon mitnahm, lösten die Schuhe eine derartige Begeisterung aus, dass ich sie an einen der Teilnehmer verschenkte.
- **Trinken Sie viel Wasser.** In der prallen Sonne dehydrieren Sie schneller als sonst. Bedingt durch die salzhaltige Luft verlieren Sie am Meer noch zusätzlich an Flüssigkeit. Denken Sie also unbedingt daran, eine Wasserflasche mitzunehmen, und trinken Sie regelmäßig kleine Schlucke. Wenn Sie gerade mal nicht walken, verstauen Sie die Flasche am besten in einer Kühlbox im Schatten eines Sonnenschirms.
- **Wenn Sie am Strand die gleichen Walkingschuhe tragen wie sonst auch, lassen Sie sie anschließend ausreichend lange trocknen und entfernen Sie möglichst auch das kleinste Sandkorn aus dem Innenraum.** Am besten nehmen Sie die Einlegesohlen heraus und bürsten sie kräftig ab. Schon ein einziges Sandkorn an einer ungünstigen Stelle kann beim Walken unangenehm werden und Hautreizungen oder Blasen verursachen.

Sind Sie laufbahnorientiert?

Viele Walker drehen ihr Ding am liebsten auf einer Laufbahn. Das hat folgende Gründe:

- Man hat eine exakt vorgegebene Streckenlänge.
- Die Lauffläche ist oft aus elastischem Material und damit gelenkfreundlich.
- Viele Laufbahnen bieten Umkleidemöglichkeiten und Toiletten.
- Irgendwo gibt es immer Wasser zum Trinken.

Laufbahnen sind in der Regel 400 Meter lang. 2½ Runden entsprechen demnach einer Strecke von ein Kilometer Länge. Wenn Sie die genaue Länge einer Strecke kennen, können Sie ohne großen Aufwand feststellen, wie schnell Sie gewöhnlich walken. Dazu brauchen Sie nur noch eine Stoppuhr oder eine Armbanduhr mit Stoppfunktion, die Sie nach 2½ Runden anhalten. Angenommen, Sie brauchen 15 Minuten für die 2½ Runden, dann wissen Sie, dass Sie 15 Minuten pro Kilometer brauchen oder, umgekehrt, dass Sie mit einer Geschwindigkeit von vier km/h unterwegs waren. Anhand dieser Informationen können Sie jetzt besser einschätzen, wie weit Sie walken, wenn Sie in freier Wildbahn unterwegs sind. Darüber hinaus können Sie auch in etwa errechnen, wie viele Kalorien Sie während einer Trainingseinheit verbrauchen. (Sehen Sie sich dazu die entsprechenden Tabellen in den Kapiteln 7 bis 10 an.)

In den Kurven wird das innen laufende Bein stärker belastet. Sie sollten deshalb in bestimmten Abständen die Laufrichtung wechseln, wenn das möglich ist.

Laufbahnregeln

Die wenigsten von uns werden hinter in ihrem Garten eine 400-Meter-Laufbahn unterbringen können. Sollten Sie in Ihrer näheren Umgebung Zugang zu einer Laufbahn haben, müssen Sie sich den Platz mit anderen teilen. Aus dieser Tatsache ergibt sich die Notwendigkeit, dass Sie sich an die dort geltenden Regeln halten müssen, damit jeder zu seinem Recht kommt. Am besten erkundigen Sie sich nach den jeweiligen Einzelheiten der Platzordnung. Hier sind schon einmal ein paar Grundregeln:

- ✔ Wenn Sie langsamer walken, walken Sie auf den Außenbahnen und lassen Sie die Innenbahn für die Schnelleren.
- ✔ Wenn Sie mit einem Trainingspartner walken, sollten Sie nur dann nebeneinander walken, wenn die Bahn nicht so bevölkert ist.
- ✔ Wenn Sie jemanden überholen wollen, kündigen Sie das (in freundlichem Ton) kurz durch ein »Rechts vorbei« oder »Links vorbei« an.
- ✔ Legen Sie Ihre Tasche, oder was immer Sie dabei haben, dahin, wo sie niemanden stört. Wenn es keine Schließfächer gibt, suchen Sie sich einen Abstellplatz in Sichtweite.
- ✔ Wenn Sie sich aufwärmen oder entspannen, sollten Sie das nicht auf der Laufbahn, sondern im Innenraum oder neben der Bahn machen.

Walk on the wild side ...

Wanderungen sind eine schöne Abwechslung im Walkingalltag. Man bewegt sich nicht nur in frischer Luft, sondern auch in der schönsten Natur. Und weil das so schön ist, gibt es auch einen schönen englischen Ausdruck dafür: Hiking. Viele meiner Kunden belohnen sich für eine Woche harter Arbeit am Wochenende mit einer Hikingtour. Ein solches Ziel motiviert auch für die wöchentlichen Walkingeinheiten: Wer gut trainiert, kann längere und forderndere Hikingtouren machen. Probieren Sie es aus. Selbst die meisten Städter sind nicht weiter als ein bis zwei Autostunden von den schönsten Wanderrouten entfernt.

Erkundigen Sie sich bei Ihrer Gemeinde, Ihrem örtliche Heimatverein oder örtlichen Walking- oder Wandergruppen nach Wanderwegen in Ihrer unmittelbaren Umgebung. Kartenmaterial kann man auch in den meisten Buchhandlungen finden. Tun Sie einfach so, als wären Sie ein Tourist und wollten die Gegend erkunden. Material finden Sie bestimmt auch zu Ihrer Gegend.

Ich bin ein begeisterter Wanderer. Vogelzwitschern, das Murmeln und Gurgeln von Bächen und das leichte Knirschen des Waldbodens unter den Füßen gehören zu meinen Lieblingsgeräuschen. Zu meinen schönsten Erinnerungen gehört die an eine 10-tägige Wanderung, die mein Mann und ich entlang des Küstenwanderweges in Süd-Wales gemacht haben. Dieser Küstenwanderweg ist, ähnlich wie der Küstenwanderweg an der Küste Cornwalls, berühmt für seine herrlichen Ausblicke auf raue Meeresküsten auf der einen und von Steinmauern durchzogene Nutzflächen mit alten Burgruinen auf der anderen Seite. Sollten Sie die Möglichkeit haben, eine solche Tour zu machen, zögern Sie nicht.

Aber sicher!

Weil viele Wanderungen abseits der ausgetretenen Pfade führen, sollten Sie auch an Ihre Sicherheit denken. Ich habe da ein paar Tipps für Sie zusammengestellt:

- ✔ **Bleiben Sie im Bereich Ihrer Möglichkeiten.** Wanderwege können recht unterschiedlich aussehen. Die Bandbreite reicht vom breiten Waldweg mit Nadelteppich bis zu felsigen, fast senkrechten Aufstiegen. Sie sollten deshalb vor dem Aufbruch wissen, was auf Sie zukommt. Denn wenn es so weit ist, können Sie nicht mal eben ein Taxi rufen.
- ✔ **Planen Sie die Wanderroute.** Besorgen Sie sich Kartenmaterial und Wegbeschreibungen. Sie sollten auch eine ungefähre Vorstellung davon haben, wie lange die Wanderung einschließlich Pausen dauern wird. Brechen Sie so zeitig auf, dass Sie bei Einbruch der Dämmerung außerhalb des Waldes sind. Informieren Sie jemanden darüber, wo Sie hingehen und wann Sie zurück sein wollen.
- ✔ **Sehen Sie sich die Wetterprognosen an.** Nehmen Sie Wettervorhersagen ernst und bereiten Sie sich auf den schlimmsten Fall vor, damit Sie nicht von einem Gewitter oder plötzlich einsetzendem, heftigem Schneefall auf dem falschen Fuß erwischt werden. Nehmen Sie spezielle Regen- und/oder Schneeausrüstung mit. Das bedeutet zwar zusätzliches Gewicht, aber im Ernstfall ist man froh, wenn man etwas dabei hat. Wenn Unwetter vorhergesagt werden, sollten Sie erwägen, die Wanderung auf den nächsten Tag zu verschieben. In den Wintermonaten ist Skilanglauf eine schöne Alternative zum Wandern.
- ✔ **Packen Sie ein Erste-Hilfe-Set für eine erste Wundbehandlung ein.** Viele Leute halten das für nicht so wichtig, besonders wenn sie nur für ein oder

zwei Stunden unterwegs sind. Mein Erste-Hilfe-Täschchen hat mir schon bei vielen Gelegenheiten wertvolle Dienste geleistet. Es hat gerade mal 15 € gekostet. Immer wenn ich etwas daraus entnehme, ersetze ich das Teil umgehend, damit ich immer aus dem Vollen schöpfen kann.

- **Denken Sie an Verpflegung und reichlich Getränke.** Regelmäßiges Essen und Trinken ist wichtig, um die nötige Energie für die Strecke aufrechtzuerhalten. Viele Wanderer essen Müsliriegel oder eine Mischung aus Rosinen und Nüssen. Essen Sie einfach, was Sie mögen. Hauptsache, es wird im Rucksack nicht total zerdrückt.

- **Beherzigen Sie einen Rat, wenn Sie die Wälder durchstreifen: Wandern Sie nie alleine.** Es ist so schnell etwas passiert. Sie können sich verlaufen, Sie können einfach nur mit dem Fuß umknicken. Wenn Sie dann alleine sind, können Sie unter Umständen lange warten, bis jemand Sie findet.

Ich muss gestehen, dass ich mich einmal selber nicht an diesen Rat gehalten habe. Während eines Aufenthaltes in unserem Ferienhaus im Staat New York entschloss ich mich, mit meinem Greyhound, Zoomer, eine mir seit Jahren vertraute Strecke zu wandern. Als wir auf dem Berggipfel ankamen, hörte ich hinter mir ein Geräusch. Als ich mich herumdrehte, sah ich einen Mann mit geladenem Gewehr auf mich zukommen. Mein Herz schlug bis zum Hals und ich dachte schon, mein letztes Stündlein hätte geschlagen. Zum Glück ist Zoomer ein ziemlich großer Hund. Er verbellte den Mann und schnappte nach ihm, so dass der schließlich die Hände hob und ein paar Schritte zurücktrat. Es stellte sich Gott sei Dank heraus, dass der Mann ein Jäger war, der ein paar Zielübungen machen wollte. Was aber wäre gewesen, wenn ...? Bis zum nächsten Haus waren es gut drei Stunden. Wie hätte ich mich verteidigen können? Ich jedenfalls werde nicht mehr alleine losziehen, auch nicht mit einem so zuverlässigen Wachhund wie Zoomer.

Was Sie so brauchen

Für richtige Wanderungen brauchen Sie eine etwas andere Ausrüstung als für das gemeine Walken. Hier ist ein kurzer Überblick:

- **Wanderschuhe:** Dort, wo Walkingschuhe flexibel sind, um ein gutes Abrollen zu gewährleisten, nämlich an den Ballen, sind Wanderschuhe (oder Hikingschuhe) etwas stabiler. Beim Wandern geht es etwas langsamer zu als beim Walken. Deshalb muss man sich nicht so sehr mit den Zehen abstoßen. Die feste Sohle ist nötig für eine gute »Straßenlage« sowie festen Halt und Schutz für die Füße. Auch wenn Ihre Wanderschuhe wasserdicht oder wasserabweisend sind, sollten Sie sie ab und zu mit einer Imprägnierung versehen, um ganz sicherzugehen, dass Ihre Füße nicht nass werden.

- **Wanderkleidung:** In den Vereinigten Staaten werden Giftefeu (Poison Ivy), Gifteichen (Poison Oaks) und Zecken in den Monaten März bis November für Wanderer zum echten

Problem. Auch in vielen Gebieten Deutschlands gibt es Zecken. Man sollte deshalb den Körper weitestgehend bedeckt halten, auch bei Hitze. Am besten steckt man die Hosenbeine in die Schuhe und trägt einen Hut oder eine Kappe, damit sich keine Zecken auf dem Kopf niederlassen.

Beim Wandern werden Sie wahrscheinlich nicht die gleichen Klamotten tragen wie beim Walken. Es gibt ja auch ein großes Angebot an spezieller Wanderkleidung, bei der jeder das Richtige finden kann. Wichtig ist in jedem Fall, dass Sie immer einen Regenschutz dabei haben, auch wenn kein Wölkchen am Himmel zu sehen ist. Die Wetterlage kann sich schnell ändern und dann ist man schneller nass, als man »So ein Mist« sagen kann.

- ✔ **Insektenschutzmittel:** In manchen Gegenden empfiehlt es sich, Insektenschutzmittel aufzutragen, damit man von Mücken und Zecken nicht ausgesaugt wird. Allerdings sollte man vor einer großflächigen Anwendung erst an einer kleinen Hautpartie testen, ob man den Wirkstoff verträgt. Gelegentlich kommt es zu Hautrötungen und anderen weniger angenehmen Hautreaktionen.

- ✔ **Gepäck:** Bei einer ein- bis zweistündigen Wanderung kommt man sicher mit einer Gürteltasche aus. Für Tagestouren braucht man schon einen kleinen Rucksack, einen so genannten Daypack, in dem man Proviant, Ersatzsocken und die Erste-Hilfe-Tasche unterbringt. Alles, was über einen Tag hinausgeht, verlangt nach einem größeren Trekkingrucksack mit stabilisierendem Alugestell.

Ein guter Daypack-Rucksack hat gepolsterte Trageriemen und passt sich der Form des Rückens an. Alle Gurte sind verstellbar und lassen sich optimal anpassen. Die besten haben einen Bauch- und einen Brustgurt, die einen Teil des auf Rücken und Schultern lastenden Gewichts auf die Hüften verteilen. Viele haben einen Flaschenhalter oder sind für Trinksysteme vorbereitet. Es gibt viele Firmen, die gute Rucksäcke herstellen. Eine gute Orientierung bietet der Katalog von Globetrotter, in dem man auch sonst alles findet, was man für das Outdoorvergnügen brauchen kann.

- ✔ **Wanderstöcke:** Wanderstöcke sind nicht unbedingt erforderlich, aber gelegentlich recht nützlich. Sie sind eine gute Hilfe bei Anstiegen, auf losen oder rutschigen Untergründen, auf steilen Abstiegen und felsigen Pfaden. Qualitätsmerkmale guter Wanderstöcke sind Verstellbarkeit, Antischock-Dämpfung und ergonomische Griffe.

Im Wasser ist es nasser

Manchmal ist es sinnvoll, zum Walken mehr oder weniger tief ins Wasser zu gehen. Machen Sie mal eine Pause von den Erschütterungen auf harten Böden und den Kräften der Erdanziehung. Auch Verletzte können prima im Wasser walken und sich trotzdem dabei schonen. Und ist es nicht schöner, bei Außentemperaturen jenseits der 30 Grad im Wasser zu walken als auf staubigen Feldwegen? Dabei kommt auch die Leistung nicht zu kurz: Aquawalking ist ein ausgezeichnetes aerobes Training, bei dem man in der Stunde bis zu 550 Kalorien verbrennt.

Helfen kann Aquawalking auch bei Muskelungleichgewichten. Beim herkömmlichen Walken werden besonders die vorderen und hinteren Oberschenkelmuskeln beansprucht. Im Wasser dagegen muss der Oberkörper genau so hart arbeiten wie die Beine, weil das Wasser dem Körper 12- bis 14-mal so viel Widerstand entgegensetzt wie die Luft.

Es gibt zwei Varianten des Aquawalking: in tiefem Wasser und in seichtem Wasser. Hier eine kurze Gegenüberstellung:

- **Aquawalking in tiefem Wasser:** Dazu braucht man ein Becken oder ein stehendes Gewässer mit einer Tiefe, bei der man den Boden nicht mit den Füßen berühren kann. Man tut nun so, als würde man an Land walken und imitiert die Bewegungen an Steigungen, beim Sprint oder beim Rückwärtswalken. Wenn es auch nicht unbedingt nötig ist, so empfehle ich Ihnen dennoch, eine Auftriebshilfe zu tragen. Man kann sich besser über Wasser halten, hat eine stabilere Lage und kann sich umso mehr auf die Bewegungsabläufe konzentrieren. Wenn es in Ihrem Schwimmbad keine Auftriebshilfen zu leihen gibt und Sie sich für einen ersten Versuch diese Investition sparen wollen, dann versuchen Sie es doch mal mit zwei Styropor-Gewichten, die Sie sich fest unter die Arme klemmen können. Damit liegen Sie schon recht stabil im Wasser.

Ich mag besonders die Wet-Vest- und Wet-Belt-Auftriebshilfen von Bioenergetics. Sie sind individuell verstellbar und verleihen dem Träger durch ihr recht stromlinienförmiges Design nicht das Format eines Wasserbüffels.

- **Aquawalking in flachem Wasser:** Flach bedeutet hier, dass das Wasser bis an die Oberschenkel oder bis in Brusthöhe reicht. Wenn Sie in einem Schwimmbecken walken und sich den Platz im Becken mit vielen anderen teilen müssen, können Sie sich mit einem elastischen Band am Beckenrand anbinden, damit Sie sich bewegen können, ohne sich von der Stelle bewegen zu müssen (Das erinnert ein wenig an das Laufrad im Hamsterkäfig.). Haben Sie Bewegungsfreiheit, dann walken Sie mit kräftigen Arm- und Beinbewegungen kreuz und quer durchs Wasser. Es kommt dabei nicht auf die Geschwindigkeit an. Sie werden ohnehin nicht sehr schnell vorwärts kommen. Aber Sie werden schnell schwitzen und ermüden. Geben Sie sich für den Anfang mit einigen kurzen Intervallen und ein- bis zweiminütigen Pausen zufrieden. Darauf können Sie dann allmählich aufbauen.

Damit Sie sich nicht die Füße wundscheuern, sollten Sie Aquaschuhe oder -sandalen tragen. Ich habe ein Paar Ryka-Aqua-Sportschuhe, die genau für diesen Zweck konzipiert wurden. Das Wasser kann durch kleine Schlitze in der Sohle ablaufen, so dass die Schuhe nie voll laufen und schwer werden. Nach dem Aquasport sind sie in 15 Minuten wieder trocken. Aquaschuhe gibt es auch von Nike, Reebok und anderen namhaften Schuhherstellern.

Im Wasser sinkt die Pulsfrequenz

Wenn Sie Ihren Puls beim Aquawalken messen, werden Sie wahrscheinlich feststellen, dass die Frequenz nicht so hoch ist wie bei einer vergleichbar anstrengenden Walking-einheit an Land. Das liegt daran, dass die maximale Pulsfrequenz im Wasser acht bis zehn Prozent unter der normalen maximalen Pulsfrequenz liegt.

Wissenschaftler spekulieren, dass die Ursache dafür in der Einwirkung des Wasserdrucks auf die Blutgefäße liegt. Hohe Pulsfrequenzen sind aber auch nicht unbedingt nötig, um die Muskeln ausreichend zu durchbluten. Orientieren Sie sich also am besten nicht an den Pulswerten, die Sie sonst an Land messen, sondern versuchen Sie, sich ungefähr im selben Maße anzustrengen.

Teil IV

Der Top-Ten-Teil

»Er hat schon zwölf Pfund abgenommen und an den Hüften gut zehn Zentimeter verloren. Ich bete zu Gott, dass er auch noch diesen lächerlichen Hut verliert.«

In diesem Teil ...

Nach guter alter Dummies-Tradition folgt jetzt der Top-Ten-Teil, in dem Sie wichtige Informationen in handlichen Zehnerpäckchen serviert bekommen. Kapitel 16 präsentiert eine Übersicht über Informations- und Bezugsquellen für den Walker. In Kapitel 17 geht es darum, wie Sie Ihre Motivation aufrechterhalten und Ihr Walkingprogramm interessant und abwechslungsreich gestalten – wobei Ihnen auch das Internet und Ihr Hund eine Hilfe sein können.

Zehn gute Walking-Informationsquellen

16

In diesem Kapitel

- Werfen Sie einen Blick in Magazine, Websites und Kataloge
- Wenden Sie sich an Verwaltungen oder Reiseveranstalter
- Lassen Sie sich etwas von der Last des Abnehmens abnehmen
- Nehmen Sie die Dienste eines Personal Trainers in Anspruch
- Sprechen Sie mit anderen Walkern

In den Vereinigten Staaten ist Walking so populär, dass es kein Problem ist, an Informationen heranzukommen. Die Kunst besteht allenfalls darin, die besten und zuverlässigsten Informationsquellen zu finden. In Deutschland ist Walking zwar noch nicht in dieser Breite etabliert, aber immerhin auf dem Vormarsch. Die folgende Zusammenstellung erhebt keinen Anspruch auf Vollständigkeit, sondern soll einer ersten Orientierung dienen. Es ist zu erwarten, dass der »Walking-Markt« schon bald wachsen und die Angebotspalette für Walker sich verbreitern wird. Sie können ja durchaus daran mitarbeiten.

Die hier zusammengestellten Informationsquellen bieten eine Menge Wissenswertes und Brauchbares zu den Themen Walking, Gesundheit und Fitness im Allgemeinen. Auch ein paar Bezugsquellen für Kleidung, Geräte und Zubehör fehlen nicht.

Magazine

Bisher fristete Walking in der deutschen Magazinlandschaft ein eher kärgliches Dasein. Ein Artikel in einer Laufzeitschrift hie und da, das war eigentlich schon alles. Damit ist es seit Januar 2003 vorbei. Mit der alle zwei Monate erscheinenden Zeitschrift »Fit mit Walking« bietet sich den deutschen Walkern und Walkerinnen eine eigene Kommunikationsplattform. Eine Liste der für 2003 geplanten Themen finden Sie auf der Homepage der Zeitschrift unter

`www.fit-mit-walking.de`

Neben diesem Magazin gibt es noch eine Reihen anderer Zeitschriften, in denen Sie allgemeine Aspekte des Trainings und Interessantes zum Thema Fitness und Gesundheit behandelt finden können.

- Spiridon Laufmagazin
- Runners World
- Laufzeit
- Shape
- Men's Health
- Fit for Fun

Websites

Fitness und Gesundheit sind auch im Internet boomende Bereiche. Das Problem ist, dass man nicht immer weiß, woher die dort verbreiteten Informationen stammen und wie zuverlässig sie sind. Beispielsweise bin ich auf eine Website gestoßen, die ausnahmsloses Barfußlaufen propagierte – selbst in der Stadt.

Dazu kommt, dass viele Sites im Internet Sie dazu motivieren wollen, Geld für die angepriesenen Produkte auszugeben. Rockport unterhält zum Beispiel eine gut gemachte Website, die sich ausgiebig mit Walking und Motivationsfragen beschäftigt. Andererseits ist sie auch voll gestopft mit Werbung und bietet reichlich Möglichkeiten, die Schuhe des Herstellers zu kaufen. Nicht, dass ich etwas gegen eine gesunde Portion Kapitalismus hätte – aber passen Sie immer gut auf, wo Sie hinklicken.

Besonders bei den FAQ (Frequently Asked Questions/Häufig gestellte Fragen) sollten Sie vorsichtig sein. Manche Fragen sind zwar fundiert recherchiert und beantwortet, aber eine eigene Walking- und Fitness-Site kann sich praktisch jeder zusammenbasteln, der einen Computer mit Internetanschluss zu Hause hat. Mit der Genauigkeit hapert es bei vielen Sites doch erheblich. Ohne alles andere in Grund und Boden verdammen zu wollen, möchte ich Ihnen dennoch empfehlen, sich lieber an die FAQs zu halten, die entweder von Organisationen wie dem Deutschen Leichtathletik Verband, dem Deutschen Sportbund oder der Deutschen Gesellschaft für Ernährung oder aber von nachweislich qualifizierten Fachleuten zusammengestellt wurden.

Walking-URLs

Wenn Sie Informationen zum Walking suchen, sind das die ersten Anlaufstellen:

Walking-Online.de

Die unter der Webadresse `www.walking-online.de` zu findende Website bietet Informationen zu Training, Technik, Schuhen, Kleidung, Vereinen, Walkingtreffs und interessanten Terminen. Neben einem Forum zum Informationsaustausch gibt es auch eine Liste mit weiterführenden Links. Schauen Sie mal rein.

Walking.de

Hinter `www.walking.de` verbirgt sich die Website des Deutschen Walkinginstituts in Bad Schönborn. Hier finden Sie grundlegende Informationen zu allen Aspekten des Walking, aktuelle Informationen über Termine und Fortbildungsveranstaltungen und Walkingtreffs, Literaturempfehlungen und ein Forum für Walker.

Geher-Rundbrief.de

Wie der Name schon sagt, wendet sich die Website `www.geher-rundbrief.de` in erster Linie an Geher. Klickt man auf die Schaltfläche WALKING, öffnet sich der Weg aber auch zu Informationen über Walking, seine Erscheinungsformen, die Technik, die Ausrüstung, Fragen der Gewichtsabnahme und Trainingspläne sowie Veranstaltungstermine, Seminare und Walking-Treffs.

Fit-mit-Walking.de

Ebenso frisch wie das Magazin ist die dazu gehörige Website `www.fit-mit-walking.de`. Wenn Sie kurze Texte mit eigenen Walkerfahrungen, Bilder von Walktreffs oder -Aktionen oder Leserbriefe loswerden wollen, sind Sie hier gefragt. Des Weiteren finden Sie hier News und Infos zum Walking, eine Aufstellung der Themen kommender Magazinausgaben und eine interessante Linkliste.

Fitness-URLs

Informationen zu Fitness und Gesundheit im Allgemeinen finden Sie unter folgenden Webadressen:

www.richtig-fit.de

Mach' es regelmäßig, richtig, mit Maß und mit Spaß. Das sind die »Richtig Fit«-Regeln, die den Kern der Aktion »Richtig Fit« bilden, die vom Deutschen Sportbund in Zusammenarbeit mit einem großen Fördererkreis durchgeführt wird. Die Website ist übersichtlich gestaltet, leicht zu navigieren und ohne jede Verkaufsabsicht. Sie finden hier reichhaltige und fundierte Informationen zu Sportarten (einschließlich Walking), Ernährung, Reisen und Veranstaltungen. Hervorzuheben sind die Fitnessprogramme zum Downloaden (leider noch nicht für Walker), das Lexikon, das News-Archiv und das Expertenforum, an das man sich mit Fragen wenden kann.

www.sportgesundheit.de

Wohlbefinden, Zufriedenheit und Lebensqualität durch Bewegung und sportliche Betätigung sind das Ziel der vom Deutschen Sportbund und der Bundesärztekammer ins Leben gerufenen Aktion »Sport pro Gesundheit«. Auf der übersichtlichen und leicht zu navigierenden Website finden Sie thematisch geordnete Gesundheitsinfos, Alltagstipps und Kursangebote. Empfehlenswert ist auch das umfangreiche Lexikon.

http://de.fitness.com

Unter `http://de.fitness.com` finden Sie auf einer sehr aufgeräumten Website Informationen zu alten und neuen Fitnesstrends, zahlreichen Aspekten des Fitnesstrainings, der Ernährung und der Gesundheit. Die Artikel sind unter dem Menüpunkt ARTIKEL übersichtlich aufgelistet und können direkt angesteuert werden. Angeboten wird auch ein Diskussionsforum, wo man mit anderen über Artikel und Inhalte diskutieren kann. Recht gut gemacht ist auch das Fitometer, ein kurzer Fitness-Test auf der Basis Ihrer Angaben, bei dem man so ungefähr erfährt, wie es um die eigene körperliche Fitness bestellt ist. Für den einen oder anderen interessant ist sicher auch der Kalorienrechner und der Wochenrechner, mit dem man den Kalorienbedarf für bestimmte Aktivitäten bzw. für eine ganze Woche berechnen kann. Und schließlich bietet sich auf der Site auch die Möglichkeit zum Chat.

Fremdenverkehrsbüros, Heimatvereine und Verbände

Suchen Sie eine schöne Wanderstrecke? Was Ihre nähere Umgebung betrifft, so sollten Sie sich bei Ihrem örtlichen Heimatverein erkundigen. Vielleicht gibt es ja auch Strecken, auf denen Sie mehr über die Geschichte Ihres Ortes erfahren können. Eine gute Informationsquelle sind in dieser Beziehung auch die Fremdenverkehrsämter.

Interessant ist auch die Website `www.wanderbares-deutschland.de`, einer Plattform für Informationen rund um das Wandern in Deutschland, die Teil eines Kooperationsprojektes des Deutschen Tourismusverbands und des Deutschen Wanderverbands ist. Hier finden Sie alles, was Sie zu einer gelungenen Tour brauchen: Übersichtskarten, Etappeninformationen, Info-Adressen, touristische Highlights, Höhenprofile, Kartentipps und eine Liste mit weiterführenden Links.

Ergänzend sei hier noch auf die Europäische Wandervereinigung hingewiesen, die, 1969 gegründet, in Deutschland sitzt und aus 56 Wandervereinigungen aus 27 europäischen Ländern besteht. Auch hier können Sie nach Informationen über Wanderstrecken und Kartenmaterial fragen. Die Website der Vereinigung unter `www.era-ewv-ferp.org` ist allerdings größtenteils in Englisch gehalten. Wenn Sie das nicht stört, finden Sie eine erste Orientierung zum Wandern in den angeschlossenen Ländern mit den nötigen weiterführenden Kontaktinformationen. (Die angebotene Übersetzung durch Babelfish ist nur dann zu empfehlen, wenn man mal laut lachen möchte.)

Ernährung

Die Deutsche Gesellschaft für Ernährung hat sich auf die Fahnen geschrieben, zu genussvollem, vollwertigem Essen und Trinken anzuregen und dazu beizutragen, Wohlbefinden, Leistungsfähigkeit und Gesundheit der Bevölkerung zu erhalten, zu fördern oder wiederherzustellen. Zu diesem Zweck fördert sie die ernährungswissenschaftliche Forschung, sammelt die Ergebnisse aller einschlägigen Disziplinen, wertet diese aus und stellt sie der Öffentlichkeit zur Verfügung. Davon können auch Sie profitieren, wenn Sie die Website der DGE unter `www.dge.de` besuchen. Sie finden dort unter dem Menüpunkt VERBRAUCHERINFOS fundierte Ernährungstipps für Berufstätige, Eltern, Senioren und Breitensportler, im Menü BODYCHECK Rechner für den BMI, den Taillen-Hüft-Quotienten, den Kalorienverbrauch bei sportlichen Aktivitäten und Nährwerte von Nahrungsmitteln, im Menü SPORTLER Ernährungsempfehlungen für Breitensportler und, nicht zu vergessen, ein vorbildliches Ernährungslexikon, in dem Sie sich kreuz und quer zu allen relevanten Fragen kundig machen können.

Abnehmen - aber mit Vernunft

Das von der Bundeszentrale für gesundheitliche Aufklärung entwickelte und vom Institut für Therapieforschung betreute Programm »Abnehmen – aber mit Vernunft« verfolgt das Ziel, durch die Veränderung falscher Essgewohnheiten und eine ausgewogene, vielseitige Ernährung das Gewicht dauerhaft zu reduzieren. So wird in diesem Programm nicht einseitig nur auf die Ernährung geachtet, sondern es werden die unterschiedlichen individuellen und sozialen Funktionen der Nahrungsaufnahme mit berücksichtigt. Das verhaltenstherapeutisch orientierte Gruppenprogramm beinhaltet die drei Bausteine Ernährung, Entspannung und Bewegung. Damit ist es über Abnehmen hinaus ein umfassendes, modernes Gesundheitsförderungsprogramm. Die entsprechenden mehrwöchigen Kurse werden von vielen Volkshochschulen und Familienbildungsstätten angeboten. Zu jeder Kursstunde erhalten die maximal 15 Teilnehmer auf die einzelnen Inhalte abgestimmte Materialien, z.B. Protokollformulare und individuelle Esspläne. Die Informationen zur ausgewogenen Ernährung wurden in Zusammenarbeit mit der Deutschen Gesellschaft für Ernährung erstellt.

Eine interessante Internet-Alternative bietet das Programm »Lean and Healthy«, das von Psychologen, Ernährungswissenschaftlern und einem Sportmediziner unter der Leitung eines Ernährungspsychologen entwickelt wurde und von der Hochschule für angewandte Wissenschaften Hamburg betreut wird. Ziel dieses einjährigen Trainingsprogramms ist eine moderate Gewichtsabnahme und echte Verhaltens- und Einstellungsänderungen in allen relevanten Bereichen. Dazu werden die Verhaltensweisen ermittelt, die Ihnen die Kontrolle über Ihr Gewicht erschweren. Jede Woche erhalten Sie konkrete Handlungsanleitungen, die Ihnen das Einüben vorteilhafterer Verhaltensweisen ermöglichen. Unter `www.lebe-programm.de` können Sie sich im Einzelnen über das Programm informieren. Die Online-Betreuung kostet € 50 für ein ganzes Jahr. Es wird ein 10-tägiger, unverbindlicher Test angeboten, bei dem man das Programm näher kennen lernen kann.

Informationen zu Diäten erhalten Sie auch bei den Verbraucherzentralen und Ihrer Krankenkasse.

Reiseveranstalter

Sie kennen das bestimmt auch: Man ist gerade so richtig gut drin im Fitness- und Ernährungsprogramm, dann kommt der Urlaub und alles ist wieder futsch. Jedes Jahr das gleiche Lamento: »Ich habe im Urlaub drei Kilo zugelegt und wieder nur faul am Strand gelegen.« Warum kombinieren Sie denn nicht einfach Ihr Walkingprogramm mit dem Urlaubsvergnügen, indem Sie von vornherein den Urlaub so planen, dass Sie einfach walken müssen?

Erklären Sie den Leuten im Reisebüro, was Sie wollen. Möglichkeiten, sportliche Aktivitäten in einen Urlaub einzubeziehen, gibt es ohne Ende. Sie können eine Wander- oder Trekkingtour durch einen Naturpark machen (es muss ja nicht gleich der Himalaja sein), wie mein Mann und ich das immer wieder gerne tun, oder Sie können es ruhiger angehen lassen und geführte Besichtigungstouren – natürlich zu Fuß – durch interessante Städte machen, wie sie fast überall angeboten werden.

Viele Städte, Ortschaften und Regionen werben bereits mit Walkingstrecken für den aktiven Urlauber und es werden sicher mehr. Das Angebot ist also da. Sie müssen es nur annehmen.

Personal Trainer

Manchmal kommt man beim Trainieren an einen Punkt, da wünscht man sich jemanden, der genau weiß, was man jetzt machen müsste, um weiterzukommen. Wenn man nicht einem Verein angehört, der ausgebildete Trainer beschäftigt, kann man sich einen Personal Trainer mieten, der weiß, wie man etwa Fehlhaltungen korrigieren oder die Kilometerleistung und die Trainingsintensität steigern kann.

Ein Personal Trainer kann Ihnen dabei helfen, Ihre Ziele schneller zu erreichen. Darüber hinaus lernt man neue Übungen kennen, hat immer die neuesten Informationen und wird bei Fehlern korrigiert, bevor sie sich negativ auswirken. Der beste Zeitpunkt für die Arbeit mit einem Trainer ist entweder, wenn man ganz neu mit dem Training anfängt oder wenn man an einem Punkt nicht mehr weiter kommt. Das muss auch nicht unbedingt eine längere Sache werden. Wenn man einen versierten Trainer findet, reichen oft ein paar Sitzungen, um auf das richtige Gleis zu kommen.

Das Honorar für einen Personal Trainer liegt, den Empfehlungen des Bundesverbands der Personal Trainer zufolge, zwischen € 60 und € 80 pro Stunde plus Mehrwertsteuer, egal ob es sich um aktives Training, die Ausarbeitung von Trainings- und Fitnessplänen, eine Ernährungs- und Gesundheitsberatung oder den gemeinsamen Einkauf von Kleidung und Ausrüstung handelt. Bevor Sie sich vertraglich festlegen, sollten Sie dem Trainer Löcher in den Bauch fragen und nach einer Probestunde fragen. Damit Sie möglichst viel von der Stunde haben, sollten Sie sich vorher genau überlegen, was Sie wissen möchten und welche Ziele Sie anstreben wollen.

Weder ist der Begriff »Personal Trainer« bisher gesetzlich geschützt noch gibt es zurzeit ein staatliches Zertifikat. Der Bundesverband der Personal Trainer hat jedoch einen einheitlichen Standard für die Aus- und Fortbildung erarbeitet, auf dessen Basis Personal-Trainer-Ausbildungen zertifiziert werden können. Ein bundesweit einheitliches Prüfsiegel soll künftig die qualifizierte Ausbildung kenntlich machen. Achten Sie also in jedem Fall auf folgende Aspekte:

- ✔ **Zertifikate:** Ein Zertifikat belegt zumindest, dass der Inhaber sich eine Zeit lang mit der Materie beschäftigt und ausreichende Kenntnisse nachgewiesen hat. Dennoch sind nicht alle Zertifikate gleichwertig. Personal-Trainer-Ausbildungen zertifiziert nach dem Bundesverband der Personal Trainer bieten derzeit in Deutschland die Institute Safs & Beta sowie die Meridian Academy an. Die Ausbildungsinhalte sind den Standards des BDPT e.V. angepasst und führen zum Abschluss »Zertifizierter Personal Trainer«. Ein recht verlässliches Gütesiegel ist auch das QPT-Zertifikat von Jennifer Wade.
- ✔ **Ausbildung:** Eine abgeschlossene Ausbildung bedeutet, dass Ihr Trainer einige Jahre lang vielfältige Kenntnisse im Bereich Gesundheit und Fitness erworben hat. Eine solide Basis vermitteln zum Beispiel Ausbildungen zum Physiotherapeuten, Ergotherapeuten, Kinesiologen, Sportmediziner oder Diplom-Sportlehrer.
- ✔ **Erfahrung:** Wählen Sie einen Trainer, der mindestens zwei Jahre Berufserfahrung hat. Kein Zertifikat der Welt ersetzt eine gute Portion Praxis.

Kataloge

Wenn man nach einer geeigneten Walkingjacke sucht oder bei den Schuhen ein Schnäppchen machen möchte, findet man nicht immer das Richtige in den Einkaufszentren oder im Fachhandel. In solchen Fällen sind Kataloge, die auch Artikel für Walker und Läufer anbieten, eine große Hilfe. Warum also setzen Sie sich nicht gemütlich auf die Couch und lassen Ihre Finger durch den Katalog walken.

- ✔ **Running Highlights**: Den Katalog der Ladenkette Runners Point kann man im Internet unter `www.runnerspoint.de` bestellen
- ✔ **Quelle Sport:** Quelle bietet seit einem Jahr einen Sonderkatalog mit Sportartikeln und Sportbekleidung an. Das Sortiment ist für den Einstieg allemal geeignet. Informieren kann man sich auch im Internet unter `www.quelle.de`.
- ✔ **Globetrotter:** Bei Globetrotter finden Sie alles für den so genannten Outdoorbedarf. Der Katalog ist eine Fundgrube für Trekking- und Hikingschuhe, Socken, Funktionskleidung, Taschen und Rucksäcke, Reflektoren und Dinge, von denen Sie wahrscheinlich noch nie gehört haben, etwa einen Rollverschlussbeutel mit Ventil. Zusätzlich platzt der Katalog beinahe von Informationen über Materialien und Hersteller. Wer dann noch Fragen hat, kann sich telefonisch weiter beraten lassen. Bestellen können Sie den Katalog unter `www.globetrotter.de`. Dort können Sie natürlich auch das Angebot durchstöbern und nach aktuellen Schnäppchen suchen. Die im Internet bestellten Artikel werden übrigens portofrei geliefert.

Andere Walker

Durch Jeanie, einer meiner Kundinnen, habe ich erst kürzlich von einem neuen Walkingweg erfahren, der in der Lower Eastside in New York angelegt worden ist. Da ich mich in dieser Ecke eher selten aufhalte, hätte es wohl Monate gedauert, bis ich ihn selbst entdeckt hätte. So hatte ich das Vergnügen schon früher, und der Weg hat sich zu einer meiner Lieblingsstrecken gemausert. Jeanie hat mir auch einige heiße Tipps gegeben, wo man unterwegs Toiletten und Water Fountains (öffentliche Trinkwasservorrichtungen) findet.

Auf diese Weise habe ich mit der Zeit einen recht ansehnlichen Schatz wertvoller Informationen von anderen Walkern angesammelt. Halten Sie auch einfach Augen und Ohren offen, wenn andere Walker von ihren Erfahrungen berichten. Es ist bestimmt auch etwas für Sie dabei.

Natürlich müssen Sie nicht von vornherein immer alles für bare Münze nehmen, was andere Ihnen so erzählen. Ich habe mir auch schon die abenteuerlichsten Dinge anhören müssen, angefangen von bizarren Diätmethoden bis zu Walkingschuhen für Hunde. Verlassen Sie sich auf Ihren gesunden Menschenverstand. Wenn sich etwas schon absonderlich anhört, ist es meist auch so.

Am einfachsten kommen Sie mit anderen Walkern in Kontakt, wenn Sie sich einer Walkinggruppe anschließen. Wenn Ihr Heimatsportverein keine eigene Walkingabteilung hat, dann bietet vielleicht die Laufabteilung eine Walkinggruppe an. Oder gehen Sie einfach dahin, wo Walker gewöhnlich anzutreffen sind: auf den Feld-, Wald- und Wiesenwegen der Umgebung, in Parks oder im Fitnesscenter. Viele Walkinggruppen bilden sich auch unter Arbeitskollegen. Über die bundesweit rund 1.000 Walking-Treffs und rund 2.700 Lauftreffs kann man sich beim Deutschen Leichtathletik-Verband (DLV) informieren: Bei Einsendung eines mit 0,55 Euro frankierten Rückumschlages schickt der DLV (Adresse im Anhang) eine Adressliste mit Walking- und Lauftreffs in unmittelbarer Umgebung zu.

Wenn Sie in Ihrem Heimatort niemanden finden, mit dem Sie walken und talken können, können Sie's ja mal im Internet versuchen. Bei `http://de.fitness.com` etwa gibt es einen Chat für Fitnessinteressierte, bei dem man sich untereinander austauschen kann.

Der Austausch mit anderen Walkern ist immer motivierend. Man tauscht Tipps und Anregungen aus, unterstützt sich gegenseitig und macht sich Mut. Eine Frau, die meinen Fit-by-Friday-Chat bei iVillage besuchte, ließ ziemlich den Kopf hängen, weil es mit ihrem Fitnessprogramm nicht so recht vorangehen wollte. Die Ermutigung und der Enthusiasmus der anderen Chat-Teilnehmer führte schließlich dazu, dass sie mittlerweile zehn Pfund abgenommen hat und drei Mal in der Woche bis zu 30 Minuten am Stück walkt.

Zehn Motivationshilfen

17

In diesem Kapitel

- Setzen Sie sich ein Ziel
- Genießen Sie Musik, Fernsehen, ein Buch oder das Internet
- Trainieren Sie mit einem Partner
- Belohnen Sie sich
- Walken Sie um Platz oder Sieg oder für eine gute Sache

Obwohl mein Vater Kardiologe ist und ich schon seit 15 Jahren im Fitnessgeschäft als Personal Trainer, Physiotherapeutin und Fitnessberaterin tätig bin, schien meine Mutter eigentlich immer taub gegenüber dem Ruf der Fitness.

Natürlich haben wir nichts unversucht gelassen, ihr nahe zu bringen, doch mal etwas für ihre Gesundheit zu tun. Wir schenkten ihr eine Mitgliedschaft in einem Fitness-Studio. Sie ging einmal hin, und das war's dann, obwohl das Studio nur einen Block von ihrer Arbeitsstelle entfernt lag. Ein anderes Mal kauften wir ihr einen Skilanglauf-Trainer fürs Wohnzimmer. Es verging kaum ein Monat, da war er zum Kleiderständer umfunktioniert. Was wir auch versuchten, sie boykottierte alles, was nur im Entferntesten den Ruch von Fitness an sich hatte.

Das alles änderte sich schlagartig, als 1998 eine der Herausgeberinnen des Magazins *Good Housekeeping* mit der Frage auf mich zukam, ob ich nicht jemand wüsste, mit dem man eine Art Vorher-Nachher-Reportage im Fitnessbereich machen könnte. Natürlich fiel mir sofort meine Mutter ein. Ich dachte natürlich, sie würde ein solches Ansinnen rundweg ablehnen, aber zu meiner Überraschung sagte sie Ja. Wir starteten also die Operation Mama.

Charlie Cherney, ein alter Freund und Personal Trainer aus Kingston, New York (wo ich geboren wurde), leitete Operation Mama. Er brachte meine Mutter bis zu fünf Mal in der Woche aufs Laufband und zwei bis drei Mal zum Krafttraining. Zusätzlich vereinbarte er für sie mehrere Termine bei einer Ernährungsberaterin, die ihre Essgewohnheiten mit Hilfe eines Ernährungsplans komplett umkrempelte.

In den folgenden Monaten verpasste sie nicht einen einzigen Trainingstermin. Anfangs konnte sie gerade mal zehn Minuten lang recht gemächlich walken. Nach ein paar Monaten jedoch schaffte sie 3,5 leicht ansteigende Kilometer in respektablen 30 Minuten. Auch ihre Kraft und Beweglichkeit konnte sie verbessern. Als wir so weit waren, die Nachher-Fotos aufzunehmen, konnte sie schon nicht mehr ohne Walking leben. Sie hatte 45 Pfund Gewicht verloren und ihre täglichen zwei Packungen Zigaretten aufgegeben – ich war wirklich baff. Ich werde dem Magazin *Good Housekeeping* ewig dankbar sein, dass ich Operation Mama durchführen durfte.

Der Gedanke, für die etwa 27 Millionen Leser des Magazins eine gute Figur abzugeben, war für meine Mutter so motivierend, dass sie über ihren Schatten sprang. Zugegeben, nicht jeder kriegt so eine Chance. Dennoch, finden Sie etwas, das Sie dazu antreibt, jeden Tag Ihre Walkingschuhe anzuziehen und loszuwalken. Einige Anregungen dazu geben ich Ihnen in diesem Kapitel.

Stecken Sie sich ein Ziel

In Kapitel 2 erfahren Sie, wie Sie sich die richtigen Ziele für Ihr Walkingprogramm setzen. Haben Sie Ihr Ziel schon formuliert? Noch nicht? Dann sollten Sie das schleunigst nachholen. Kluge und wohl durchdachte Ziele sind entscheidende Schlüssel zum Erfolg.

Eine Zielsetzung gibt Ihrem Trainingsprogramm einen Sinn und schon eine gewisse Form. Wenn ich kein Ziel vor Augen habe, komme ich gar nicht erst in die Gänge. Nicht ist schlimmer, als aufs Laufband zu steigen und zu denken: »Was fang ich denn heute mit dir an?« Vielen meiner Kunden geht es ähnlich.

Eine meiner Kundinnen kämpft seit jeher mit ihrem Gewicht. Dazu kam, dass sie Probleme hatte, ihre Motivation über einen längeren Zeitraum aufrechtzuerhalten. Als sie zu mir kam, ermittelte ich mit Hilfe einiger Fitness-Tests ihren aktuellen Fitness-Stand und erläuterte ihr die Ergebnisse. Gemeinsam erarbeiteten wir dann auf der Basis der in Kapitel 2 vorgestellten Prinzipien einige Ziele. Wir machten den Erfolg des Programms nicht vom Gewichtsverlust abhängig, sondern strebten eine Verringerung des Körperfettanteils um vier Prozent und eine Steigerung ihrer Herz-Kreislauf-Leistung von einem schlechten auf einen durchschnittlichen Wert an. Auf diese Ziele hin richteten wir ein Vier-Tage-Programm aus, das wir in ihren recht vollen Terminkalender einpassen mussten. An jedem dieser Tage walkte sie 30 Minuten auf dem Laufband und machte anschließend Stretching- und Kraftübungen. Ein erster Test nach drei Monaten brachte gute Ergebnisse: Zwei Prozent Körperfett waren schon weg und eine durchschnittliche Herz-Kreislauf-Leistung war erreicht. Die Neubewertung der Ziele ergab, noch einmal zwei Prozent Körperfett zu verlieren und die Herz-Kreislauf-Leistung auf ein gutes Niveau zu steigern.

Dieses Buch enthält zwei Hilfen für Ihre persönliche Zielsetzung:

- **Eine Tabelle für Ihre persönlichen Testergebnisse:** Verwenden Sie diese Tabelle am Ende von Kapitel 1, um den Ausgangspunkt und den Verlauf Ihrer Fitnessentwicklung zu dokumentieren. Sie finden in der Tabelle auch die Idealwerte, auf die Sie hinarbeiten können.
- **Ein Zielmanifest:** Verwenden Sie dieses Arbeitsblatt am Ende von Kapitel 2 als Hilfe zur schrittweisen Zielsetzung und Programmplanung. Am besten machen Sie sich ein paar Kopien, die Sie dann immer wieder verwenden können, wenn Sie die Ziele Ihres Walkingprogramms neu ausrichten wollen.

Schreiben Sie's auf

Ein Trainings- und Ernährungstagebuch erleichtert Ihnen, Tag für Tag nachzuverfolgen, was Sie schon erreicht haben. So kommen Sie auch leichter einzelnen Entwicklungen oder auch Fehlentwicklungen auf die Spur. Bringen Ihre Programme den gewünschten Erfolg, dann haben Sie schriftliche Aufzeichnungen darüber, wie Sie diesen Erfolg erreicht haben. Erreichen Sie Ihr Ziel nicht, können Sie anhand der Aufzeichnungen herausfinden, woran es gehapert hat.

Trainings- und Ernährungstagebücher helfen dabei, sich selbst gegenüber ehrlich zu bleiben. Sie brauchen keine Krokodilstränen zu vergießen, weil die Zahlen auf der Waage einfach nicht kleiner werden wollen, wenn Ihr Tagebuch Ihnen sagt, dass Sie jeden Dienstag und Donnerstag vor dem Schlafengehen eine Tafel Schokolade (da nutzt es auch nichts, wenn Sie »Ritter Sport Olympia« nehmen) gegessen oder seit Wochen schon nicht mehr trainiert haben. Da kann das Aufschreiben an sich schon eine Motivation sein. Denn wenn Sie nicht aufschreiben wollen, dass Sie die Schokolade gegessen haben, essen Sie vielleicht erst gar keine!

Füttern Sie Ihre Tagebücher mit so viel Informationen, wie Sie es für nötig halten. Je differenzierter Ihre Angaben sind, desto besser. Eine meiner Kundinnen notiert zum Beispiel, in welcher Stimmung sie ihre Mahlzeiten einnimmt. Das erschien mir zwar schon ein wenig zu viel des Guten, aber sie sagte mir, es helfe ihr, nicht zu viel zu essen, wenn sie Ärger oder Stress hat.

Hier sind einige Aspekte, die Sie in Ihren Tagebüchern berücksichtigen können:

- ✔ **Walkingdaten:** Trainingsdauer, Streckenlänge, Herzfrequenz, Trainingsintensität (einschließlich Ihrer subjektiven Wahrnehmung), Strecke, Tageszeit, Wetterbedingungen, Verletzungen, Beschwerden und Schmerzen. Sie können auch Verbesserungsvorschläge notieren.
- ✔ **Allgemeine Fitnessdaten:** Übungen, Anzahl der Serien und Wiederholungen, Körpergewicht, Trainingsintensität und Verbesserungsvorschläge.
- ✔ **Ernährungsdaten:** Nahrungsmittel, Portionsgrößen, Zeiten der Mahlzeiten, Einschätzung des Sättigungsgefühls und Verbesserungsvorschläge.

Sie können sich das Logbuch für Walker kopieren und es als Trainings- und Ernährungstagebuch verwenden oder aber ein richtig schönes Tagebuch anschaffen. Ein leerer Block tut es natürlich auch. Ich habe mir zu diesem Zweck eine Word-Datei auf meinem Computer angelegt.

Amüsieren Sie sich

Wenn man eine Möglichkeit findet, sich ein wenig zu amüsieren, während man auf einem Laufband walkt, ist das schon eine angenehme Sache. Man langweilt sich nicht so schnell und rafft sich eher für das tägliche Training auf. Warum sollte man also nicht fernsehen oder Musik hören oder ein gutes Hörbuch genießen, während man walkt?

Einen Walk- oder Diskman mit Kopfhörern sollten Sie nur benutzen, wenn Sie auf einem Laufband oder an einem sehr sicheren Ort walken. Auf der Straße, auf Wanderwegen oder überhaupt in der Öffentlichkeit sollten Sie auf Kopfhörer verzichten, damit Sie nicht vom Geschehen in der Umgebung abgelenkt werden. Wenn Sie in freier Wildbahn walken, sollten Sie sich mit allen Sinnen darauf konzentrieren können. Ihre eigene Sicherheit sollte Ihnen wichtiger sein als Unterhaltung.

Soap-Walking

Planen Sie Ihre Walkingeinheiten auf dem Laufband doch einfach dann, wenn Ihre Lieblingssoap im Fernsehen läuft. Sie verpassen nicht, wie es weitergeht und liegen trotzdem nicht faul auf der Couch oder erliegen dem Lockruf einer Tüte Kartoffelchips. Außerdem vergeht die Zeit dabei wie im Fluge.

Wenn Ihnen diese Idee zusagt, dann suchen Sie sich ein Fitness-Studio mit TV-Anschluss. Manche Studios haben Kardioräume, in denen man an seinem Trainingsplatz einen Kopfhörer an ein Fernsehgerät anschließen kann. Wer fernsehen will, kann das tun, ohne die anderen zu stören. Das Fitness-Studio, in dem ich gewöhnlich trainiere, hat einen großen Kardioraum. Da es bis Mitternacht geöffnet hat, kann ich gegen 23 Uhr noch kurz hereinschneien und mir auf dem Laufband die Wiederholung von *Sex and the City* ansehen. Um diese Zeit sind die Laufbänder fast alle von Leuten belegt, die dasselbe tun.

Eines gilt es allerdings zu beachten, wenn Sie auf dem Laufband in die Röhre schauen: Lassen Sie sich nicht zu stark mitnehmen von den Geschehnissen auf dem Bildschirm, sonst könnten Sie ins Straucheln geraten. Achten Sie darauf, dass die Handläufe stets in Griffweite sind. Wenn Sie in dieser Hinsicht besonders gefährdet sind, können Sie ja auch die Hände auf die Handläufe legen – aber klammern Sie sich nicht zu fest daran.

Musik

Mit Musik kann man sich prima motivieren. Viele Leute hören beim Trainieren Radio. Ich ziehe es vor, mir meinen eigenen Musikmix auf Kassette aufzunehmen. Alle paar Monate stelle ich mir ein neues Band zusammen. So wird meine Lieblingsmusik nicht dauernd von Werbespots, Verkehrsdurchsagen oder redseligen Moderatoren unterbrochen.

Hörbücher

Wenn Sie, wie die meisten Leute, nicht genug Zeit und Muße finden, literarisch auf dem Laufenden zu bleiben, können Sie mit Hörbüchern Ihre Lücken füllen. Vielleicht ist das für die Eine oder den Anderen motivierender als Musik oder Fernsehen. Die meisten Bücher gibt es mittlerweile auch auf Kassetten oder CDs, gelesen von so hervorragenden Schauspielern wie Otto Sander oder Katharina Thalbach. Oft kann man Hörbücher auch in öffentlichen Büchereien ausleihen.

Im Jahre 1998 haben Literaturkritiker Listen der besten englischsprachigen Romane der letzen einhundert Jahre herausgegeben. Daraufhin haben sich einige meiner Kundinnen zu einem Hörbuch-Club zusammengetan. Sie kauften Werke, die auf diesen Listen standen, als Hörbücher und tauschen diese dann untereinander aus. So arbeiten sie sich langsam durch die einzelnen Romane, mit dem Ziel, innerhalb von zwei Jahren alle gehört zu haben.

Surf-Walking

Ausgeklügelte Soundsysteme, Fernseher mit Großbildschirmen und Regale voller Lesestoff gehören heute in vielen Fitness-Studios schon zur Grundausstattung. Aber neue technische Errungenschaften lassen nicht lange auf sich warten. Computergesteuerte »Entertrainment-Stationen«, die an Laufbänder, Stepper und Ergo-Bikes angebaut werden, sind der letzte Schrei und sollen die Kunden bei der Stange halten. Mit einem leichten Fingerdruck auf den Touchscreen können Sie im Internet surfen, Ihre E-Mails abrufen, Zeitungen lesen, fernsehen, CDs hören, für ein Projekt recherchieren – oder alles auf einmal – solange Sie nur in Bewegung bleiben. Sobald Sie eine Pause einlegen, erscheint auf den Bildschirm die Aufforderung »Bitte trainieren Sie weiter«. Vielleicht bietet sich Ihnen diese Möglichkeit ja auch bald in Ihrem Fitness-Studio.

Denken Sie einfach mal!

Denken Sie doch mal über ein Problem nach, entwickeln Sie neue Ideen oder machen Sie Pläne. Das ist eine gute Motivation für Leute, die sich nicht in den Konsum der ewig gleichen Medienkonserven flüchten wollen. Wenn ich walke, überdenke ich gerne das, was ich gerade schreibe. Auf diese Weise nehmen in meinem Kopf ganze Artikel und Bücher langsam Gestalt an.

Denken Sie aber nicht zu heftig. Sie sollten immer noch ein waches Auge auf Ihre Umgebung haben. Einer meiner Kunden walkte eines Tages, völlig gedankenverloren, über den Rand einer Brücke. Zum Glück ist ihm nichts Ernstes passiert. Und meine Nase machte einmal die Bekanntschaft eines Parkverbotschilds, das plötzlich aus dem Boden gewachsen zu sein schien. Natürlich passierte mir dieser peinliche Fauxpas vor den Augen von Bekannten.

Sie sollten auch nicht unbedingt Probleme wälzen, die Sie innerlich aufwühlen oder deprimieren. Denken Sie lieber an etwas Angenehmes. Mein Freund Burt denkt immer an einen Ausflug nach New Orleans, den er als Teenager machte.

Finden Sie einen Trainingspartner

Viele Menschen können sich nicht über längere Zeit motivieren, wenn sie auf sich alleine gestellt sind. In der Tat sagt man eine Verabredung zum Walken mit einem Trainingspartner nicht so schnell ab wie einen Termin, den man sich selbst gesetzt hat. Und wenn der Trainingspartner nicht auftaucht, steht man natürlich gut da, wenn man trotzdem loszieht.

Wenn Sie in Ihrem Freundeskreis oder in der Familie niemanden finden, der mit Ihnen walkt, können Sie sich auch einer Walkinggruppe anschließen. Fragen Sie bei Ihrem Sportverein nach, suchen Sie im Internet oder machen Sie einen Aushang. Natürlich bleibt Ihnen auch noch die Möglichkeit, selbst eine Walkinggruppe aufzumachen.

Wer Zugang zum Internet hat, kann sich auch einen virtuellen Trainingspartner suchen. Im Netz finden sich Dutzende von Foren, Chats und Newsgroups zum Thema Walking und Fitness. Ich habe einmal zwei Trainingspartner via E-Mail »verkuppelt«, die beide mit ähnlichen Motivationsproblemen zu kämpfen hatten. Heute tauschen sich die beiden täglich per E-Mail über ihre Trainingseinheiten aus, geben sich wertvolle Tipps und ermutigen sich gegenseitig. Der eine lebt in Kansas, der andere in New Jersey. Obwohl sie sich noch nie begegnet sind – und wahrscheinlich nie begegnen werden – sind sie einander eine große Hilfe. Man kann Technologie so sinnvoll nutzen.

Auf den Hund gekommen ...

... bin ich bei meinen Überlegungen natürlich auch. Millionen Hundebesitzer gehen mindestens zweimal am Tag mit ihren Hunden Gassi. Wenn Sie einen Hund haben, dann haben Sie auch einen gut motivierten und fähigen Trainingspartner (na ja, der fette, herzkranke Zwergpinscher meiner Nachbarn ist vielleicht eine Ausnahme). Zu bedenken gilt es allerdings, dass Hunde, so gerne sie auch laufen, sich nicht um ihrer Fitness willen bewegen. Machen Sie sich also darauf gefasst, Ihren Trainingsplan um einige Punkte zu erweitern. Hier sind ein paar Tipps, wie Sie Ihr Training so gestalten können, dass auch Ihr Hund Spaß daran hat:

- ✔ Lassen Sie Ihrem Hund fünf bis zehn Minuten Zeit für seine dringenden Geschäfte und das Markieren seines Reviers. Sie können sich in dieser Zeit ja aufwärmen.
- ✔ Halten Sie den Hund an der Leine, wo dies verlangt wird. Kümmern Sie sich auch um alles, was Ihr Hund gelegentlich fallen lässt, sofern es geboten erscheint (auch dann, wenn Sie mit Ihrem Nachbarn Streit haben).
- ✔ Wenn Ihr Hund unaufhörlich stehen bleibt und schnuppert, rucken Sie sanft, aber deutlich an der Leine. Nach einer Weile wird er nur noch den Verlockungen der ganz unwiderstehlichen Gerüche folgen. Wenn er denn unbedingt stehen bleiben muss, geben Sie ihm etwas Spielraum.

- ✔ Wenn Sie an oder auf einer Straße walken, walken Sie dem Verkehr entgegen und nehmen Sie Ihren Hund an die linke Seite. Bringen Sie ihm bei, bei Fuß zu laufen, damit er an viel befahrenen Kreuzungen nicht vorprescht.
- ✔ Nehmen Sie auch für Ihren Hund Wasser mit, besonders an heißen Tagen. Ich habe meinem Hund, Zoomer, beigebracht, aus einer Flasche zu trinken, aber das hat ein paar Monate gedauert. Kürzlich habe ich jedoch in einer Tierhandlung eine Trinkflasche mit einem integrierten kleinen Trog gefunden: ein ideales Teil. Wenn der Hund Durst hat, gießt man einfach Wasser in den Trog und der Hund kann daraus trinken.

Wo sind all die Walker hin?

Wenn Sie jemand sind, dem es nicht in den Kopf will, dass jemand ziellos in der Nachbarschaft herumwalkt oder im Kreis auf einer Laufbahn oder, noch schlimmer, sich auf einem Laufband überhaupt nicht von der Stelle bewegt, dann walken Sie doch einfach irgendwohin. Dann hat das Ganze auch für Sie einen Sinn. Hier sind einige Vorschläge:

- ✔ **Arbeit:** Wahrscheinlich ist der Weg zu Ihrer Arbeitsstelle zu weit, um ihn ganz zu Fuß zurückzulegen. Aber Sie könnten ja eine Station früher aus dem Bus oder der Bahn aus- und einsteigen. Ich lege auf diese Weise jeden Tag etwa drei Kilometer zurück, manchmal auch mehr.
- ✔ **Einkaufen:** Sie können Ihre Einkäufe auch zu Fuß erledigen, wenn die Entfernung nicht zu groß oder die Strecke nicht zu gefährlich für Fußgänger ist. Wenn der Hinweg schon lang genug ist, können Sie es so arrangieren, dass Sie mit jemandem mitfahren oder sich abholen lassen. Packen Sie Ihre Einkäufe in einen Rucksack oder einen Einkaufstrolley.
- ✔ **Fitness-Studio:** Beziehen Sie den Hin- und Rückweg zum Fitness-Studio mit in Ihre Trainingseinheit ein.
- ✔ **Freunde:** Besuchen Sie Freunde, bleiben Sie auf einen Kaffee da und walken Sie wieder zurück. Sie können sich natürlich auch zurückfahren oder abholen lassen.
- ✔ **Essen:** Walken Sie zum Restaurant oder holen Sie sich das Essen ab, anstatt es sich an die Haustür bringen zu lassen (vorausgesetzt, der Weg ist nicht so weit, dass alles kalt wird). Dabei verbrennen Sie schon einen Teil der Kalorien, die sie noch gar nicht zu sich genommen haben.
- ✔ **Schule:** Holen Sie Ihre Kinder von der Schule ab. Machen Sie einen Umweg über einen Spielplatz, toben Sie ein wenig herum und walken Sie dann gemeinsam nach Hause. Bei Teenagern ist das allerdings kaum noch möglich.

Nä, watt is datt schön!

Wählen Sie, wenn möglich, ein Strecke in einer angenehmen Umgebung, die Sie mit allen Sinnen in sich aufnehmen können. Schöne An- und Ausblicke unterstützen die Motivation besser als Eindrücke von Langeweile und Öde. Ich kann mich da an eine Geschäftsreise nach Dallas erinnern, wo ich durch ein Industriegebiet walken musste. Das war so deprimierend, dass ich nur die halbe Trainingseinheit gemacht habe.

Wenn Sie in einer Stadt wohnen, sollten Sie Ihre Strecke so wählen, dass Sie einen Park, Gärten, Alleen oder schön gestaltete Plätze mit einbeziehen können. Ich kenne eine Frau, deren Walkingstrecke entlang des Hudson River in Manhattan führte. Sie wirkte immer ein wenig deprimiert, und als ich sie fragte warum, klagte sie, das Einzige, was sie zu Gesicht bekäme, seien die Wolkenkratzer und die blöden Leuchtreklamen. Besonders ein riesiger Neon-Regenschirm ginge ihr dermaßen auf die Nerven, dass es ihr den ganzen Walk vermiese. Ich empfahl ihr daraufhin, doch einfach in die andere Richtung zu walken, dem Regenschirm damit aus dem Weg zu gehen und stattdessen die meiste Zeit die Freiheitsstatue im Blick zu haben. Seitdem macht ihr das Walken wieder Spaß.

Planen Sie Ihren nächsten Urlaub doch so, dass Sie viele herrliche Walkingstrecken in der Nähe haben. Dann bleiben Sie auch im Urlaub in Form und sparen sich die Nach-dem-Urlaub-Diät. Wenn Sie auf einem Laufband walken, können Sie sich ein Videoband mit den schönsten Flecken der Erde einlegen. Neulich war ich am Strand von Hawaii, ohne das Fitness-Studio zu verlassen.

Belohnen Sie sich

Ihren Kindern geben Sie fünf Euro, wenn sie ein gutes Zeugnis nach Hause bringen. Ihr Hund kriegt einen Hundekuchen, wenn er macht, was Sie ihm sagen. Und Sie? Sie müssen auch an sich denken! Belohnen Sie sich auch, wenn Sie etwas geleistet haben, worauf Sie stolz sind. Das macht Spaß und motiviert.

Sie können sich für das Erreichen kurzfristiger Ziele ebenso belohnen wie für langfristige Ziele. Wenn Sie beispielsweise einen 45-minütigen Walk geschafft haben, ohne eine Pause zu machen, gönnen Sie sich ein Paar neue Walkingsocken. Wenn Sie alle geplanten wöchentlichen Trainingseinheiten absolviert haben, leihen Sie sich am Wochenende den Film aus, den Sie schon so lange sehen wollten. Und wenn Sie Ihren Körperfettanteil erreicht haben, ist ein neues Outfit fällig.

Achten Sie nur darauf, dass Sie sich mit den Belohnungen nicht selbst ein Bein stellen. Ich denke da an große Eisbecher mit Sahne, Mousse au Chocolat und Ähnliches, was den Kalorienverbrauch eines Walks deutlich übersteigt. Aber ich muss gerade reden! Wenn Sie sich mit Essgenuss motivieren können, dann belohnen Sie sich in Gottes Namen damit. Aber übertreiben Sie nicht und bleiben Sie in einem vernünftigen Rahmen.

Es gibt auch recht kreative und sinnvolle Belohnungen, die gar nicht mal etwas kosten müssen. Ich kenne einen Mann, dessen Frau ihm vorschlug, wenn er sein Trainingsprogramm einen Monat durchhalte, kümmere sie sich eine Woche lang um den Müll. Er tat es und sie auch.

Treten Sie in Konkurrenz

Eine Ziellinie zu überqueren ist ein tolles Gefühl, auch wenn man nicht der Erste ist. Wenn Sie ein Wettkampftyp sind, könnten Sie doch mal an einem Wettkampf teilnehmen und darauf hin trainieren. Die Vorbereitung auf einen Wettkampf gibt Ihrem Trainingsprogramm eine neue Struktur und einen neuen Sinn. Sie kann zur Anwendung neuer Techniken und größerem Einsatzwillen motivieren.

Reine Walkingwettkämpfe sind selten. Viele Städte veranstalten indes Wettkämpfe mit separaten Wertungen für Walker und Läufer. Wenn Sie keinen Walkingwettbewerb auftun können, melden Sie sich für eine Laufveranstaltung an und walken Sie gegen die Uhr. Viele Walker nehmen auf diese Weise am New-York-Marathon und am Chicago-Marathon teil. Suchen Sie in Ihrer Tageszeitung, in Sportgeschäften oder am schwarzen Brett Ihres Sportvereins nach entsprechenden Anzeigen und Aushängen. Infos findet man auch im Internet.

Wenn es Ihnen nicht so sehr behagt, sich in einer Gruppe von Läufern und Walkern zu behaupten, können Sie dennoch ein wenig Wettkampfgeist entwickeln. Walken Sie doch einmal in der Woche auf Zeit und versuchen Sie, neue persönliche Bestzeiten zu erzielen. Nehmen Sie die Zeit, die Sie für einen Kilometer brauchen, oder die Zeit für zwei Kilometer bei einer Steigung von 2 % auf dem Laufband oder was immer Ihnen einfällt. Schreiben Sie Ihre Zeiten auf und Sie werden überrascht sein, um wie viel Sie in nur wenigen Wochen schneller werden.

Nicht jeder kann sich mit Wettkämpfen anfreunden. Der eine mag Wettkampfsituationen, der andere nicht. Wer's denn mag, für den zählen die Vorbereitung und die Teilnahme an Wettkämpfen zu den motivierendsten Erfahrungen überhaupt.

Walken Sie für ein gute Sache

Sie werden sicher hin und wieder in der Presse von Läufen gelesen haben, die veranstaltet werden, um Geld für eine gute Sache zu sammeln oder wichtigen Anliegen öffentliche Aufmerksamkeit zu verschaffen. Wenn Ihnen daran gelegen ist, Ihrem Walkingprogramm über Ihre persönliche Fitness hinaus einen weitergehenden Sinn zu geben, dann können Sie für die Teilnahme an einer solchen Veranstaltung trainieren.

Ich habe einmal an einem 6-stündigen Staffellauf zugunsten hungernder Kinder teilgenommen. Meine Freunde, meine Familie und viele Arbeitskollegen haben mir versprochen, für jeden Kilometer zwischen zehn Cent und einem Dollar zu spenden. Nach sechs Stunden hatte ich im Walklauf-Tempo 51 Kilometer zurückgelegt und einige Tausend Dollar Spenden gesammelt. Ich war danach zwar völlig k.o., aber auch tief zufrieden, weil ich für eine gute Sache etwas Gutes geleistet hatte.

Wenn Sie Interesse haben, an einer solchen Veranstaltung teilzunehmen, informieren Sie sich in Ihrer Tageszeitung über das Veranstaltungsgeschehen. »Gute Sachen«, die auf tatkräftige Unterstützung angewiesen sind, gibt es genug.

Wenn Ihnen eine bestimmte Gruppe oder Institution am Herzen liegt, für die Sie Spenden sammeln möchten, dann fragen Sie doch direkt bei dieser Organisation nach, ob irgendwelche sportlichen Veranstaltungen für die nächste Zeit geplant sind. Sie können dann Ihren Trainingsplan darauf ausrichten. Sollte in Ihrer Umgebung in näherer Zukunft nichts laufen, können Sie entweder Ihren Suchradius erweitern oder selbst etwas auf die Beine stellen.

Auf eines sollten Sie in der Wohltätigkeitsbranche immer achten: Vergewissern Sie sich, dass das gesammelte Geld auch die erreicht, für die es gesammelt wurde, und nicht in irgendwelchen Verwaltungen versickert. Es ist schon enttäuschend, wenn man herausfindet, dass 80 Prozent des Geldes, das eine Organisation durch ihre Aktionen für Bedürftige gesammelt hat, für das Gehalt des Präsidenten und seines Assistenten draufgeht. Bevor ich mich für eine gute Sache engagiere, frage ich immer einen Repräsentanten der Organisation, wo das Geld hingeht.

Adressen

A

Adidas-Salomon AG
Adi-Dassler-Str. 1–2
91074 Herzogenaurach
www.adidas.de

BDPT e.V. (Bundesverband der Personal Trainer)
Am Kümpchenshof 21
50670 Köln
Geschäftszeiten:
Mittwoch: 11–16 Uhr und
Freitag: 11–16 Uhr
Tel.: 0221 / 139 09 40
E-Mail: info@bdpt.org
www.bdpt.org

Bundeszentrale für gesundheitliche Aufklärung
Ostmerheimer Str. 220
51109 Köln

oder

Postfach 910152
51071 Köln
www.bzga.de

Deutsche Fitnesslehrer Vereinigung e.V.
Stettinerstr. 4
34255 Baunatal
Tel.: 0 56 01 / 80 55
Fax: 0 56 01 / 80 50
E-Mail: info@dflv.de
www.dflv.de

Deutsche Gesellschaft für Ernährung e.V.
Godesberger Allee 18
53175 Bonn
Tel.: 0228 / 3776600
www.dge.de

Deutscher Alpenverein e.V.
Von-Kahr-Str. 2–4
80997 München
Tel.: 089/14003-0
Fax: 089/14003-11
www.alpenverein.de

Deutscher Leichtathletik Verband
Alsfelderstr. 27
64289 Darmstadt
www.dlv.de

Deutscher Sportbund
die Adressen der einzelnen Landesverbände finden Sie unter
www.dsb.de

Deutscher Volkssportverband e.V. (Geschäftsstelle)
Fabrikstr. 8
84503 Altötting
Tel.: 0 86 71 / 80 71 oder 96 31-0,
Fax: 0 86 71 / 96 31-31
E-Mail: DVV.Volkssport@t-online.de
www.dvv-wandern.de

Eastpak
VF Germany Textil-Handels GmbH
Geschäftstelle:
Max-Weber-Str. 6
25451 Quickborn
www.eastpak.com/europe

Europäische Wandervereinigung (EWV)
Generalsekretariat
Wilhelmshöher Allee 157–159
34121 Kassel
www.era-ewv-ferp.org

Fussgängerschutzverein FUSS e.V.
Bundesgeschäftsstelle
Exerzierstr. 20
13357 Berlin-Wedding
www.fuss-ev.de

Institut für Therapieforschung
Parzivalstr. 25
80804 München
www.ift.de

Kuratorium Sport und Natur e.V.
Geschäftsstelle
Frau Veronika Schulz
Von-Kahr-Str. 2–4
80997 München
Tel.: 089 / 14003-27
Fax: 089 / 14003-11
E-Mail: kuratorium@kuratorium-sport-natur.de
www.kuratorium-sport-natur.de

NaturFreunde Deutschlands
Bundesgeschäftsstelle
Hedelfinger Str. 17–25
70327 Stuttgart
Tel.: 0711 / 40 95 4-0
Fax: 0711 / 40 95 4-4
E-Mail: naturfreunde-d@t-online.de
www.naturfreunde.de

New Balance Germany Inc.
Ganghoferstr. 45
82216 Gernlinden
Tel.: 08142 / 4772-0
Fax: 08142 / 40640
www.newbalance.de

Nike International
Niederlassung Deutschland
der Nike International Ltd.
Hessenring 13 a
64546 Mörfelden-Walldorf
www.nike.de

Polar Elektro GmbH Deutschland
Postfach 154
64570 Büttelborn
Tel.: 06152 / 92360
www.polar-electro.de

Reebok Deutschland GmbH
– Marketing –
Keltenring 9
82039 Oberhaching
www.reebok.de

Ryka-Schuhe
dancin' Vertriebsgesellschaft m.b.H.
Business Parc, Schnieringshof 12
45329 Essen
www.ryka.de

Verband Deutscher Fitness- und Freizeitunternehmen
Ruhlaer Str. 28
14199 Berlin
Tel.: 030 / 83223036
www.fitnessverband.de

Verband Deutscher Gebirgs- und Wandervereine e.V.
Wilhelmshöher Allee 157–159
34121 Kassel
Tel.: 0561 / 9 38 73-0
Fax: 0561 / 9 38 73-10
E-Mail: info@wanderverband.de
www.wanderverband.de

Verband Deutscher Naturparke e.V. (VDN)
www.naturparke.de

Stichwortverzeichnis

A

B

C

D

H

I

J

K

L

M

N

O

P

Q

R

S

T

U

V

W

Y

Z

ISBN 3-8266-3064-5
www. mitp.de

JJ. Isler, Peter Isler

Segeln für Dummies

Surfen und Segeln gehören zu den schönsten Vergnügen im Urlaub am Meer. Wieso also nicht teilhaben am Wasserspaß und selber einmal im Boot über die Wogen flitzen?

Bleiben Sie kein Süßwassermatrose und lernen Sie, dass aufschießen, wenden und halsen keine mittelalterlichen Foltermethoden sind! Das Autorenteam- und Ehepaar JJ. und Peter Isler erklärt Ihnen humorvoll und kompetent die wichtigen Grundbegriffe des Segelns, zeigt Ihnen die verschiedenen Techniken sich vom Wind treiben zu lassen und gibt Ihnen viele Tipps und Tricks rund um's Boot. Also rein in den Südwester und lassen Sie sich den Wind um die Nase wehen!

ISBN 3-8266-2903-5
www.mitp.de

Stephan Bodian

Meditation für Dummies

Aus dem Amerikanischen übersetzt von Reinhard Engel

Sie hetzen von einem Termin zum nächsten, kommen nie zur Ruhe und wissen gar nicht mehr, was Erholung, innere Ruhe und Ausgeglichenheit sind?

Versuchen Sie es mit Meditation! Dafür müssen sie keineswegs zum einsamen Mönch werden, denn Meditation lässt sich auch in Ihren Alltag integrieren. Lassen Sie sich von Stephan Bodian auf diesem Weg begleiten! Er zeigt Ihnen, wie Sie durch einfache Meditationen Energie und Kraft tanken und auch wie Sie als erfahrener Meditierender mit speziellen Problemsituationen umgehen.

Starten Sie Schritt für Schritt eine Reise in Ihr Inneres und finden Sie so zu mehr Ausgeglichenheit und Lebensfreude!

Sie erfahren:

- ✔ Wo die Meditation herkommt und warum sie so wertvoll ist
- ✔ Welche Methoden es gibt und wo deren Gemeinsamkeiten liegen
- ✔ Wie Sie mit Ihrem Geist arbeiten und Ihre Konzentration verbessern
- ✔ Worauf Sie in der Meditationspraxis achten sollten: schrittweiser Blick nach Innen, die richtige Haltung etc.
- ✔ Wie Sie mit Meditation Ihren Alltagsstress bekämpfen und Ihr Wohlbefinden steigern
- ✔ Wie Sie mit unruhigen Gedanken und Ablenkungen während der Meditation umgehen

ISBN 3-8266-3071-8
www.mitp.de

Tom Morris

Philosophie für Dummies

- Bedeutende Philosophen und ihre Theorien
- Philosophische Disziplinen im Überblick
- Denkanstöße für den Alltag

Interessieren Sie sich auch für die Grundfragen des menschlichen Lebens? Fanden Sie Philosophie schon immer irgendwie interessant, aber haben sich nie so recht herangetraut? Dann ist dies das Buch für Sie!

Tom Morris führt Sie zu den wichtigen Fragen unserer Existenz und den erstaunlichen Antworten großer Denker. In einer Tour de Force durch die Geschichte der Philosophie zeigt er Ihnen, dass der Zweifel die Mutter der Weisheit ist. Dies ist eine Einführung in den Sinn des Lebens, ethische Vorstellungen und die Frage, was man überhaupt wissen kann.

Sie erfahren:

- ✔ Was Philosophie überhaupt ist und was sie mit Ihrem Leben zu tun hat
- ✔ Wieso Zweifeln zum Handwerk der Philosophen gehört
- ✔ Welche philosophische Disziplinen auf welche Fragen antworten
- ✔ Welche philosophische Denkrichtungen es gibt und wo sie sich widersprechen
- ✔ Was die Philosophie zum Leib, zur Seele und dem Leben nach dem Tod zu sagen hat
- ✔ Wer die wichtigsten Philosophen waren und welche Ansichten sie vertraten